A LIBRARY OF
DOCTORAL
DISSERTATIONS
IN SOCIAL SCIENCES IN CHINA

中国
社会科学
博士论文
文库

组织转型与新建本科院校
教学科研变革

Organizational Transformation and the Teaching and
Research Innovation of Newly-Built Undergraduate Universities

刘彦林　著

导师　郭建如

中国社会科学出版社

图书在版编目（CIP）数据

组织转型与新建本科院校教学科研变革／刘彦林著.—北京：中国社会科学
出版社，2022.4

（中国社会科学博士论文文库）

ISBN 978 – 7 – 5203 – 8635 – 7

Ⅰ.①组⋯　Ⅱ.①刘⋯　Ⅲ.①高等学校—教学研究　Ⅳ.①G642.0

中国版本图书馆 CIP 数据核字（2021）第 117749 号

出 版 人	赵剑英
策划编辑	周　佳
责任编辑	张冰洁
责任校对	胡新芳
责任印制	李寡寡

出　　版	中国社会科学出版社
社　　址	北京鼓楼西大街甲 158 号
邮　　编	100720
网　　址	http://www.csspw.cn
发 行 部	010 – 84083685
门 市 部	010 – 84029450
经　　销	新华书店及其他书店

印　　刷	北京明恒达印务有限公司
装　　订	廊坊市广阳区广增装订厂
版　　次	2022 年 4 月第 1 版
印　　次	2022 年 4 月第 1 次印刷

开　　本	710 × 1000　1/16
印　　张	18.75
插　　页	2
字　　数	296 千字
定　　价	98.00 元

总　序

在胡绳同志倡导和主持下，中国社会科学院组成编委会，从全国每年毕业并通过答辩的社会科学博士论文中遴选优秀者纳入《中国社会科学博士论文文库》，由中国社会科学出版社正式出版，这项工作已持续了12年。这12年所出版的论文，代表了这一时期中国社会科学各学科博士学位论文水平，较好地实现了本文库编辑出版的初衷。

编辑出版博士文库，既是培养社会科学各学科学术带头人的有效举措，又是一种重要的文化积累，很有意义。在到中国社会科学院之前，我就曾饶有兴趣地看过文库中的部分论文，到社科院以后，也一直关注和支持文库的出版。新旧世纪之交，原编委会主任胡绳同志仙逝，社科院希望我主持文库编委会的工作，我同意了。社会科学博士都是青年社会科学研究人员，青年是国家的未来，青年社科学者是我们社会科学的未来，我们有责任支持他们更快地成长。

每一个时代总有属于它们自己的问题，"问题就是时代的声音"（马克思语）。坚持理论联系实际，注意研究带全局性的战略问题，是我们党的优良传统。我希望包括博士在内的青年社会科学工作者继承和发扬这一优良传统，密切关注、深入研究21世纪初中国面临的重大时代问题。离开了时代性，脱离了社会潮流，社会科学研究的价值就要受到影响。我是鼓励青年人成名成家的，这是党的需要，国家的需要，人民的需要。但问题在于，什么是名呢？名，就是他的价值得到了社会的承认。如果没有得到社会、人民的承认，他的价值又表现在哪里呢？所以说，价值就在于对社会重大问题的回答和解决。一旦回答了时代性的重大问题，就必然会对社会产生巨大而深刻的影响，你也因此而实现了你的价值。在这方面年轻的博士有很大的优势：精力旺盛，思想敏捷，勤于学习，勇于创新。但青年学者要多向老一辈学者学习，博士尤其要很好地向导师学习，在导师的指导下，发挥自己的优势，研究重大问题，就有可能出好的成果，实现自己的价值。过去12年入选文库的论文，也说明了这一点。

什么是当前时代的重大问题呢？纵观当今世界，无外乎两种社会制度，一种是资本主义制度，一种是社会主义制度。所有的世界观问题、政治问题、理论问题都离不开对这两大制度的基本看法。对于社会主义，马克思主义者和资本主义世界的学者都有很多的研究和论述；对于资本主义，马克思主义者和资本主义世界的学者也有过很多研究和论述。面对这些众说纷纭的思潮和学说，我们应该如何认识？从基本倾向看，资本主义国家的学者、政治家论证的是资本主义的合理性和长期存在的"必然性"；中国的马克思主义者，中国的社会科学工作者，当然要向世界、向社会讲清楚，中国坚持走自己的路一定能实现现代化，中华民族一定能通过社会主义来实现全面的振兴。中国的问题只能由中国人用自己的理论来解决，让外国人来解决中国的问题，是行不通的。也许有的同志会说，马克思主义也是外来的。但是，要知道，马克思主义只是在中国化了以后才解决中国的问题的。如果没有马克思主义的普遍原理与中国革命和建设的实际相结合而形成的毛泽东思想、邓小平理论，马克思主义同样不能解决中国的问题。教条主义是不行的，东教条不行，西教条也不行，什么教条都不行。把学问、理论当教条，本身就是反科学的。

在21世纪，人类所面对的最重大的问题仍然是两大制度问题：这两大制度的前途、命运如何？资本主义会如何变化？社会主义怎么发展？中国特色的社会主义怎么发展？中国学者无论是研究资本主义，还是研究社会主义，最终总是要落脚到解决中国的现实与未来问题。我看中国的未来就是如何保持长期的稳定和发展。只要能长期稳定，就能长期发展；只要能长期发展，中国的社会主义现代化就能实现。

什么是21世纪的重大理论问题？我看还是马克思主义的发展问

题。我们的理论是为中国的发展服务的，绝不是相反。解决中国问题的关键，取决于我们能否更好地坚持和发展马克思主义，特别是发展马克思主义。不能发展马克思主义也就不能坚持马克思主义。一切不发展的、僵化的东西都是坚持不住的，也不可能坚持住。坚持马克思主义，就是要随着实践，随着社会、经济各方面的发展，不断地发展马克思主义。马克思主义没有穷尽真理，也没有包揽一切答案。它所提供给我们的，更多的是认识世界、改造世界的世界观、方法论、价值观，是立场，是方法。我们必须学会运用科学的世界观来认识社会的发展，在实践中不断地丰富和发展马克思主义，只有发展马克思主义才能真正坚持马克思主义。我们年轻的社会科学博士们要以坚持和发展马克思主义为己任，在这方面多出精品力作。我们将优先出版这种成果。

2001 年 8 月 8 日于北戴河

序　言

　　1999 年的高等教育大扩招是我国高等教育发展的分水岭。大扩招以来的 20 多年间，我国高等教育由精英化阶段快速转入大众化阶段，进而迈向了普及化阶段。与此同时，我国高等教育的体系在不断地分化、分类、重组与重构。国家层面上，如果说 2000—2012 年的高等教育改革最突出的是高职教育从压缩"饼干"式的普通本科变成培养高素质技术技能人才的类型教育的话，那么 2013—2020 年的变化则主要发生在本科层次。具体而言，2003 年年初，教育部选择部分地方普通本科探索向应用型高校转型发展，2014 年国务院明确提出"引导一批本科高等学校向应用技术类型高等学校转型发展"，2015 年 10 月教育部、国家发改委和财政部出台《关于引导部分地方普通本科高校向应用型转变的指导意见》。学术研究型高校的改革发展则以 2014 年年底北京大学、清华大学进行的综合改革试点以及 2017 年启动的第一期"双一流"建设为标志。本科层次教育改革的重点是改变我国高校千校一面、高度雷同的现象，促使不同类型的高校分类发展。教育类型的不同根本点在于人才培养的定位、人才的规格以及人才培养的流程和方式不一样。可以说，人才培养模式改革是我国高校分类发展的关键，是我国高等教育学术型与应用型双轨道的分界所在。更进一步说，1999 年大扩招以来我国高等教育体系的变革是以人才培养模式的改革为载体展开的。

　　地方本科高校向应用型转型，以人才培养模式改革为核心，即由原来封闭式的以学校为主、以学科为主的人才培养模式转变为增强适应性，以产教融合和校企结合为载体的开放式的人才培养模式。人才培养模式的改革是应用型人才培养的试金石，通过人才培养模式的改革，地方应用型高校培养出的人才应具有不同于学术研究型人才的素质和能力，也即应用型高校毕业生的人力资本构成是不同的。人才培养模式改革的关键在于能否把培养过程和培养活动放在产教融合和校企结合的平台上进行。地方高校要建立产教融合和校企结合的平台，依托这些平台培养应用型的人才，这也就意味着向应用型转变的改革并不仅仅是教与学的改革，还需要对学校的组织制度进行相应调整，以建立与人才培养模式相适应的新的组织结构以及运行机制。只有实现整个组织模板的变革，努力转型的高校才能培养出符合地方社会经济发展的应用型人才。可以说，在地方高校向应用型转型过程中，人才培养模式的转变是试金石，产教融合和校企结合是关键，学校的组织制度重构是支撑，学生的发展是最终的产出，这四个方面的要素紧密相联，构成一个整体。

我 20 世纪 90 年代在北京大学社会学系、社会学人类学研究所求学，先后攻读学士、硕士和博士学位，深受北京大学社会学人类学研究风格的影响。在追随费孝通先生、马戎教授和刘世定教授学习的过程中，自然地形成了关注社会大变革的意识，并非常认同先生们将组织制度变革作为研究社会变迁主线的做法。2001 年，我进入北京大学教育学院、教育部人文社会科学重点研究基地北京大学教育经济研究所工作，高等教育体系的演变、改革与创新一直是我关注的重点。这项工作得到了北京大学教育学院、教育部人文社会科学重点研究基地北京大学教育经济研究所、北京大学中国教育财政科学研究所领导和同事们的大力支持，先后得到了不同层级的立项资助，包括国家社科基金重点课题的支持。

2009—2015 年，我和研究团队重点关注高等职业教育（高职）的变革，就培养模式变革对高职毕业生的就业率、起薪、能力素质的影响进行了实证研究，进而从组织转型角度探讨高职院校是如何通过组织学习的机制在项目制的推动下实现了组织模板的革新，培养了相应的独特的组织能力，最后考虑了支撑高职院校改革发展的办学体制、财政体制与校企结合机制的问题。在高职教育研究的过程中，我和研究团队成员形成了以培养模式变革为核心，以院校的组织制度变革和学生发展（包括就业）为两翼，系统研究某一层次某一类型高等教育变革的研究思路。这样的研究思路帮助我们有效地打破了高校组织管理研究、学生发展研究以及教育经济学关于毕业生就业研究之间的分割，比较成功地实现了跨学科研究的尝试。

2010 年以后，我和研究团队注意到了地方本科院校的发展困境以及变革的新动向，特别是 2015 年教育部等三部委发布关于地方高校转型的指导意见，引起了我和研究团队成员的高度关注。在当年的 12 月，我们成功申报了国家社科基金重点研究项目"地方高校转型发展研究"（AIA150008）。该课题历时五年，取得了系列的丰硕成果，于 2020 年 12 月顺利结题。在课题开展过程中，我和研究团队成员走访了全国许多高校，并分别于 2016 年和 2017 年组织了两次大规模的全国性问卷调查。

在研究过程中，我所指导的两名全日制博士生吴红斌和刘彦林是这一研究项目的重要骨干，他们的学位论文研究也是结合 2015 年国家社科基金重点研究项目"地方高校转型发展研究"这一课题开展的。吴红斌的博士学位论文是以 2016 年全国地方本科高校毕业生的调查问卷为基础完成的，侧重于从学生发展的视角分析地方高校培养模式的效果；而刘彦林的博士学位论文则以 2017 年开展的全国地方本科高校教师问卷调查为基础，从组织变革的角度来看地方高校的组织制度转型对地方高校人才培养模式变革的影响。两篇博士学位论文都是国家社科基金重点课题"地方高校转型发展研究"的重要构成部分。吴红斌的博士学位论文已由社会科学文献出版社于 2020 年 3 月出版，刘彦林以博士学位论文研究为基础的专著入选《中国社会科学博士论文文库》，将于 2021 年在中国社会科学出版社付梓出版，两本书某种程度可以称为研究地方高校转型发展的姊妹篇。

刘彦林是我指导的硕士和博士研究生，她对于研究工作有着浓厚的兴趣，积极参与了 2016 年和 2017 年两次全国性的大规模问卷调查，并作为课题组的骨干成员调研了许多地方高校，收集了大量第一手的田野调查资料，对于地方高校的组织转型有着深刻的认识。长期以来，我国的高校组织管理研究更多地采用案例研究方法，而对定量研究有所忽视，这与研究者本身的定量研究方法欠缺有关。某种程度上，定量方法是我国高校组织管理研究的一个短板。刘彦林同学在学期间，有意识地学习定量研究方法，积极尝试将定量研究应用于地方高校组织转型中。从她博士学位论文以及本书来看，这一尝试是成功的，同时有着积极的意义。定量研究帮助我们从更大的样本范围内，更精细地看待组织制度的变化对地方高校转型中培养模式、教师的教学、教师的科研等方面的深刻影响，以及探讨其中的机制和转型中尚存在的问题，有效地丰富了地方高校转型发展的研究，相关的研究成果是难以从以质性研究方法进行的案例研究中获得的。因此，尽管作为一个初入学术界的年轻学子，研究功底还需要进一步打磨、积累，现有的研究可能还存在一些瑕疵，但是在学术界关于地方高校转型的实证研究还不多见，特别是在用定量研究方法研究地方高校组织转型的研究还不多的情况下，相信这本书的出版可以起到很好的抛砖引玉的作用，盼望着国内学术界更多的学者能够从更多的视角用不同的方法来深入研究地方高校转型的发展。是为序。

北京大学教育学院教育管理与　郭建如
政策系、教育经济研究所

2021 年 5 月于燕园

摘　　要

　　高等教育大众化以来，高等教育同质化，新建本科院校在高等教育系统中处于劣势地位，亟须突破重围，错位发展。经济结构调整和产业升级对高等教育提出了培养应用型人才的要求，多部门联合出台政策引导地方本科院校向应用型转变。本书从组织转型的视角，从学校和院系两个层面、多个维度分析组织转型机制，以及组织转型维度与类型对应用型教学与科研的影响机制。

　　首先，本书呈现了学校和院系的组织转型现状，以及学校组织转型各维度对院系组织转型的影响及其机制。新建本科院校在院校定位和发展战略上非常明确偏向应用型，但是落到实处的制度建设不够完善，老本科院校的制度建设做得更好，更倾向于采用行政推动的方式。东部地区新建本科院校在定位、制度建设、资源保障等多方面具有优势；中部地区新建本科院校院系考核管理制度健全，具有一定的管理优势；西部地区新建本科院校虽然学校的行政推动力最强，但是院系组织转型各维度均处于劣势，与其他地区差距较大。学校组织转型的每个维度都对院系组织转型有影响，而且学校的维度对院系相对应的维度影响最大，如学校的定位对院系的定位影响最大。多层线性模型和结构方程模型都显示学校的校企合作指导激励制度对院系贯彻落实转型举措影响最大。

　　其次，本书分析了学校和院系的组织转型对应用型科研的影响。应用型科研主要体现于学校和教师的科研导向，教师的应用型科研项目比例。回归分析发现，学校和院系的组织转型有助于应用型科研的开展；学校和院系的组织转型影响教师的挂职与培训、校企合作质量，这两者又分别影响应用型科研；校企合作与应用型科研相辅相成，互相促进。采用结构方程模型发现学校和院系的组织转型直接促进应用型科研，而且通过提高挂职锻炼月数与进修培训周数，使校企合作更多依赖协议或平台间接促进应用型科研。

再次，本书分析了学校和院系的组织转型对应用型教学的影响。应用型教学主要体现在课程设置的职业就业性及应用复合性、教学行为的学以致用性、教师技术水平和教学质量满意度上。回归分析发现，学校和院系的组织转型促进应用型教学；学校和院系的组织转型影响教师的挂职与培训、校企合作质量、应用型科研，这三者又分别影响应用型教学。结构方程模型发现学校和院系的组织转型直接促进应用型教学，也通过提高挂职锻炼月数，使校企合作更多依赖协议或平台，使更多教师科研导向为应用型，间接促进应用型教学。

最后，本书采用倾向值匹配方法，控制选择偏差，分析学校组织转型深入、院系组织转型深入对教师科研与教学、毕业生能力发展与就业的影响。研究发现和学校转型深入相比，学院组织转型深入对教师科研和教学、毕业生能力发展和就业的影响更深入，而且在学校层面的支持下，院系转型深入能够更好地发挥作用。

基于实证研究，本书认为学校层面应将理念落实到制度，综合运用引导激励制度和考核管理制度调动教师积极性；院系层面要加强贯彻落实，做好资源保障和考核管理，将应用型转型的战略规划落到实处；在教师挂职与培训方面，既要提高挂职锻炼参与率，增加挂职与培训时长，又要提高培训质量，多进行企业生产实践和课程开发方面的培训；在应用型科研方面，学校要搭建平台，加强教师与企业的协作，通过教师挂职与培训、校企合作提高教师应用科研能力，为教师提供更多应用科研机会。

关键词：组织转型；应用型科研；应用型教学

Abstract

Since the popularization of higher education, the homogenization of higher education has been serious. Newly-established undergraduate colleges and universities are in a disadvantaged position in the higher education system, which is in urgent need of breakthrough and take the dislocation development. Policies have been jointly issued to guide local undergraduate colleges and universities transform to application-oriented universities. From the perspective of organizational transformation, this study analyzes the mechanism of organizational transformation from two levels and multiple dimensions, as well as the impact of organizational transformation on application-oriented research and teaching.

First of all, this study describes the current situation of organizational transformation in multiple dimensions from university and school level, and the influence and mechanism of each dimension. The newly-established universities prefer the applied type in the orientation and development strategy, but the administrative impetus for the reform is relatively weak. The institution construction of old universities is better, and they tend to adopt the way of administrative promotion. The newly-established undergraduate universities in eastern China have done the best in organizational transformation, while those in the central region have certain management advantages. Although the newly-established universities in western China have the strongest administrative impetus, they are at a disadvantage in all dimensions. All dimensions of university organizational transformation affect the organizational transformation of the school. Hierarchical linear model and the structural equation model show that the school-enterprise cooperation guidance and incentive institution has the greatest influence on school's implementation of the transformation.

Secondly, this study analyzes the impact of university and school's organizational transformation on application-oriented research. Application-oriented research is mainly reflected in the research orientation of university and teachers, and the proportion of teachers' applied research projects. The regression analysis results show that the organizational transformation of universities and schools is helpful to application-oriented research; The organizational transformation of universities and schools affects teachers' temporary employment and training, as well as the quality of school-enterprise cooperation, which in turn affects application-oriented scientific research. School-enterprise cooperation and application-oriented research promote each other. Structural equation model results show that the organizational transformation of universities and schools directly promotes application-oriented research, and promotes application-oriented research through increasing the duration of temporary employment and training, relies more on agreements or platforms in school-enterprise cooperation.

Thirdly, this study analyzes the impact of university and school's organizational transformation on applied teaching. Application-oriented teaching is mainly reflected in the vocational and application of the curriculum and teaching behavior, teachers' technical level and teaching quality satisfaction. Regression analysis results show that organizational transformation of university and school promotes applied teaching; The organizational transformation of university and school affects the temporary employment and training of teachers, the quality of school-enterprise cooperation, and application-oriented research, which in turn affect applied teaching. The structural equation model results show that the organizational transformation of university and school directly promotes applied teaching, and also promotes applied teaching through increasing the duration of temporary employment and training, relying more on agreements or platforms in school-enterprise cooperation, and making more teacher oriented on applied research.

Finally, this study adopts the propensity score matching method to control the selection bias and analyzes the impact of university and school's organizational transformation on teachers' applied research and teaching, graduates' ability development and employment. Teachers' research and teaching, and graduates' ability development and employment are mainly impacted by schools' organizational transformation. The transformation of university needs the cooperation and implementation of the school, otherwise it is difficult to make a difference. However, even without the support from the university level, the organizational transformation of school can still improve teachers' research orientation, curriculum setting and teaching behavior.

According to the empirical research findings, this book believes that universities need to apply plan and strategy to institutions, make good use of guidance and incentive institution and assessment management institution to promote teachers' action; Schools should strengthen the implementation, do a good job in resource guarantee and appraisal management, and put the strategic planning of application-oriented transformation into practice. In temporary employment and training, university and school should boost the participation and duration of temporary employment, improve the quality of training, add more training on enterprise practice and course development; In the aspect of applied research, the university should build a platform to strengthen the cooperation between teachers and enterprises, improve teachers' ability of applied research through teachers' temporary employment and training, school-enterprise cooperation, provide more opportunities for teachers in applied research.

Keywords: Organization transformation, Application-Based research, Application-Oriented teaching

目　　录

Contents

第一章

绪　　论

第一节　问题缘起

一　错位发展：地方新建本科院校亟须实现突围

在高等教育的发展过程中，政府对高校的评价标准单一，高等院校之间同质化，在院校定位、办学目标、教育理念、机构设置、教学方法、管理方式上雷同，许多院校没有形成独特的竞争优势与特色。地方新建本科院校升本时间较晚，学科积累不足，财政拨款有限，在同质化的高等教育系统中办学基础较弱，处于劣势地位，亟须突破重围，找到适合自己的发展路径。

地方新建本科院校进行应用型转型，是破解高等教育梯队中竞争劣势的较优策略。首先，在学科积累上，地方新建本科院校和老本科院校相比，学术积累和办学声誉积累不足，在学科教育上竞争力不够，向老本科院校不重视的应用型方向发展反而有更大的机遇；其次，在院校定位上，地方新建本科院校大多受地方政府资助，承担更多服务地方的责任，进行应用型转型可以提升教师应用型科研能力，为当地行业企业培养更多应用型人才，拉近与地方政府的关系；再次，在应用型人才培养基础上，地方新建本科院校多在1999年之后由高职、师专升本而来，在师资和培养模式上具有一定的职业教育基础，也在多年校企合作过程中积累了大量企业合作基础，培养应用型人才具有相对优势；最后，在生源质量方面，地方新建本科院校的生源高考成绩较低，在知识水平上有一定劣势，但这类学生可能更擅长动手解决实际问题，进行应用型转型可以结合生源特征，因材施教。

因此地方新建本科院校进行应用型转型是弥补生源劣势，充分发挥职业教育基础优势，符合服务地方经济发展办学定位的较优策略。

二 政策支持：为应用型转型提供合法性和资源

在经济结构调整和产业升级的社会背景和高等教育同质化的格局下，党中央、国务院、教育部等多部门引导地方性本科院校向应用型转型。2014 年国务院《关于加快发展现代职业教育的决定》（国发〔2014〕19 号）提出"采取试点推动、示范引领等方式，引导一批普通本科高等学校向应用技术类型高等学校转型，重点举办本科职业教育"。2015 年 10 月 23 日，教育部、国家发展改革委、财政部印发《关于引导部分地方普通本科高校向应用型转变的指导意见》，文件指出"使转型高校的教育目标和质量标准更加对接社会需求、更加符合应用型高校的办学定位。……发挥政府宏观调控和市场机制作用，推进需求传导式的改革，深化产教融合、校企合作，促进高校科学定位、特色发展，加强一线技术技能人才培养，促进毕业生就业质量显著提高"。政策引导向应用技术类型转型的高校从"普通本科高等学校"逐步特定化为"地方普通本科高校"，即由地方政府主办的普通本科高校。在我国 1272 所普通本科高校中，部属院校 118 所，其余皆为地方普通本科高校，占我国普通高校的90.72%。① 2016 年 3 月 17 日，《国民经济和社会发展第十三个五年规划纲要》明确提出，推动具备条件的普通本科高校向应用型转变，地方本科高校的应用型转型作为"十三五"规划的目标之一，是教育领域人才供给侧结构性改革的重要内容。

2017 年 12 月 5 日，国务院办公厅发布的《关于深化产教融合的若干意见》提出构建教育和产业统筹融合发展格局，强化企业重要主体作用，推进产教融合人才培养改革，促进产教供需双向对接，为地方本科院校深入开展校企合作、产业融合提供了进一步的政策支持。2019 年 1 月 24 日，国务院印发《国家职业教育改革实施方案》，进一步提出"一大批普通本科高等学校向应用型转变"的发展目标。国家发展改革委、教育部

① 《全国高等学校名单》，2020 年 7 月 9 日，中华人民共和国教育部网站，http://www.moe.gov.cn/jyb_ xxgk/s5743/s5744/202007/t20200709_ 470937.html。

"十三五"时期实施教育现代化推进工程应用型本科高校建设项目，支持各省份推荐的 100 所应用型高校建设，"十三五"时期中央预算内投资对各地实行差别化补助政策，每校最高补贴额可达 1 亿元，推动项目高校将产教融合项目建设和学校转型深化改革相结合，切实把办学真正转到服务地方经济社会发展上来，转到产教融合校企合作上来，转到培养应用型、技术技能型人才上来。

在国家政策的推动下，河南、云南等 20 多个省（区、市）出台了引导部分普通本科高校向应用型转型的政策文件，从简政放权、专业设置、招生计划、教师聘任等方面支持试点高校应用型转型，300 所地方本科高校参与改革试点，大多数为学校整体转型，部分高校通过二级学院开展试点，在校地合作、校企合作、教师队伍建设、人才培养方案和课程体系改革、学校治理结构等方面积极改革探索。目前河南省、湖北省、湖南省、安徽省、广东省、浙江省、云南省等已遴选了一批或两批试点院校进行政策扶持，要求试点院校提交转型方案，并适时进行验收。

三　实践困境：应用型转型系统性不足

地方本科院校进行组织转型是适应新的生存环境的需要。高等教育大众化以来，人才供给和劳动力市场需求都发生了较大变化，人工供给和劳动力市场需求存在结构化矛盾，高校毕业生结构性失业问题逐年凸显。同质化的高等教育提供了过剩的学科教育人才，但无法满足中国制造 2025、"互联网＋"等对高技能、应用型、复合型人才的需求。新的经济和教育环境对地方本科院校提出组织转型，提高院校服务地方发展能力的要求。地方本科院校在高等教育系统中办学时间短，学术积累弱，政府拨款少，生源基础差，亟须进行结构、资源配置、制度的调整，转变人才培养模式，提高组织适应新的经济、社会环境的能力，争取政府、企业的资源，扭转不利的发展形势，从而获得长足发展。

地方本科院校进行组织转型是应用型转型的需要。应用型转型向地方本科院校提出了提高组织适应环境能力，重构与政府、行业、企业的关系，对教学改革、实验实训等方面进行资源倾斜，提升教师队伍能力素养，调动教师参与转型积极性，出台新的职称评审、教学评估制度等资源、人员、制度等多方面的挑战。在应用型转型过程中，地方本科院校面临教师动力、能力不足，机构设置和制度规范滞后，资源配置与转型目标不匹配等问题，困难重重。单独出台的某项变革举措很容易受到既有观念、结构、制度等组织惯性的掣肘，难以真正调动教师的积极性，获得好的成效。例如为了提高教师应用实践能力，许多高校出台政策鼓励教师到行业企业挂职锻炼，但如果教师挂职锻炼期间的教学任务无人承担，职称评审依然以论文发表为主要标准，就很难调动老师参加挂职锻炼的积极性。应用型转型作为一个系统的变革，无法通过简单的特定举措达到好的转型效果，需要组织在理念规划、提高目标认同、资源匹配等多方面做出相应调整与变革。但是从目前应用型转型实践与研究来看，目前对应用型转型路径的思考多为转变办学定位、专业结构、培养方案、课程体系等分块、某个方面的建议或经验，没有从整体上系统总结组织转型的核心要素，对应用型转型的组织保障关注不够，尚未总结出较为成熟的有借鉴意义的转型模式，无法为广大地方本科院校组织转型提供相应的参考。

四　问题提出

基于以上研究背景，地方新建本科院校应用型转型是整体性、系统性的组织转型，需要理念、结构、资源、制度多维度全方位的配合，从组织转型的视角系统思考转型过程，打开组织转型对应用型转型效果的作用及机制的黑箱，为六百多所地方新建本科院校的应用型转型提供组织转型方面的借鉴和参考尤为重要。

结合地方新建本科院校的办学定位，应用型转型的效果主要体现在两个方面。一方面，提高学生专业技术能力，为当地行业企业培养优秀人才，主要通过教师开展教育教学改革，提高课程设置和教学行为的应用性来实现；另一方面，提高教师服务行业企业的能力，主要体现在教师应用型科研水平的提高。因此，本书重点关注组织转型在地方本科院校应用型转型中，对应用型教学和科研发挥的影响及作用机制，具体研究问题如下。

学校和院系两级组织转型有什么关系？学校层面的组织转型影响院系组织转型的机制是什么？

组织转型如何影响应用型科研？

组织转型如何影响应用型教学？

组织转型是否对教师科研、教学及学生能力与就业产生影响？

第二节　研究意义

在推动高等学校分类发展，调整优化高等教育布局，进行教育领域人才供给侧结构性改革的时代背景下，从组织转型角度系统审视地方高校应用型转型具有以下意义。

第一，丰富应用型转型领域的定量研究。国内虽然有大批学者关注新建本科院校的应用型转型，但大部分研究停留在办学定位、转型策略等规范层面，缺少实证基础，样本代表性不足，指标单一，定量方法的运用停留在描述统计层面，得到的研究结果代表性和说服力不足。本书问卷调查范围覆盖东中西部地区应用型转型试点与非试点院校，院校类型包括公办、民办、独立学院，抽样科学，样本分布合理，代表性较高。此外，笔者在组织转型分析框架指导下采用描述统计、t检验、多元线性回归、倾向值匹配、结构方程模型等多种计量方法，层层深入，方法科学，能够排除教师个体及学生个体的能力与意愿对研究结果的干扰，获得可信度较高的组织转型的效应，揭开组织转型的影响机制，丰富应用型转型方面的定量研究。此外，目前关于应用型转型的研究多从政策制定和战略、规划方面入手，停留在院校或教师层面，未将院校转型与教师行为转变、学生成就联系起来，研究视角不够全面与系统。本书贯通学校、院系、教师三个层面，紧扣组织的核心要素，揭示应用型转型过程中学校和院系的组织转型对教师应用型科研、课程设置及教学行为的影响及机制，研究更加系统、全面。

第二，丰富应用型转型研究的理论视角。地方本科院校的应用型转型归根到底是组织转型，以组织的核心要素为抓手展开研究才能把握应用型转型的根本。目前关于应用型转型的研究采用了资源依赖、生态位、协同发展等多种理论视角，但是多为期刊文章，篇幅较短，理论视角与应用型转型的结合容易流于形式，泛泛而谈，未能一以贯之深入研究应用型转型过程及机制。本书以组织转型理论为基础，从理念规划与资源匹配、行政推动与严格考核、应用型定位、校企合作指导激励制度、学习型团队建设、考核管理等方面入手展开研究，从根本上把握应用型转型的核心要素，更有针对性地刻画应用型转型机制，丰富了应用型转型研究的理论视角。

第三，为应用型转型实践提供参考和借鉴。新建本科院校的应用型转型是近年教育部和职业教育与成人教育司重点推动的重大变革，涉及院校众多，影响到近半本科生。新建本科院校的应用型转型有助于解决高等教育人才培养与市场需求不匹配、地方高校难以服务当地产业和经济等重大难题，顺利完成应用型转型的关键在于摸清应用型转型的机制，掌握应用型转型的关键环节，认清转型过程中存在的问题，积极寻找应对办法。

虽然多所新建本科院校在大张旗鼓地进行应用型转型，但转型的有效方法和长效机制尚未清晰，许多转型院校的人才培养模式尚未真正变革，应用型转型流于形式，停留在文件和口号上。许多新建本科院校领导和教师翘首以待具有实践指导意义的研究作为指导和借鉴，从中找到应用型转型的突破口和可行办法。虽然转型院校之间也借助高校联盟等组织、论坛、平台进行探讨和互相学习，但这种交流与学习多只从管理者的角度看待应用型转型，缺少广泛的实证基础，测量转型效果的指标也不够全面、客观。

本书从组织转型的学校和院系层次、多种维度入手，采用多种计量方法科学地分析了组织转型内在影响机制，及组织转型对应用型科研与教学的影响机制，能够为新建本科院校的顺利转型提供一定借鉴和参考。

第二章

文献述评

本章首先梳理关于组织转型与变革的内容，回答"组织转型与变革什么"的问题，然后深入组织转型过程与实践，梳理组织转型与变革的模式与模型，紧接着将研究范围缩小聚焦到本书关注的院校，梳理学校组织变革与转型的模型和案例，最后进一步限定到地方本科院校的应用型转型过程中，梳理应用型转型的路径和策略。

第一节　组织转型与变革的内涵

组织转型与变革是一个系统、复杂的过程，包括组织结构、制度、目标、技术的变革，以及组织成员认知、态度、行为的变革，根本目的是通过认知、态度、制度、结构的变革推动核心技术、成员行为及工作流程的调整，提高组织的绩效。要深入了解组织转型与变革，首先要认清组织转型与变革什么，即组织转型与变革的核心内容是什么，从哪些方面入手来分析组织转型与变革。

学者们从不同角度总结了组织转型与变革的核心内容，回答了"组织转型与变革什么"的问题。Leavitt 等认为可以从结构、人员、任务、技术四个方面来衡量组织变革，结构变革指通过改善正式工作结构和职权关系来试图改善绩效的变革；人员变革指员工态度、技能及知识基础的改变，以提高生产力和协作力；任务变革指组织存在的使命，以及组织任务之间的层次、隶属关系发生变化；技术变革指组织改善为完成目标所使用的方法和手段。[1] 结构、人员、任务、技术四个方面相互影响，一个方面

① W. W. Cooper, H. J. Leavitt, M. W. Shelly, "New Perspectives in Organization Research", *Journal of the Operational Research Society*, Vol. 17, No. 1, 1964, pp. 216–217.

的改变会引起其他一个或多个方面的改变。彼德斯和沃特曼提出通过共享的价值观、战略、结构、体系、管理风格、人员和技能七个相互影响的因素来分析组织变革，共享的价值观指组织借以凝聚和团结全体员工的指导思想或价值目标，是在组织内部被普遍接受的观念和信仰；战略指组织资源分配和获取资源的计划和相应的行动；结构指组织图的特征，即组织主管和主要责任人员的行为方式；人员指组织内部整个人员的组成情况；技能指主要成员和整个组织所表现出来的特殊的才干和能力。①。Barnett 和 Carroll 认为从组织变革前后的对比来总结变革的内容，比如元素之间的结构关系，或某个要素的核心内容发生了变化，变革也常常发生在速度、行为的顺序、决策和沟通系统等方面。② 李春玲认为组织变革是人、文化、任务、技术、设计、战略六个变量的相互作用。③

综合来看，组织转型与变革不是局部的变革，而是整体性的，涉及人员、战略、组织架构、核心技术等方面，是组织基本要素或要素关系的转变，可以结合组织的具体特性与研究的需要采用不同的分析视角。

第二节　组织转型与变革的模式与模型

一　组织转型与变革模式及模型

学者们借鉴社会学、经济学、生物学等学科理论，通过观察组织转型实践案例，总结了组织转型与变革的模式与理论。

卢因（Kurt Lewin）在 20 世纪 40 年代第一个提出了组织变革过程模式，他从社会心理学的角度将组织变革梳理为"解冻（unfreezing）—变动（change）—再冻结（refreezing）"三个阶段，④ 并强调组织变革过程中个体变革和保持原状的冲动之间的矛盾与冲突。解冻阶段是变革开始的阶段，在这一阶段推动变革的力量比阻碍变革的力量要大，可以采取沟通、培训、共同决策、改变认知、强制等手段策略性地化解组织中的变革

---

① ［美］托马斯·彼得斯、罗伯特·沃特曼：《追求卓越》，胡玮珊译，中信出版社2012年版，第28—57页。

② W. P. Barnett, G. R. Carroll, "Modeling Internal Organizational Change", *Annual Review of Sociology*, Vol. 21, No. 1, 1995, pp. 217–236.

③ 李春玲：《学校组织变革的理论与实践》，浙江大学出版社2015年版，第15页。

④ Kurt Lewin, *Field Theory in Social Science*, New York: Harper and Row, 1951, p. 23.

阻力。① 变动阶段是组织变革真正发生的阶段，改变组织或部门行为，组织结构及过程，以形成新的行为、价值和态度，达到既定目标。再冻结阶段是将这种变革加强、固定下来，强化新的组织形态、文化、政策和机构，使组织稳定在新的均衡状态。② 卢因的组织变革过程从变革阶段入手，呈现了组织变革的动态过程，但是对组织变革的核心环节——变动阶段的阐述、分析不够充分具体，对组织转型与变革实践的指导意义有限。Jerald Hage 提出了组织变革分为评估、发起、执行、常规化四个阶段，并梳理出了每个阶段的影响要素，以及要素对这些阶段的影响方向。③

　　哈佛大学的科特（John P. Kotter）教授从领导的角度提出了企业组织转型的模型，主要包含建立危机意识、形成强有力的指导队伍、创造愿景、就愿景充分沟通、授权他人为愿景而努力、规划并创造短期成就、巩固成果并持续变革、将新的方法制度化八个步骤。④ 该模型强调领导在变革中的作用，自上而下梳理组织转型的过程，尤其强调愿景以及将愿景传达给员工对于组织变革的重要性，并最终落脚于通过制度化将变革固定下来，成为常规的组织规则与共识。在建立危机意识阶段，组织要诊断市场和竞争情况，确认并讨论危机，潜在的危机或主要的机遇；形成强有力的指导队伍阶段主要加强队伍力量，使其具有足够的能力领导变革的实践，并鼓励团队协作；创造愿景阶段组织将创造愿景来帮助指导转型实践，发展出达成愿景的策略；沟通愿景阶段组织将使用每种可行的工具、方法来和成员沟通这种新的愿景和策略，通过共同的引导、示范，教会成员新的行为；授权他人为愿景努力阶段要冲破变革的障碍，变革影响愿景的系统或结构，鼓励冒险、非传统的观点和行动；规划并创造短期成就阶段组织将计划追求可视化的进展表现，用实际行动追求进展的达成，重新认识和奖励进展中表现突出的员工；巩固成果并持续变革阶段采用不断上升的信誉来改变与愿景不匹配的系统、结构和政策，雇用、提拔、发展采取变革行动的员工，重新调整新的项目、主体和变革过程；将新的方法制度化阶

---

① Kurt Lewin, *Field Theory in Social Science*, New York: Harper and Row, 1951, p. 23.

② 孟范祥、张文杰、杨春河：《西方企业组织变革理论综述》，《北京交通大学学报》（社会科学版）2008 年第 2 期。

③ Jerald Hage, *Theories of Organizations: Form, Process, & Transformation*, New York: Wiley-Interscience, 1980, pp. 207 - 229.

④ J. P. Kotter, "Leading Change: Why Transformation Efforts Fail", *IEEE Engineering Management Review*, Vol. 37, No. 3, 2009, pp. 42 - 48.

段，详细标出新的行为和公司成功之间的联系，发展出确保领导变革和持续性的方法。① 科特教授的组织转型模型采用领导的视角，按照事件发展的顺序梳理转型过程，注重过程性，但是对组织架构、体系的关注不足。

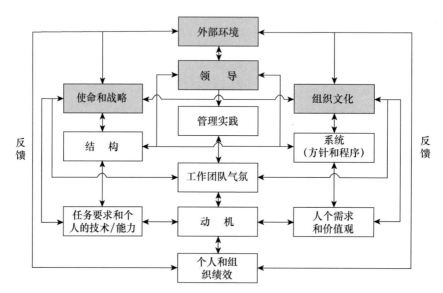

图 2.1　伯克·利特温的组织绩效和变革模型②

　　伯克·利特温的组织绩效和变革模型符合开放系统的思考方式，外部环境是输入部分，个人和组织成果是输出部分，组织成果也会影响外部环境，形成一定的反馈，如图 2.1 所示。全模型分为转变和交互两部分，笔者在图中分别以深色、浅色填充作为区分，其中以领导为核心的使命和战略、组织文化、外部环境四个方面为转变部分，这些因素的转变可能是由与外部环境的直接的相互作用引起的，需要组织成员的新的行为作为应对，这些要素中任何一个发生变化就意味着整个组织或系统受到了影响，

---

① J. P. Kotter, "Leading Change：Why Transformation Efforts Fail", *IEEE Engineering Management Review*, Vol. 37, No. 3, 2009, pp. 42 – 48.

② 原图引自［美］W. 沃纳·伯克《组织变革：理论和实践》，燕清联合组织译，中国劳动社会保障出版社 2005 年版，第 174—178 页，笔者重新绘制，根据不同系统填充颜色。原书中转变因素和交互因素都包含个人和组织绩效元素，笔者在绘图时将个人和组织绩效元素填充处理为交互因素。

变革在本质上是革命性的。①

Porras 和 Silvers 总结了一个有计划的变革模型，如图 2.2 所示。模型包括四个部分：可变更的变革干预；受影响的关键组织目标变量；个体组织成员和他们的工作行为导致的变化；组织结果。② 有计划的变革干预影响组织愿景和工作环境，组织愿景由三个主要要素组成：信念和组织原则；由这些信念产生的持久的组织目标；一个与组织目标一致，起促进作用的使命。工作环境分为组织安排、社会因素、技术、物理环境四个方面。个体组织成员工作行为的改变才能实现组织的转型，当个体组织成员直接从工作环境中获取某些信号，或是间接从组织愿景中获取某些信号时，他们会用行为做出相应的回应。组织成员个体认知改变分为四种类型：α改变：范式中可感知的变量水平的变化，但不改变范式中变量的结构；β改变：在现有的范式中，对变量的认知发生了变化，同样也不改变他们的结构；γ(A) 现有范式结构的改变，但不增加新的变量；γ(B) 用一个范式去替代另一个范式，在这个过程中会出现一些或全部新的变量。

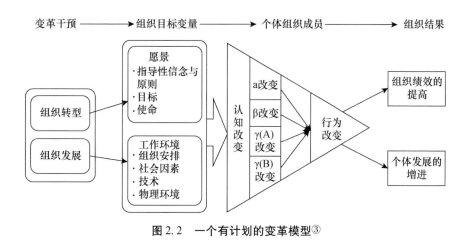

图 2.2　一个有计划的变革模型③

①　[美] W. 沃纳·伯克：《组织变革：理论和实践》，燕清联合组织译，中国劳动社会保障出版社 2005 年版，第 174—178 页。

②　J. I. Porras, R. C. Silvers, "Organization Development and Transformation", *Annual Review of Psychology*, Vol. 42, No. 1, 1991, pp. 51 – 78.

③　J. I. Porras, R. C. Silvers, "Organization Development and Transformation", *Annual Review of Psychology*, Vol. 42, No. 1, 1991, pp. 51 – 78.

组织结果分为组织绩效和个体的发展两部分的改变。组织绩效的改变包括生产率、盈利能力、效率、效力、质量等因素，个体的发展包括个体成员世界观、行为的改变，或技术技能的提升。Porras 和 Silvers 的模型系统反映了有计划的变革在组织中的推进过程，细致梳理了组织成员个体认知改变的四种类型，也明确总结了组织变革的两种目的。

　　钱平凡借鉴组织核心构成要素，以及新制度理论等对外部环境的分类，主要关注组织目标、制度、活动与技术的转型，将外部环境分为技术环境、任务环境和制度环境，提出如图 2.3 所示的组织转型过程模型。①

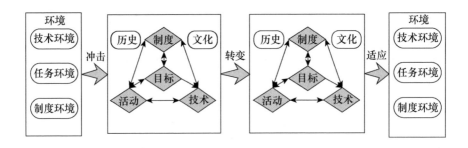

图 2.3　钱平凡的组织转型过程模型

　　该模型认为组织转型的主要动因是环境的剧烈变化，强调组织与环境的相互作用。组织环境发生剧烈变化时，企业组织改变主要构成要素及其之间的关系，发生变革与转型以适应新的环境，继续保持组织结构与外部的平衡。

　　除了对组织转型与变革模式及模型的总结，学者们还结合企业转型实践总结了截然不同的两种变革理论，E 理论和 O 理论，② 两种理论的对比如表 2.1 所示。

---

① 钱平凡：《组织转型》，浙江人民出版社 1999 年版，第 294 页。

② Micheal Beer, Nitin Nohria, *Breaking the Code of Change*, Boston：Harvard Business School Press, Long Range Planning, 2001, p. 4.

表 2.1　　　　　　　　　　　　　**E & O 变革理论对比**①

	E 理论： 顶层管理驱动的变革	O 理论： 基于组织发展的变革
目的	最大化经济价值	发展组织能力
领导方式	自上而下	参与式
关注点	结构与系统	文化与过程
规划	结构性和计划性的	自然发生的 （通过行动研究的循环）
动机	激励驱动	激励滞后
变革的责任在于	管理	组织成员
变革背后的假设	上层领导处于知道需要什么样的变革，变革应该如何发生的最佳位置	长期的组织效力最好通过发展成员认清和解决自己问题的能力来获得
顾问形式	大范围/知识驱动（来自大公司）	小范围/过程驱动（来自小公司）

　　上层管理驱动的变革被 Beer 和 Nohria 简称为 E 理论，改革的目的为提高经济价值，沿袭了传统的医疗治疗模型，领导是自上而下的。变革过程中关注策略、结构与系统等组织的"硬件"，强调产生新的战略和结构来有效影响系统的变革，变革的规划性很强，往往按照详细规划、顺序并然的计划来改变系统和结构以达到特定的目的。② 根据 E 理论变革主要受财政驱动，常常由有更多知识与解决方法的大公司担任顾问。③ 在 E 理论的视角下，激励驱动性的策略被认为是最有效的获得员工参与和支持的方法。④ 1994 年，Dunlap 成为 Scott Paper 的 CEO，在短短的 15 个月中，Dunlap 大量裁员，改进工作过程，提升工作单元的合作力，运用 E 理论

---

　　① Micheal Beer, Nitin Nohria, *Breaking the Code of Change*, Boston：Harvard Business School Press, Long Range Planning, 2001, p. 4.

　　② R. J. Torraco, "Organization Development：A Question of Fit for Universities", *Advances in Developing Human Resources*, Vol. 7, No. 3, 2005, pp. 303 –310.

　　③ Micheal Beer, Nitin Nohria, *Breaking the Code of Change*, Boston：Harvard Business School Press, Long Range Planning, 2001, p. 5.

　　④ R. J. Torraco, "Organization Development：A Question of Fit for Universities", *Advances in Developing Human Resources*, Vol. 7, No. 3, 2005, pp. 303 –310.

为股东赢得了双倍利润，是运用 E 理论推动改革的成功实践案例。[①]

O 理论即基于组织发展的变革，起源于 1957 年，当时试图将图书管理员培训中的一些原则和价值应用于整个组织中。[②] O 理论建立在人际关系训练、行动研究、参与性管理、战略变革的基础上。[③] 行动研究根本的假设是组织成员应该活跃地参与到变革的过程当中，基本的循环过程是发现问题、界定问题、收集数据加以分析、为系统变革制订行动计划，包括进入、启动、评估、行动计划、干预、评估、采纳、分化八个步骤的过程。[④] O 理论变革的目的是提高组织执行策略，从行动中学习以指导进一步的变革的能力。

两种理论都能在某些方面推动有效的变革，但是也都存在计划之外的代价，两种理论之间存在内在的张力。但是在现实中，两种理论经常在没有解决内在张力的情况下被混合使用，这样就会导致成本很大，收益甚微。[⑤] Beer 和 Nohria 主张在实际运用中要消除两种理论之间的张力，组织也许可以通过满足不同目标来同时提高经济效益和组织性能，比如既自上而下管理，又让员工都参与其中，注重整合和调整结构、文化和系统，在工作过程中发展灵活性和自发性，采用激励奖励表现上的变革而不只是驱使变革，把专家和被授权的员工都当作顾问。[⑥]

二　学校组织变革模型

组织变革模式及相关理论以企业组织为研究对象的居多，在大学组织变革方面，李春玲将学校变革模式总结为五种：[⑦]（1）生命周期模式。学

---

① Micheal Beer, Nitin Nohria, *Breaking the Code of Change*, Boston：Harvard Business School Press, Long Range Planning, 2001, p. 5.

② W. French, "Organization Development Objectives, Assumptions, and Strategies", *California Management Review*, Vol. 12, No. 2, 1969, pp. 23 – 34.

③ R. J. Torraco, "Organization Development：A Question of Fit for Universities", *Advances in Developing Human Resources*, Vol. 7, No. 3, 2005, pp. 303 – 310.

④ R. J. Torraco, "Organization Development：A Question of Fit for Universities" *Advances in Developing Human Resources*, Vol. 7, No. 3, 2005, pp. 303 – 310.

⑤ R. J. Torraco, "Organization Development：A Question of Fit for Universities" *Advances in Developing Human Resources*, Vol. 7, No. 3, 2005, pp. 303 – 310.

⑥ Micheal Beer, Nitin Nohria, *Breaking the Code of Change*, Boston：Harvard Business School Press, Long Range Planning, 2001, p. 5.

⑦ 李春玲：《学校组织变革的理论与实践》，浙江大学出版社 2015 年版，第 12—13 页。

校组织的变革是持续不断的，学校要找到适应其发展阶段的内部机制来保持学校的发展。生命周期模式过于强调过程的必然性和方向性，无法很好地解释学校组织停留在某个阶段或者倒回某个阶段的情况。（2）目的模式。认为学校变革是围绕学校组织发展目的和目标而变化的，不仅关注学校领导者在变革中发挥的作用，还重视学校成员的能动作用，但是强调了人的理性和主观力量，忽视了非理性和其他因素的影响。（3）辩证模式。学校组织变革是一个保持平衡、打破平衡、重建平衡的过程。辩证模式打破了目的模式的理性假设，认为组织变革并不完全按照人们的理性设计进行，而是各方冲突和权力斗争的产物，变革过程可能是非理性的。（4）社会认知模式。学校领导塑造变革过程的同时，学校每个成员在变革过程中都会对变革加以解释并做出相应的反应。社会认知模式把对变革的关注由结构扩展到了组织成员的认知层面，但也忽视了环境的作用，将学校成员视为孤立存在的个体，无法考察作为群体的一部分的组织成员所共享的那些内容。（5）文化模式。学校集体和共享的文化会对学校的变革产生影响，学校变革要求学校内部共享的基本观念发生改变。

周光礼等梳理大学组织变革研究，总结了同构理论、分化理论、同质异形理论这三个从新制度主义发展而来的解释大学组织变革的理论。[①] 同构理论认为变革的主要动力来自外部环境，是一个自上而下的变革过程，但是同构理论只看到了变革中大学群的趋同性，没有看到面对同样的环境变化，不同大学做出的不同反应，即只见森林不见树木。分化理论强调大学组织变革的主要动力来自大学组织及其行动者，即来自组织内部，是一个自下而上的过程，但是分化理论过度强调大学与外部环境相互作用中的能动性，对环境的影响作用考虑不足，即只见树木，不见森林。同质异形理论则将同构理论和分化理论结合起来，认为大学组织变革是自上而下与自下而上相结合的过程，同时关注组织外部与内部的影响，既关注组织对环境的适应，也关注组织自身的能动性。

杨钋采用列维和马力关于组织变革的概念框架，从范式转变、使命和目的转变、文化转变、功能过程转变分析了高职高专院校的组织变革。[②]

---

① 周光礼、黄容霞、郝瑜：《大学组织变革研究及其新进展》，《高等工程教育研究》2012年第4期。

② 杨钋：《以就业能力为新的使命——高职高专院校组织变革的案例分析》，《教育发展研究》2012年第Z1期。

第三节　院校组织转型案例研究

国外院校组织转型的研究多为案例研究，深入观察一所高校组织转型过程，梳理总结转型的途径与核心要素，或基于对院校组织转型过程的观察与分析，检验转型理论的适切性。

伯顿·克拉克在《建立创业型大学：组织上转型的途径》一书中在总结创业型大学案例研究的基础上，总结了一个强有力的驾驭核心，一个拓宽的发展外围，一个多元化的资助基地，一个激活的学术心脏地带，一个一体化的创业文化等五个转型的途径与核心要素，① 又在《大学的持续变革——创业型大学新案例和新概念》中对这五个要素进行了进一步阐释。强有力的驾驭核心包含中枢管理集体和学系两部分，在运作上能够使新的管理价值观和传统的学术价值观协调起来，要能够对不断扩大和变化的需求反应更加迅速、灵活、集中。可以通过寻求扁平结构，排除中间单位，减少校部中心和基层单位之间的障碍，在已有的多元层次，特别是校部中心、学院和系增强权威和责任，从上到下，特别是在校部中心使行政专业化等三个途径来实现转型管理中的强有力的驾驭核心。② 拓宽的发展外围指创业型大学在传统的组织结构之外跨越大学边界，与校外的组织和群体联结起来，创建更好的工具以应对社会的需求，创办了全新的由非传统的单位组成的外围。③ 具体而言，创新性大学采取行政办公室和学术单位两种基本方式来跨越旧时边界，与校外机关和顾客建立充分的联系，弥补传统的办公室和系两种结构的不足。④ 多元化的资助基地指创业型大学努力拓展除政府、研究委员会之外的第三个收入来源渠道，积极从工厂企业、地方政府和慈善基金会、知识产权的版税收入、校园服务的收入、学

---

① ［美］伯顿·克拉克：《建立创业型大学：组织上转型的途径》，王承旭译，人民教育出版社2007年版，第3—7页。

② ［美］伯顿·克拉克：《大学的持续变革——创业型大学新案例和新概念》，王承旭译，人民教育出版社2008年版，第105页。

③ ［美］伯顿·克拉克：《建立创业型大学：组织上转型的途径》，王承旭译，人民教育出版社2007年版，第3—7页。

④ ［美］伯顿·克拉克：《大学的持续变革——创业型大学新案例和新概念》，王承旭译，人民教育出版社2008年版，第107页。

费、校友集资等多渠道增加收入。① 创业型大学懂得通过收入来源多样化形成甚至控制自身的财政基础，减少对政府拨款的依赖，改变传统的被动状态。激活的学术心脏地带指激活传统的学习，突破传统的学术价值观，促使研究和教学的基本单位能够接受这次重大变革，② 具体表现为教育层次中心的转变，教育的向外扩展和教学计划的扩展。大学不再像以前一样专注于本科生，更注重研究生教育，大量投资博士生。与此同时，教育继续向外发展，从传统的学历教育向继续教育或终身学习转变。此外，大学也增加了教育培训，为更多群体提供多层次的教育培训服务。整合的创业文化指涵盖变革的价值观、信念以及文化。在这些要素之中，文化可能引导或跟随其他要素的发展。③ 变革的试验性理念在参与者中间传布发展为理念、信念，传布到大学的大部分甚至全部，变成表达变革意志的一种新的文化，最终变成一个表现自己的、共享的观点，提供一个统一的个性。④ 理念得到信奉者的社会基础，转变为实际的表达的结构和程序，推动变革的持续发生。⑤

在这五个要素中，强有力的驾驭核心是领导、战略与规划的变革；拓宽的发展外围是组织结构的变革；多元化的资助基地是资源配置模式，也是组织结构的变革；创业文化是组织信念、文化与认知的变革，以提高组织成员的变革意愿，改变他们对变革的态度。领导、结构、文化的变革都是为了激活学术心脏地带，即促使研究和教学的基本单位发生教育层次中心的转变，教育的外围拓展等核心技术的转变。

国外院校组织转型与变革的研究多带着一定的理论思考进行案例分析。

对康奈尔大学的案例研究发现在大学实际的转型和变革过程中，O 理

---

① ［美］伯顿·克拉克：《建立创业型大学：组织上转型的途径》，王承旭译，人民教育出版社 2007 年版，第 3—7 页。

② ［美］伯顿·克拉克：《建立创业型大学：组织上转型的途径》，王承旭译，人民教育出版社 2007 年版，第 3—7 页。

③ ［美］伯顿·克拉克：《建立创业型大学：组织上转型的途径》，王承旭译，人民教育出版社 2007 年版，第 3—7 页。

④ ［美］伯顿·克拉克：《大学的持续变革——创业型大学新案例和新概念》，王承旭译，人民教育出版社 2008 年版，第 114 页。

⑤ ［美］伯顿·克拉克：《大学的持续变革—创业型大学新案例和新概念》，王承旭译，人民教育出版社 2008 年版，第 114 页。

论和 E 理论被综合运用，并没有明确的界限，变革的过程还体现了 Grein-
er 的进化的生命周期理论。① 康奈尔大学的变革分为四个部分：第一，通
过过程咨询的方法帮助质量改进过程项目和组织发展部门建立联系，提高
可视性和公信力，提高了大学的服务质量；第二，综合利用科层和顾客导
向的方法，发展出新的概念框架，将技术人员和行政人员进行整合，产生
新的薪资系统，每年能够节省 1600 万美元；第三，策略性的组织发展，
通过组织评估、战略规划、学习型团队建设、监察发展等方法，提高个体
和商业服务中心的经济表现和环境适应力；第四，通过广泛发动教职员
工、学生、利益相关者通过现代技术共同讨论学校核心定位，提高各方主
体之间的互动和连接，为康奈尔大学找到满足变革世界需求的新机遇。②

根据组织发展过程模型，可以将组织发展过程分为进入、起步、评估
与反馈、行动规划、执行、采纳、分离等过程，对明尼苏达大学质量管
理、团队建设等变革的研究发现，在实践中组织发展的不同步骤是重合
的，界限模糊，影响组织变革成功发生的因素有：缺少正式具体的需求评
估；员工没有做好变革的准备；员工的考虑往往是短期非系统的；变革过
程往往是授权的，并没有允许大家掌握整个过程；没有明确的文件说明预
期的结果；行政管理者轻视教职工；改革前期缺少评估；将干预看作任务
而非发展的过程；结果由顾问而非员工承担；相关股东更在意外部的顾问
专家，而非内部专家；采用自上而下的变革过程，而非综合运用 E 理论
（上层管理驱动的变革）与 O 理论（基于组织发展的变革）。③

组织变革过程中经常受到意料之外的事件的影响，如何处理非预期的
事件对已经规划的组织变革的影响非常关键。对美国中西部一所赠地大学
组织变革的研究发现，在执行既定的组织变革规划时遇到意料之外的事
件，要处理好经济收益与组织能力、长期结果与短期收获之间的冲突；进

①　C. C. Warzynski, "The Evolution of Organization Development at Cornell University: Strategies for Improving Performance and Building Capacity", *Advances in Developing Human Resources*, Vol. 7, No. 3, 2005, pp. 338 – 350.

②　C. C. Warzynski, "The Evolution of Organization Development at Cornell University: Strategies for Improving Performance and Building Capacity", *Advances in Developing Human Resources*, Vol. 7, No. 3, 2005, pp. 338 – 350.

③　G. N. McLean, "Doing Organization Development in Complex Systems: The Case at a Large U. S. Research, Land-Grant University", *Advances in Developing Human Resources*, Vol. 7, No. 3, 2005, pp. 311 – 323.

行系统性决策，即决策时充分考虑多种备选方案、引发的意外危机及可能引起的二次效应，采取策略保证加强一方面目标的行动不会损害组织的其他目标；形成共享治理，形成集体性、参与性的员工文化，提高员工的理解、支持、参与及贡献；提高组织效率；持续进行评估跟进，规划行动；整合各种组织变革举措，互相配合。①

巴布森学院成功实行了课程改革、全面质量管理、再造工程三项组织变革，学者们对巴布森学院的转型实践进行梳理，发现有三点经验值得其他学校借鉴：提高员工对变革的参与度；不仅要将组织变革推动到各个组织中还要推行到各个学会之中；招募和组织文化契合的，具有相应能力的新成员来持续变革。②

Torraco 与 Hoover 梳理关于大学组织发展与变革的研究，对高校组织变革提出了以下建议：在变革之初启动贯穿全程的需求评估，为组织和个人的需求提供指引；高等教育中的高层管理人员必须参与到组织变革之中；变革之前和之中领导力都不可或缺；在变革过程中学术和行政人员之间会形成张力，这个张力可以成为组织变革的助力也可以成为阻力；在研究院变革时，每个成员都要参与其中，否则很难成功；当一个机构期待变革，设计或采用一个适应这个机构的使命、文化、环境的过程，比直接采用别的机构先前已经决定的过程更好；识别组织中愿意变革的人，并充分发动他们在团队和变革过程中的作用尤为重要；由于存在大量的分散力量，变革过程和组织变革需要大量的能量和坚毅的品格，参与到变革过程中的每个人要充分被发动而且能够坚持。③

国内也有学者采用案例分析的方式，运用制度理论等视角分析了划转院校、建设高职示范校过程中的组织转型变革过程，梳理出了组织转型过程中关键的要素和环节。

---

① G. F. Latta, N. F. Myers, "The Impact of Unexpected Leadership Changes and Budget Crisis on Change Initiatives at a Land-Grant University", *Advances in Developing Human Resources*, Vol. 7, No. 3, 2005, pp. 351 – 367.

② A. R. Cohen, M. Fetters, F. Fleischmann, "Major Change at Babson College: Curricular and Administrative, Planned and Otherwise", *Advances in Developing Human Resources*, Vol. 7, No. 3, 2005, pp. 324 – 337.

③ R. J. Torraco, R. E. Hoover, "Organization Development and Change in Universities: Implications for Research and Practice", *Advances in Developing Human Resources*, Vol. 7, No. 3, 2005, pp. 422 – 437.

　　韩高军以湖北某高校为例，运用组织社会学的制度理论和案例研究方法对原行业划转高校进行了组织转型过程的分析，研究框架如图 2.4 所示。①

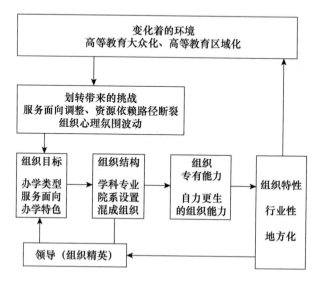

图 2.4　划转高校组织转型过程研究框架

　　划转后院校面临的外部环境发生了变化，为了适应外部环境，划转院校重新确立学科定位、服务面向定位、办学类型定位，发生了组织目标的转变。为了新目标的有效实现，适应新的目标，组织结构进而在原来的系科结构上发生了一系列调整。在这一过程中，领导发挥了建立并调试组织目标，调整组织结构以使其适应新的目标的功能。在转型与调试过程中，院校形成了组织的专有能力，发展了组织特性，组织的转变又会进一步反作用于院校的外部环境。②

　　周志光等以 H 省 C 学院国家示范性高职院校建设为例，结合大学组织转型相关文献和现阶段高职示范校建设实践，总结了高职院校组织变革转型的四个核心要素：领导核心、组织结构和资源配置、组织学习、培养

　　①　韩高军、郭建如：《划转院校组织转型研究——以湖北某高校为例》，《教育学术月刊》2011 年第 5 期。

　　②　韩高军、郭建如：《划转院校组织转型研究——以湖北某高校为例》，《教育学术月刊》2011 年第 5 期。

模式变革和校企合作，各要素之间的关系如图 2.5 所示。①

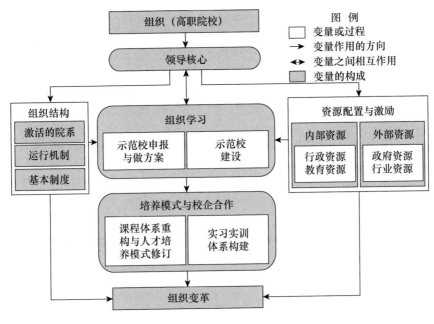

图 2.5　高职院校组织转型

由图 2.5 可以发现，组织学习是高职院校组织变革的核心机制，领导核心、组织结构与资源配置是实现组织变革的保障，培养模式变革与校企结合是组织学习追求的结果，即组织变革的目标，该发现与伯顿·克拉克总结的创业型大学变革的五个核心要素异曲同工，紧扣学者总结的组织的目标、技术、制度、活动四个核心要素。

郑超在访谈的基础上采用扎根理论，将地方本科高校向应用型转型中战略转型模式总结为战略转型信念、战略转型条件、战略转型内容、战略转型实施、战略转型结果五个要素，在战略转型信念的支持下，具备转型条件的院校结合外部环境与自身条件进行判断，制定转型内容并开始实施，最终产生战略转型结果。②

---

① 周志光、郭建如：《高职院校组织转型：要素和分析框架——以某高职示范校建设为例》，《职业技术教育》2013 年第 7 期。
② 郑超、楚旋：《基于扎根理论的地方本科高校战略转型模式分析》，《教育科学》2016 年第 1 期。

陈霞玲从组织结构设置、创业行为激励方式、创业支持、院系、学术创业组织和组织变革逻辑六个方面对比了中美创业型大学的组织变革路径，并从创业目标与价值观、创业模式、资源来源与获取方式、学术创业路径、学术发展路径、组织变革依据六个方面总结了中美创业型大学组织变革差异性影响因素。①

张红峰运用博弈理论，从价值、结构、权利政治三个视角切入大学组织变革过程，通过对 P 学院组织变革实际案例的分析，提出大学组织良性运行秩序的一般策略模式：聚点均衡，即期望均衡下博弈聚点的不断调整；走出困境，遵循制度化的回应以及实现合作理性；亦此亦彼，即利用大学组织变革中的协调策略找出彼与此之间的相互关联。②

第四节　应用型转型中的组织转型及影响

地方新建本科院校明确进行应用型转型的方向之后，需要从观念、制度、人才培养模式、课程等方面进行系统、深入的转型。学者们结合诸多理论与院校实践经验，帮助新建本科院校制定转型路径，提出了许多转型策略。

多数学者认为地方新建本科院校进行应用型转型应该明确定位，发挥优势，从治理结构、学科专业建设、人才培养体系、科研服务、教师队伍、管理机制等方面进行深入系统转型。③ 谭贞等在《新建本科院校转型发展模式研究》一书中提出，新建本科院校要从治理结构、人才培养、学科专业建设、师资队伍建设、科学研究、社会服务、办学条件等方面实现转型，通过整体转型和部分转型的策略，以理念引领、制度保障和文化驱动为路径实现转型。④ 黄达人等在《大学的转型》一书中提出地方本科院校的转型必须经历四个阶段，即思想观念转型、学科专业转型、培养模

---

① 陈霞玲：《创业型大学组织变革路径研究》，北京理工大学出版社 2015 年版，第 157—162 页。

② 张红峰：《大学组织变革中的博弈分析：利益、选择与均衡》，《教育学术月刊》2011 年第 12 期。

③ 刘健：《新建地方本科院校转型发展路径研究》，《三明学院学报》2014 年第 3 期。

④ 谭贞等：《新建本科院校转型发展模式研究》，科学出版社 2017 年版，第 44—46 页。

式转型、课程体系转型，其中最难的是课程体系转型。① 魏饴提出地方本科高校应用型转型要从人才培养、科学研究、社会服务三个方面进行深刻变革，人才培养内涵应该转变为以应用型人才培养为主，从专业设置、课程教学、能力培养等方面进行深度变革，科学研究内涵应向应用研究为主的科研转变，服务社会方式应向更贴近行业企业需求的方向转变。② 张象林梳理新建本科院校转型发展相关文献，总结了推动学科专业建设转型、推动人才培养体系转型、推动科学研究工作转型、推动教师队伍建设转型、推动管理体制机制转型五个转型路径。③ 杨岭提出转型的切入点是明确内涵与特征，厘定思路，趁势而为，关键在于清除体制障碍，突破瓶颈制约，创新管理运行机制，保障是加强专业和课程建设，深化教学改革，助推器是加强与行业企业合作。④ 刘凯对甘肃省新建地方本科院校转型的路径分析从课程设置与改革、人才培养模式、师资队伍建设以及人才培养质量四个方面入手。⑤ 张丽萍还提出院校要健全应用型教材选用机制。⑥ 王菁华则将转型概括为三个主要方面，认为转型高校必须首先从转型文化创建、转型路径选择及转型定位设计三个方面实现根本转变，在创建良好转型文化氛围的前提下，紧紧围绕服务型、地方性的办学定位，进行变革的路径选择，实现流程再造，制定科学、系统、可行的转型战略，加快推进转型进程。⑦

　　一些学者总结目前涌现的院校转型案例，总结出相应的转型类型与模式。黄达人将应用型高校的转型之路分为三种类型：第一类是原来的行业学校，一直坚持应用型道路的；第二类是原来没有行业背景，主动探索应

---

① 黄达人等：《大学的转型》，商务印书馆 2015 年版，第 1—24 页。

② 魏饴：《地方本科高校转型发展：历史演进、职能重构与机理审视》，《大学教育科学》2016 年第 2 期。

③ 张象林：《新建本科院校转型发展研究述评》，《现代教育科学》2014 年第 4 期。

④ 杨岭：《实现地方本科院校向应用技术型大学的转型：必然趋势、问题及实践路径》，《红河学院学报》2015 年第 2 期。

⑤ 刘凯：《新建地方本科院校向应用技术类高校转型的路径研究——以甘肃省为例》，硕士学位论文，兰州大学，2015 年。

⑥ 张丽萍：《地方本科院校向应用型大学转型的难点探析与路径选择》，《理论月刊》2008 年第 10 期。

⑦ 王菁华：《地方高校向应用型转型必须实现三个根本转变》，《职业技术教育》2016 年第 15 期。

用型道路的；第三类是在 2013 年"应用技术大学（学院）联盟"成立之后，积极进行应用型转型的。陈光磊、张婕在此基础上补充了第四种类型，即在人才培养的模式转型上具有"小岗村"性质的转型学校——合肥学院。① 行业院校如武汉纺织大学、重庆科技学院、南京工程学院、上海立信会计金融学院等升格之后研究自身基础与特点，结合经济社会发展、地方产业发展来定位自身的发展道路。对于有行业背景的高校而言，回归行业产业，坚持服务行业产业链，坚持科研为行业产业服务，其应用型之路会更加坚实。② 对于第二类原来没有行业背景的院校，应用型转型需要院系结构、专业设置、人才培养模式的大调整。新建本科院校原有的院系结构、专业设置是按照综合性、研究型大学的院系结构和学科原则组织起来的，难以适应社会经济的发展，阻碍了院校的转型。③ 常熟理工学院紧紧围绕地方经济社会发展实施创新，提出"三贴近"，即"专业建设方向贴近地方经济发展，人才培养规格贴近地方经济发展，教师科研方向贴近地方经济发展"，坚持"群落状建设、选择性做强、结构性提高、交叉点生长"的原则，主动面向地方产业设置专业，调整专业布局，灵活设置专业方向，紧紧围绕苏州、无锡两大光伏基地创办光伏科技专业，围绕苏州的电梯生产创办电梯专业，围绕常熟服装城成立服装工程学院，真正实现了从师范到理工的转型。④ 2013 年"应用技术大学（学院）联盟"成立，该联盟引导和鞭策了一批对应用型转型观望、犹豫的新建本科院校，推动了一批地方高校迅速转变观念，采取行动进行应用型转型，如武汉东湖学院的投资方计划三年投入一个亿进行应用型转型，这是应用型转型的第三类院校。⑤ 合肥学院是国内最早进行应用型人才培养模式改革和最早实现转型发展的高校，从建校之初就坚持应用型，提出的应用型人才

---

① 陈光磊、张婕：《地方本科院校建设应用型高校的转型路径研究》，《高校教育管理》2017 年第 3 期。

② 陈光磊、张婕：《地方本科院校建设应用型高校的转型路径研究》，《高校教育管理》2017 年第 3 期。

③ 陈光磊、张婕：《地方本科院校建设应用型高校的转型路径研究》，《高校教育管理》2017 年第 3 期。

④ 陈光磊、张婕：《地方本科院校建设应用型高校的转型路径研究》，《高校教育管理》2017 年第 3 期。

⑤ 陈光磊、张婕：《地方本科院校建设应用型高校的转型路径研究》，《高校教育管理》2017 年第 3 期。

培养具有开创意义，基于此，陈光磊、张婕认为合肥学院是地方高校应用型转型的"小岗村"，应该总结为特殊的第四类转型院校。① 合肥学院将应用型人才培养模式建设的探索和实践总结为八个转变，即办学定位向"应用型"转变、专业结构向"需求导向"转变、协同育人向"开放性系统"转变、培养方案向"产出导向"转变、课程体系向"知识输出"转变、考核过程向"过程考核"转变、师资队伍向"双能型"转变、质量评价向"两个满意"②转变。

新建本科院校的应用型转型不仅需要院校自身的努力，还需要政府、行业、企业等外部力量的协助。除了系统的转型路径，学者们还从院校自身和外部条件支持两方面提出了许多应用型转型的建议，为院校转型探索提供了一定的参考。

从院校自身而言，院校可以采取优化资源，科研激励等多种措施推动应用型转型。陈光磊、张婕借鉴国外经验，结合转型院校实践，提出建立大学董事会与校内运行体系，多元化筹资提升办学能力，采取大学校小单位的"包干"制度，③ 采取科研绩效激励措施，对高层次学术人员不限编制等策略。④ 转型高校应服务对接区域产业发展，明确办学定位，在调整生源准入资格的基础上，改革人才培养模式，加强学校文化建设，引入第三方外部教学质量满意度和人才培养考核和评价机制，加强院校与社会之间的互动。⑤ 院校可以通过整合优化校内资源来应对转型资源不足的难题。在第二届中国教育财政学术研讨会暨2016年中国教育发展战略学会教育财政专业委员会年会上，许昌学院院长赵继红介绍了许昌学院优化学校内部资源配置，加强重点专业群建设，把办学资源向重点学科专业集中，打造特色和优势，探索二级学院办学绩效评价来提高资源使用

---

① 陈光磊、张婕：《地方本科院校建设应用型高校的转型路径研究》，《高校教育管理》2017年第3期。
② "两个满意"指学生对学习效果满意，社会对高校培养人才的质量满意。
③ "包干"制度指学校把一定的责任具体到二级单位，对直接管辖的二级单位进行责任分解"包干"。
④ 陈光磊、张婕：《地方本科院校建设应用型高校的转型路径研究》，《高校教育管理》2017年第3期。
⑤ 刘凯：《新建地方本科院校向应用技术类高校转型的路径研究——以甘肃省为例》，硕士学位论文，兰州大学，2015年。

效率的做法。① 西安欧亚学院副校长李正介绍了西安欧亚学院实行职能部门大部制，压缩行政人员数量，实施以质量战略为核心的会计计划等资源优化举措。② 德州学院打破管理部门和院系条块分割的壁垒，管理活动围绕学校的培养目标开展，构建跨学科实验设备共享平台、跨学科学术合作平台，运用德州"一区四基地"建设的优势，深化校企合作，加强内涵建设，提高社会服务能力。③

　　从院校外部条件入手，学者们总结了政府、行业企业、社会等方面帮助新建本科院校应用型转型的建议。张银银、陈旭堂提出地方新建本科院校的应用型转型路径需要政府做好顶层设计，扫清制度障碍，调整生源准入资格，激励企业、第三方培训机构参与职业教育。④ 政府应积极推动转型，并为其转型以后的发展扫清制度障碍。魏饴指出转型发展需要多元利益相关主体积极参与，地方本科高校要充分吸纳各种利益相关主体的资源，积极探索符合高校转型发展需要的理事会制度，地方政府与社会各界，企业、文化机构等社会组织都可以以一定的方式参与到地方本科高校的治理中来。⑤ 政府要扩大落实省级政府教育统筹权，强化地方本科高校转型发展的政策支持体系建设，在招生、平台搭建、资金投入、校地合作、基础设施改善等方面给予大力倾斜和支持，通过有计划有步骤地放权来释放高校活力。⑥ 社会整体要建立政府、高校与地方的联动机制，形成

---

① 刘彦军、黄春寒、白玉：《多视角关注地方高校转型与应用型人才培养——应用型高校的培养模式改革、资源筹措配置与财政支持方式会议综述》，《职业技术教育》2016 年第33 期。

② 刘彦军、黄春寒、白玉：《多视角关注地方高校转型与应用型人才培养——应用型高校的培养模式改革、资源筹措配置与财政支持方式会议综述》，《职业技术教育》2016 年第33 期。

③ 刘彦军、黄春寒、白玉：《多视角关注地方高校转型与应用型人才培养——应用型高校的培养模式改革、资源筹措配置与财政支持方式会议综述》，《职业技术教育》2016 年第33 期。

④ 张银银、陈旭堂：《新建本科院校向应用技术大学转型的路径选择》，《经济视角》（上旬刊）2014 年第5 期。

⑤ 魏饴：《地方本科高校转型发展：历史演进、职能重构与机理审视》，《大学教育科学》2016 年第2 期。

⑥ 魏饴：《地方本科高校转型发展：历史演进、职能重构与机理审视》，《大学教育科学》2016 年第2 期。

政府主导、行业指导、企业参与的办学体制机制。[1] 曲殿彬、赵玉石指出要发挥国家和省级政府指导推进作用和行业企业参与指导作用。[2] 朱琳指出政府宏观调控,把握整体布局,社会积极参与,树立正确观念,企业主动融入,校企合力共建。[3]

新建本科院校的应用型转型涉及思想转变、制度建设、机构调整、人才培养模式变革等方面,需要组织转型作为保障,为教师队伍建设、人才培养模式变革提供充分的资源和制度上的合法性。应用型高校的定位是为地方经济发展提供科研服务和人才培养服务,因此应用型转型的效果主要体现在应用型科研和教学两个方面,应用型科研与教学需要双师双能型教师作为人员保障,校企合作作为技术保障。应用型科研和教学的开展对教师提出了转变思想观念,提高应用技术能力的要求,需要应用型高校引进具有丰富生产实践经验的教师,并在校内推行挂职锻炼和教师挂职与培训,提高教师应用技术水平和课程开发能力。高质量、深入的校企合作是培养应用型人才的重要途径,学生在校企合作过程中真学真做,参与到实际生产实践中,思考、解决生产实践中的问题,不断提升专业技术能力,从言传身教中不断提升专业素养。

因此本书将从组织转型、教师队伍建设、校企合作、应用型科研与应用型教学五个方面对应用型转型相关文献进行梳理。

一 组织转型

学者们借鉴国外组织转型发展理论,结合国内高校转型发展实践,对新建本科院校转型发展中的组织转型、发展模式进行了一定的理论探索。

陈新民从组织理论的目标使命、功能、结构、要素四个维度出发,提出新建本科院校应用型转型要在人才培养目标规格、办学功能、组织结构、资源要素方面进行转型。[4]

陈新民总结了新建本科院校实践中自然催变、脱胎跨越、中间跳变三

---

[1] 魏饴:《地方本科高校转型发展:历史演进、职能重构与机理审视》,《大学教育科学》2016年第2期。

[2] 曲殿彬、赵玉石:《地方本科高校转型发展的问题与应对》,《中国高等教育》2014年第12期。

[3] 朱琳:《地方新建本科高校向应用型高校转型发展研究》,硕士学位论文,西华师范大学,2016年。

[4] 陈新民:《新建本科院校转型研究》,《教育发展研究》2009年第1期。

种基本模式，三种模式的具体情况如表2.2所示。[1]

表2.2　　　　　　　　　　新建本科院校转型的三种模式

	自然催变	脱胎跨越	中间跳变
定义	学校升本后自然地朝合格本科方向实施转型	暴风骤雨式的快速变革过程	受到某种来自政府或企业等外力的推动，对学校的自然催变起到加速作用的一种转型方式
转型动力	自身发展	外力	主要依靠自身自然催变，也受到外力推动
转型顺序	办学观念—教学转型—学科专业、师资等资源条件建设	从管理体制改革起步，试图搭建符合本科办学的行政、学术组织体系，建立有利于本科教学和科研的人事分配制度和运行机制	寻找自身与其他本科院校的差距—制定发展规划—严格实施发展规划
典型表现	转型前期（前5年）本科人数逐年增加	面临短期内提升办学层次和拓宽学科的紧迫任务	众多新建本科院校的首选模式
领导体制	维持，少有院校领导的变迁	较大的调整和变化	可能发生变化，也可能保持不变
转型速度	较慢、平稳	快速，风险较高	快于自然催变，风险小于脱胎跨越模式

　　王鑫、温恒福认为转型模式主要有断裂式转型模式、分布式转型模式和协作式转型模式三种。[2] 断裂式转型模式就是将构成组织行为的各要素进行全方位的重新设计，使得组织与以往的实践和方向完全分离，断裂式转型模式一般多采用做"减法"，即通过重组、重建，进行规模缩小处理，减法的目的是针对自身的优势、资源且适合目前和未来区域经济社会发展的学科专业进行建设，形成"瘦而美"的核心竞争优势；分布式转型模式指组织在充分分析自身的优势与不足基础上，对组织运行过程中的

---

① 陈新民：《新建本科院校转型研究》，《教育发展研究》2009年第1期。
② 王鑫、温恒福：《新建本科院校向"应用技术大学"转型发展的模式及要素分析》，《教育科学》2014年第6期。

一种或多种关联活动进行转型，实践中指在以往的办学基础上进行流程、结构的局部调整，以使学校与环境匹配得更好；分布式转型模式一般多采用做"加法"，针对区域经济社会发展的需要和自身的学科专业建设优势，建设交叉学科专业项目，同时拓展社会服务项目。[1] 协作式转型发展模式指组织现有的资源不足以实现变革发展时，与其他利益共享组织进行合作，借助外力共享资源，在转型实践中积极探索校校联合、校企联合办学的模式，产生办学协同合力，构建多元的社会资源获取渠道，实现转型发展。[2]

新建本科院校在转型过程中要面向区域社会发展重新定位，根据自身资源和优势，关注和处理好学校发展战略、变革领导、办学行为、组织文化等转型核心要素，以实现差异化和特色化发展优势。[3] 谭贞等提出新建本科院校在转型发展过程中要建立行业企业参与的治理结构（如理事会或董事会制度、专业指导委员会制度等），吸纳行业企业全方位参与学校管理与专业建设，实行扁平化管理，扩大二级院系自主权，探索建立院系理事会和专业指导委员会，逐步下放财务管理权、资源配置权、教学管理权等，参考《教育部 国家发展改革委 财政部关于引导部分地方普通本科高校向应用型转变的指导意见》《国家中长期教育改革和发展规划纲要（2010—2020 年)》，从结构调整、制度建设等方面对新建本科院校组织转型与内部治理提出的具体建议。[4]

虽然学者们已经有意识地从组织的核心要素出发思考应用型转型过程中的组织转型，但是目前的研究对新建本科院校组织转型的思考不够全面，没有完全涵盖理念、领导、制度、技术等方面，对组织转型的剖析不够细致深入，只停留在学理思考层面，缺少明确的测量。

二 "双师双能型"教师队伍建设的组织保障

教师是地方新建本科院校应用型转型的主力军，是课程体系重置、加

---

[1] 王鑫、温恒福：《新建本科院校向"应用技术大学"转型发展的模式及要素分析》，《教育科学》2014 年第 6 期。

[2] 谭贞等：《新建本科院校转型发展模式研究》，科学出版社 2017 年版，第 44—46 页。

[3] 王鑫、温恒福：《新建本科院校向"应用技术大学"转型发展的模式及要素分析》，《教育科学》2014 年第 6 期。

[4] 谭贞等：《新建本科院校转型发展模式研究》，科学出版社 2017 年版，第 44—46 页。

强实践教学、推动校企合作的实施者，也是应用型转型的关键和难点。应用型本科院校开展应用型人才培养需要打造一支"双师双能型"教师队伍。"双师双能型"教师指教师要同时具备理论教学和实践教学能力，除了具备传统教学、科研的资格和职称，还需要具备行业相关的资格证书。"双师双能型"教师队伍指教师队伍中既有从事专业技术理论教学的教师，又有具有丰富实践操作经验的校外教师，同时还应有一定数量的同时具有这两种能力的复合教师。① 应用型高校的教师队伍应该具备并体现出应用性、地方性和共享性，面向地方的需求导向，具有地方性特色和行业性特点，具备高水平的应用型技术技能，既是学校的专职教师，又能作为地方经济社会的专业技术人员推动当地产业技术的发展。② 从教师队伍结构来看，应用型本科高校普遍不同程度地存在学科带头人缺乏、教师自身转型缓慢、"双师型"教师比例偏低、青年教师比例过高、教师实践能力薄弱、科技服务地方能力不足、新专业开拓困难等问题。③

院校管理、外部考评制度等组织要素共同导致了目前应用型本科院校教师队伍的问题。应用型本科院校的教师和其他研究型院校教师一样，多从精英学生到一线教师，缺少工作经验，难免先天不足，教师对加强实践能力的认识需要实现从被动要求到主动提升的转变，目前的教师考核评估体系对教师实践能力的考察不足，考核评价体系导致教师实践教学能力提升外在压力内在动力不足。④ 在教师培养方面，"双师型"教师培养存在政策、制度不完善，积极性不高，投入不足，效果不明显，培养规划缺乏系统性，针对性不强，缺乏有效的培养措施，实效性不强等问题。⑤ 从科研管理来看，田金莹指出目前教师考核体系偏重于科研成果的创新，对教学以及科研成果的转化重视不足，导致教师队伍中研究型教师的比重逐渐

① 田金莹：《浅析应用高校教师队伍建设——建立"双师双能"型教师队伍》，《科教文汇》（下旬刊）2016 年第 11 期。
② 田金莹：《浅析应用高校教师队伍建设——建立"双师双能"型教师队伍》，《科教文汇》（下旬刊）2016 年第 11 期。
③ 朱士中：《论应用型本科高校师资队伍的转型发展》，《当代教育科学》2010 年第 9 期。
④ 刘永鑫、鞠丹：《应用型转型背景下教师实践教学能力缺失及对策研究》，《视听》2015 年第 7 期。
⑤ 郑永进：《应用型高校"双师型"教师培养研究》，《河南科技学院学报》2011 年第 4 期。

扩大，具有实践能力的教师不足。①

院校可以从人才引进制度、教师培训及评价制度、设立机构、团队建设等组织要素解决师资队伍问题。在人才引进制度方面，朱士中提出从校外引进高层次人才面临引进困难、稳定困难和培养困难的难题，应建立灵活机制，加强学科带头人的引进与培养，通过项目申报加强高层次人才培养，实施人才梯队建设。② 在高校与地方充分开展校地合作的过程中，学校可以有意识地聘任业界"双师型"师资，借助校企合作平台，培养自身"双师型"师资，和政府、企业共建"双师型"师资队伍。③ 在教师培训制度、教师团队建设方面，要为青年教师创造良好的工作条件和机制环境、健全青年教师培养体系，积极开拓教师培养渠道，在教学、科研和社会服务的实践中推动教师的成长。④ 通过教学学习型团队建设、教学能力提升培训与教学经验交流、教学评价三种途径提升教师教学能力。⑤ 吴洁在浙江水利水电学院实践基础上，总结出建立健全促进青年教师提升实践能力的制度保障机制和运行调节机制，加大"校企合作""校所联合"力度，积极推行"产学研结合"，坚持实施青年教师助讲制和督导听评课制度，发挥经验丰富老教师的传帮带作用，完善青年教师培养体系等提升青年教师实践能力的四个策略。⑥ 在机构设立方面，田金莹还指出应用型高校应建立一些行业研究所、实践模拟中心、创业孵化中心等机构来保障"双师双能型"教师队伍的建设。⑦ 在教师认证评价制度方面，郑永进提出颁布"双师型"教师认证条例，实施"双证"上岗制，严把入口关，出台相关优惠政策，调动企业参与"双师型"教师培养的积极性，完善应用型高校人事制度和职称评聘制度，增加应用型高校教师编制和资金投入，制定科学的师资队伍建设规划，提高培养"双师型"教师的系统性

①　田金莹：《浅析应用型高校教师队伍建设——建立"双师双能"型教师队伍》，《科教文汇》（下旬刊）2016 年第 11 期。

②　朱士中：《论应用型本科高校师资队伍的转型发展》，《当代教育科学》2010 年第 9 期。

③　朱士中：《论应用型本科高校师资队伍的转型发展》，《当代教育科学》2010 年第 9 期。

④　朱士中：《论应用型本科高校师资队伍的转型发展》，《当代教育科学》2010 年第 9 期。

⑤　杨菲等：《转型背景下关于地方本科院校教师教学能力提升的几点思考》，《中国轻工教育》2016 年第 5 期。

⑥　吴洁：《浅析新建应用型本科院校青年教师实践能力提升研究——以浙江水利水电学院为例》，《高教学刊》2016 年第 10 期。

⑦　田金莹：《浅析应用型高校教师队伍建设——建立"双师双能"型教师队伍》，《科教文汇》（下旬刊）2016 年第 11 期。

和针对性，制定《"双师型"教师资格认定办法》，创新"双师型"教师培养的保障机制，探索建立校企联合培养专业教师的制度，探索"三岗轮换制"，① 建立校内外导师制度。②

综上所述，应用型本科院校教师队伍存在结构不合理、实践能力不足、转型动力不足、科研应用性不足等问题，针对以上问题，可以从设立相应机构，完善教师引进、培训及评价制度，加强教师团队建设等组织要素入手，推动"双师双能型"教师队伍建设。

三　加强校企合作的组织保障

校企合作与产教融合是应用型高校培养应用型人才的重要平台和重要环节，是提升学生实践能力、专业技术能力的重要方式，但在实践中面临高校服务能力不强，企业参与人才培养积极性不高等问题。学者们梳理了校企合作、产学研合作的内涵与主要内容，总结校企合作的主要问题，影响校企合作的因素，并提炼了构建应用型高校产学研合作长效机制的路径和策略。

学者们从校企合作、产学研合作各方、合作过程、合作形式与状态等角度总结了目前校企合作中存在的问题，以及影响校企合作的因素。目前的校企合作多存在缺乏主动性，合作层次不高，形式不够多样，校企合作机制不够完善等问题。张蕾、田海洋梳理应用型本科院校发展模式相关文章，认为校企合作中政府、企业、院校各方都缺乏主动性，没有形成互利双赢的关系。③ 在政府和院校的互动关系中，政府对新建应用型本科院校的投入不足，又希望此类院校为地方经济发展服务，但是这类院校服务能力有限，政府和院校之间存在利益冲突，导致政府参与互动的主动性不高。④ 而在企业和院校的互动关系中，企业缺乏互动合作的意识和传统，又认为院校人才培养质量不高，不能满足自己的需求，缺乏合作的动机，

---

① 指在校教育教学与赴企业实践和参加新工艺、新技艺研究、课件制作、实验室、实训基地建设三岗轮换。通过一段时间从事教育教学工作，一段时间去企业实践，一段时间从事科研或实验实训基地建设，全面培养"双师型"教师。

② 郑永进：《应用型高校"双师型"教师培养研究》，《河南科技学院学报》2011年第4期。

③ 张蕾、田海洋：《近年来我国新建应用型本科院校发展模式研究述评》，《池州学院学报》2015年第2期。

④ 张蕾、田海洋：《近年来我国新建应用型本科院校发展模式研究述评》，《池州学院学报》2015年第2期。

而院校习惯于封闭式发展，主动性不够。① 此外，目前院校和企业的合作多为短期和小规模的技术转让、合作开发和委托开发，层次不高，共建研发和产业技术层面的合作较少，多数合作停留在学术交流和信息交换的层面，缺少深入合作。② 中介服务体系、利益分配机制、校企合作管理制度、校企合作机制等的不完善，院校服务企业的能力不足是影响校企合作深入开展，形成长效机制的重要因素。校企合作的中介服务体系不够完善，利益分配机制不健全也影响校企双方的信息交流和互动合作的有效展开。③ 张泽一、王树兰认为准确的定位、长期合作的动力、教师素质和外部环境都是影响应用型高校产学研合作的重要因素。④ 陈新民还指出校企合作管理制度尚不健全，表现为许多地方政府促进校企合作的制度与政策尚不健全，企业内部缺乏相应的校企合作监管制度，缺乏校企合作人才培养管理、组织协调与管理、合作专利与产品管理等方面的制度及操作守则，高校内部也缺乏相应的教育管理制度。⑤ 此外，校企合作机制也存在障碍，院校以教学为主，在利益回报方面不够开放，担心市场机制对研究论文发表、教学运行等学术体系冲击太大，利益分配机制上不成熟，企业在校企合作中以市场机制为导向，担心投入大、风险大，顾虑预期的成果与收益有限，地方政府功能缺位，未能充分发挥协调机制，未能形成校企合作的保障机制。⑥

　　针对目前应用型高校校企合作中存在的问题，学者从转变观念、设立并完善相应机构、完善制度，加强教师团队建设等组织要素方面提出了建议。在转变观念方面，陈新民提出促进价值融合，形成高校与企业之间合作的共识，⑦ 徐建东也提出应从观念的改革创新来促进

---

① 张蕾、田海洋：《近年来我国新建应用型本科院校发展模式研究述评》，《池州学院学报》2015 年第 2 期。

② 张蕾、田海洋：《近年来我国新建应用型本科院校发展模式研究述评》，《池州学院学报》2015 年第 2 期。

③ 张蕾、田海洋：《近年来我国新建应用型本科院校发展模式研究述评》，《池州学院学报》2015 年第 2 期。

④ 张泽一、王树兰：《构建应用型高校产学研合作的长效机制》，《中国高校科技》2012 年第 Z1 期。

⑤ 陈新民：《新建本科院校校企合作中的问题与对策》，《中国大学教学》2013 年第 7 期。

⑥ 陈新民：《新建本科院校校企合作中的问题与对策》，《中国大学教学》2013 年第 7 期。

⑦ 陈新民：《新建本科院校校企合作中的问题与对策》，《中国大学教学》2013 年第 7 期。

校企合作。① 安静等总结了科学定位、锐意创新等经验。② 在机构设立与完善方面，陈新民提出加大资金投入，搭建新建本科院校校企合作平台。③ 张泽一、王树兰提出建立完善的校内外实训、实习基地是应用型高校构建产学研合作长效机制的具体路径。④ 安静等以贵州工程应用技术学院为例，总结了平台建设等经验，梳理了贵州工程应用技术学院开展校企合作，搭建校企合作人才培养平台的具体举措。⑤ 在加强教师团队建设方面，张泽一、王树兰提出以首都会展产业发展需求为目标，构建应用型会展人才培养模式，培育校企两用师资队伍，加强学科建设，以项目和课题为载体，完善校企全面合作机制，建立完善的校内外实训、实习基地是应用型高校构建产学研合作长效机制的具体路径。⑥ 在完善制度方面，陈新民提出完善政策制度，形成"官产学"三重螺旋模式，完善合作机制，建立校企合作规程及其评价标准等对策。⑦ 徐建东也提出应从制度机制、管理等方面的改革创新来促进校企合作。⑧ 安静等以贵州工程应用技术学院为例，总结了"双赢"的校企合作机制、体制机制建立与完善等经验。⑨

四　加强应用型科研的组织保障

在政策引导地方本科院校应用型转型的背景下，学者们进一步理清应用型科研在应用型人才培养中发挥的作用，并对应用型高校科研现状、问

①　徐建东：《以改革创新促校企合作教育嬗变——基于地方新建本科院校转型发展的考量》，《中国校外教育》2014 年第 S3 期。

②　安静、陈臣、崔民日：《新建本科院校转型发展期校企合作的实践探索——以贵州工程应用技术学院为例》，《职业技术教育》2015 年第 11 期。

③　陈新民：《新建本科院校校企合作中的问题与对策》，《中国大学教学》2013 年第 7 期。

④　张泽一、王树兰：《构建应用型高校产学研合作的长效机制》，《中国高校科技》2012 年第 Z1 期。

⑤　安静、陈臣、崔民日：《新建本科院校转型发展期校企合作的实践探索——以贵州工程应用技术学院为例》，《职业技术教育》2015 年第 11 期。

⑥　张泽一、王树兰：《构建应用型高校产学研合作的长效机制》，《中国高校科技》2012 年第 Z1 期。

⑦　陈新民：《新建本科院校校企合作中的问题与对策》，《中国大学教学》2013 年第 7 期。

⑧　徐建东：《以改革创新促校企合作教育嬗变——基于地方新建本科院校转型发展的考量》，《中国校外教育》2014 年第 S3 期。

⑨　安静、陈臣、崔民日：《新建本科院校转型发展期校企合作的实践探索——以贵州工程应用技术学院为例》，《职业技术教育》2015 年第 11 期。

题及改进方法进行了思辨性及实证研究。

结合应用型转型的时代背景，学者们对应用型科研在应用型人才培养中发挥的作用有了更深刻全面的认识。首先，应用型科研可以反哺教学。科研成果有助于更新教师教学内容，推动实验教学改革，提升毕业设计的教学质量满意度和水平，科研态度有助于提高教师教学能力，科研活动有助于增强学生创新意识，科研创新有助于提高高校综合实力，[1][2] 还可以把科研平台拓展为教学条件。[3] 其次，应用型科研有助于提高大学生创新能力。陇东学院食品脱水加工科研平台构建了以项目主持人为主导、以科研项目为核心的多层次大学生实践创新内容，形成了"特色科研平台—科教融合—创新创业项目—产教融合"的四位一体多层次授渔式大学生创新人才培养模式，有效提高了学生的实践创新能力。[4]

学者们根据对自身所在院校、地区应用型科研发展情况的感知和调研，梳理了应用型高校科研现状及存在的问题。从观念来看，地方本科院校对科研重视不够，教师没有科研压力，学科建设与学术人才培养脱节，科研管理理念滞后，科研开发能力不足。[5] 从组织管理与制度角度来看，二级学院科研组织不健全，科研评价机制不科学，缺乏创新活力，科研管理制度欠缺创新，科研激励机制不够完善。[6] 调研发现近 3/4 的院校对于专业教师的应用型科研能力缺乏明确的导向性考核规定，超过 2/3 的院校对于科研成果的应用转化没有明确的规定。[7] 从科研成果角度来看，地方本科院校因为人才、科研平台和转化渠道的缺乏，存在高水平科研成果和

---

① 姜景山、韦有信、金华：《应用型高校科研促进教学的研究》，《海峡科技与产业》2018年第3期。

② 柳秉毅、成家林、初雅杰：《以科研促进应用型本科院校实践教学水平的提升》，《湖北开放职业学院学报》2018年第22期。

③ 刘绍丽、马座山：《地方应用型高校"科研反哺教学"的实施策略探索》，《产业与科技论坛》2018年第7期。

④ 王应强、赵红霞：《以科研平台为依托的应用型地方本科院校大学生创新能力提升路径探析》，《大学教育》2018年第7期。

⑤ 潘小娥、汪永贵：《地方院校科研发展的瓶颈及对策探析》，《闽南师范大学学报》（自然科学版）2018年第2期。

⑥ 潘小娥、汪永贵：《地方院校科研发展的瓶颈及对策探析》，《闽南师范大学学报》（自然科学版）2018年第2期。

⑦ 聂永成：《实然与应然：新建本科院校转型分流的价值取向研究》，华中师范大学出版社2018年版，第70—71页。

科研转化能力不足的问题。① 从教师个体角度来看，对江苏省部分应用型本科高校青年教师的问卷调查发现，青年教师存在科研兴趣不浓、动力不足、高水平科研成果少、科研经费不足、教学任务重、科研投入时间少、科研团队参与难、导师配备不到位等问题。② 从横纵向科研经费占比情况来看，超过 70% 的新建本科院校开展的科研工作以各级各类纵向科研项目为主，接近 80% 的新建本科院校开展的各种社会委托的横向科研项目占比不到 20%。③

影响教师科研产出的因素可以分为先赋性因素（性别、年龄、职称、教育经历等）、制度性因素（教师招聘、绩效考核、职称评审、组织氛围）和自致性因素（科研投入、个人努力和科研工作满意度等），先赋性因素制约限制自致性因素和制度性因素，制度性因素形塑自致性因素。④ 院校制度或政策对地方本科院校科研产出的影响具体体现在两个方面，一是教师招聘条件和入职门槛，一定程度上影响地方本科院校教师的先赋性因素的变化，二是教师工资与薪酬福利，主要影响教师的自致性因素。⑤ 因此新建本科院校可以从制度因素入手，推动教师应用型科研的发展。

针对应用型科研现状及存在的问题，学者们从转变观念、资源配置、完善制度、搭建平台、加强教师团队建设等组织角度提出了相应的策略与建议。从发展科研的战略和制度建设来讲，提出平衡教学科研关系，拓宽来源渠道并配以试用期制度，建立高等院校人力资本投资机制，⑥ 完善奖

---

① 李玲：《科研转型背景下地方高校的科研特色、问题及对策》，《湖北文理学院学报》2018 年第 6 期。

② 陈清森：《应用型本科高校青年教师科研能力发展实证研究》，《中国成人教育》2018 年第 11 期。

③ 聂永成：《实然与应然：新建本科院校转型分流的价值取向研究》，华中师范大学出版社2018 年版，第 68—69 页。

④ 师玉生、林荣日、安桂花：《地方本科院校教师科研产出影响因素的分析框架——先赋性因素、制度性因素和自致性因素的影响》，《现代教育科学》2019 年第 5 期。

⑤ 师玉生、林荣日、安桂花：《地方本科院校教师科研产出影响因素的分析框架——先赋性因素、制度性因素和自致性因素的影响》，《现代教育科学》2019 年第 5 期。

⑥ 朱火弟、曾婧婷、舒心：《应用型学科研究生导师专业实践能力研究——以应用经济学学科为例》，《重庆理工大学学报》（社会科学）2015 年第 11 期。

惩制度①和考核评价机制,② 合理配置资源,优化高等院校激励机制,完善产学研合作配套政策,营造良好科研氛围,激发教师科研积极性;搭建科研平台,保障制度落地,③ 提高科研协作能力;加强对外合作,精准对接产业需求,重视校企合作,遴选科研协作模式,④ 加强自身科研创新平台建设,推动科研成果转化⑤等建议;引进领军人才,⑥ 加强科研队伍建设,提升科研转型实力。⑦ 在科研管理方面,简化横向课题立项程序,降低横向课题的科研管理费比例,协助教师处理其他问题,采用多样化手段激励教师科研成果,搭建产教融合,创新创业的信息共享平台。⑧

五 应用型教学存在的问题与经验

课程改革是人才培养模式变革的载体,是地方新建本科院校进行应用型转型,培养应用型人才的核心。应用型课程体系是一种围绕应用型人才培养目标,揉合了应用性的专业知识、实践性知识和技能型知识的课程体系。⑨ 学者们结合教学管理实践,梳理总结了地方本科院校课程设置与教学行为方面存在的问题,指出改革课程设置的原则和方向,并总结了一批值得借鉴的课程设置改革实践经验。

学者们总结了目前的课程体系存在的问题,并指出了改革课程设置的原则和方向。目前的课程体系受到传统课程观的束缚,课程实践性不足,课程内容因循守旧,教学方法传统,重灌输轻实践,还受到教师缺少业界实务和工程实践经验,本身实践能力不足以及现行考核评价机制的限制,存在着课程设置不合理,理论化、学术化倾向严重,与市场需求脱节,课

---

① 姜景山、韦有信、金华:《应用型高校科研促进教学的研究》,《海峡科技与产业》2018年第3期。

② 陈清森:《应用型本科高校青年教师科研能力发展实证研究》,《中国成人教育》2018年第11期。

③ 张红兵:《应用型大学教学与科研"相长"的对策研究》,《大学教育》2018年第3期。

④ 连晓庆、闫智勇、徐纯:《知识交易成本视角下应用型大学科研的定位与对策》,《职业技术教育》2018年第13期。

⑤ 丁良喜、曹莉:《应用型大学科研反哺教学可行性探索与优化建议》,《教育与职业》2018年第9期。

⑥ 张萍:《应用型高校青年教师科研能力影响因素及提升策略研究》,《安徽文学》(下半月)2018年第11期。

⑦ 黄东升:《新建本科院校如何实现科研转型》,《中国高校科技》2018年第10期。

⑧ 刘匀伽:《关于应用型本科高校科研管理的探索》,《教育现代化》2018年第31期。

⑨ 陈新民等:《新建本科院校应用性课程改革与实践》,《中国大学教学》2012年第10期。

程目标模糊、宽泛，缺乏针对性与可操作性，偏离"应用性"的性质和特点等问题。① 吴松、夏建国梳理 30 多篇关于应用型本科课程设置方面的文献，总结了学者们在课程设置方面的主要观点，学者们认为课程设置上应该坚持岗位需求和能力本位原则，注重课程的科学性与实践性；课程内容上，坚持以市场需求为导向的原则，开设特色专业，内容要有前瞻性；课程目标上，坚持多元化、应用型的原则，突出能力本位要求；课程实施上，坚持注重理论教育与实践操作相结合的原则，以学习者为主体，以能力培养为中心；课程评价上，坚持确立以能力取向为主的多元化评价原则，注重评价主体和方式的多样化。②

学者们已经发现目前的实践教学体系、教师实践教学能力存在队伍建设、评价方式、配套政策、教学管理、组织文化等方面的不足，需要从组织层面加以改进。白雪指出应用型本科院校实践教学体系存在实践教学管理不到位，实践教学保障不够完整，实践教学评价不合理等问题，提出应该加强实践教师队伍建设，创新实践教学过程管理，强化实践教学保障体系建设，完善实践教学评价体系。③ 姚吉祥基于安徽省 13 所应用型本科高校教师问卷调查，采用因子分析方法发现教师对实践教学能力的认知程度、权威机构对教师实践教学能力的认证状况、教师自身的实践经历、实践教学能力培养的环境因素、高校对教师实践教学能力的培养机制显著影响应用型本科院校教师实践教学能力。④ 王鑫对 H 省 5 所新建本科院校教学质量进行调查，对教学质量存在的问题进行组织要素归因分析，提出选择差异化教学发展新战略，增强教学技术力，强化有效教学领导，优化组织结构和创新组织文化五个方面的改进策略。⑤ 曾婧结合卢因的组织变革三阶段理论，从解冻—变革—再冻结三个阶段提出新建地方本科院校教师队伍转型的建议，如在解冻阶段学校要明确目标，制定整体规划，做好制度设计，调动教师积极性；在变革

---

① 陈新民等：《新建本科院校应用性课程改革与实践》，《中国大学教学》2012 年第 10 期；

② 吴松、夏建国：《应用型本科人才培养目标下课程体系构建研究综述》，《当代职业教育》2016 年第 8 期。

③ 白雪：《应用型本科院校实践教学体系建设研究》，硕士学位论文，东北石油大学，2017 年。

④ 姚吉祥：《应用型本科院校教师实践教学能力培养的对策研究——以安徽省应用型本科院校为例》，硕士学位论文，合肥工业大学，2010 年。

⑤ 王鑫：《H 省新建本科院校教学质量改进研究——基于组织变革视角》，博士学位论文，哈尔滨师范大学，2016 年。

阶段要构建"双师型"教师队伍的引进及培养体系，完善教师实践锻炼制度，优化教师队伍素质结构，构建学习型教学共同体；在再冻结阶段，要出台"双师型"教师队伍激励机制，优化"双师型"教师薪酬体系及绩效考核体系。[①] 刘冉等基于 OBE 理念提出完善地方新建本科院校教学管理运行机制的建议，如完善文件制度，建立健全教学过程记录机制，制定教学资料归档标准规范，创新学院管理机制加强学院宏观管理和决策功能，完善教学质量评价及反馈体系等。[②]

第五节 已有研究启示与局限

一 已有研究启示

地方新建本科院校应用型转型方面的已有研究对转型的必要性、可行性等进行了深入的思考，并从院校转型实践中提供了丰富的经验，为本书的深入开展提供了很多启示。已有研究对本书的启示主要有：

组织转型方面的研究为准确把握组织的核心要素，把握变革的主要过程提供了重要参考。组织转型方面的研究从转型过程、转型阻力等方面入手，较为深入地刻画了组织转型过程中组织核心要素发生变化，面临冲突，最终形成新的平衡并通过制度等固定下来的过程，抓住了组织的核心要素（目标、制度、技术、活动等），为本书从组织角度刻画应用型转型过程与机制提供了很好的理论框架与抓手。

院校转型方面的研究为研究地方性本科院校的应用型转型提供了重要参考。虽然组织转型方面的研究抓住了组织的核心要素，但是高校作为一类特殊的组织，具有松散连接、技术不确定性等特点，对院校转型的研究还需要把握院校这类组织特有的核心特点。国内划转院校转型、高职院校示范性建设的相关研究都是政策引导下的院校系统变革，与本书关注的应用型转型具有一定的相似性，为中国院校转型研究奠定了一定的基础，这些研究的理论分析框架为笔者考虑研究的理论基础提供了借鉴和参考。

基于转型实践的思考和实践探索有助于笔者理解转型实践，深入理解

① 曾婧：《新建地方本科院校教师队伍转型发展实践研究》，博士学位论文，华中科技大学，2019 年。

② 刘冉等：《基于 OBE 理念与应用型人才培养相结合的地方高校教学管理运行机制研究与实践》，《教育现代化》2020 年第 49 期。

转型过程，准确把握转型的关键维度。地方新建本科院校的教师和管理者结合院校基础与所处环境，制定了应用型转型的策略，并进行了一些实践探索，总结了一定的经验与问题。这些来自院校一线管理者与教师的研究为探索应用型转型过程的重要环节提供了很好的借鉴，帮助笔者较精准地切入应用型转型的关键维度，以此为抓手分析转型过程。通过梳理已有研究可以发现，地方新建本科院校和一些关注应用型转型的学者比较赞同借助产学研结合平台，以课程设置、教学实践等为抓手变革人才培养模式，系统实现应用型转型，完成培养应用型人才的培养目标。通过梳理基于实践经验的转型路径方面的文章，笔者坚定了从课程设置、教学行为、实践教学等方面入手考察转型的过程、深度的信心。

"双师双能型"教师队伍建设方面的文献总结了实践中教师转型面临的困难与应对举措，为笔者以教师行为为突破研究应用型转型作用机制提供了参考。教师是应用型转型的设计者和执行者，传统学科型教师队伍向"双师双能型"教师队伍转变是应用型转型的攻坚环节，学校一系列人才培养模式变革、课程设置、产学研合作等规划都要由教师来完成。教师的实践经验、转型动力、教学行为方面的转变都会影响实践教学、产学研合作的质量。教师转型发展方面的研究集中梳理了教师在应用型转型中面临的问题，影响教师转型的因素，并结合研究者们的实践经验提出了一些应对策略与举措，为本书探索组织转型对教师行为的影响，以及人才培养模式对学生成就的影响提供了一定参考。

二　已有研究的局限和突破点

已有研究为本书提供了大量的应用型转型的方向、原则和路径，以及院校应用型转型实践素材，但是系统总结和理论提升不够，大多把地方新建本科院校作为一个整体，未看到这个整体内部不同类型新建院校的特点。总体而言，已有研究还存在以下局限有待突破。

研究多为规范分析研究，缺少实证基础。目前应用型转型方面的研究多为基于理论或一所、几所院校转型实践经验，为地方新建本科院校应用型转型的定位、目标、转型路径、发展策略等提出建议，对应用型转型实践的研究停留在少数案例阶段，最多梳理某个省份的院校基本情况，缺少基于全国范围应用型转型现状的实证研究。应用型转型是高等教育变革的现实问题，学者们的观点不应只停留于演绎和历史梳理、思想碰撞层面，脱离转型现实的研究无异于无源之水无本之木。只基于某个省份或几所院校的情况进行提炼和总结无异于只见树木不见森林，唯有立足于地方新建本科院校应用型转型的实际情况，全面把握全国不同类型不同层次院校的转型状况的研究才有说服力，才能真正把握应用型转型的现状，找出应对转型困境的策略，为几百所地方新建本科院校的转型提供切实可行的借鉴。

实证研究极度缺乏，数据指标单一，调查范围有限，定量研究方法简单。目前对应用型转型的研究多没有数据支撑，基于访谈的研究也为数不多，仅有的几篇实证研究采用的数据指标单一，未能全面深入反映出应用型转型现状，数据范围局限于几所院校或某个省份，不够全面，代表性不足，定量方法较为简单，未能很好地解决内生性问题，也未能构建定量模型深入分析应用型转型的影响因素与内在机制。

对应用型转型现状的理论分析深度不够。虽然学者们已经采用路径依赖、资源依赖、协同理论、教育生态位理论等视角对应用型转型的定位与策略提出了一些建议和应对转型困境的策略，但是目前对应用型转型的理论分析多为期刊文章，仅介绍了理论的基本内容、概念及分类，对理论的应用仅停留在以新的视角重新组织研究者的建议，指出一些应用型转型发展策略，比较空泛，缺少针对性，未能结合转型实践深入剖析转型的过程与机制，对应用型转型实践的理解不够深入透彻。

当前研究多只考虑院校、教师中的一个层面，缺少更多层面的系统研究。目前的研究多从院校层面对新建本科院校的应用型转型提出转型建议、策略，或从教师队伍转型角度提出院校和政府等应该出台哪些策略推动教师队伍向"双师双能型"队伍转型，但是很少将组织转型、教师行为转型、学生成就联系起来进行研究，没有看到应用型转型是从组织到行动者到学生成就的系统过程。只看到院校层面或教师层面的研究缺少系统性，忽视了不同层面因素之间的相互作用，不利于准确理解应用型转型过程及作用机制。

第三章

研究设计

第一节 核心概念

一 新建本科院校

新建本科院校指 1999 年至今国家通过合并升本、独立升本、专职升格或转设的具有全日制本科招生资格的公办和民办普通本科高校。[①]

在升本时间上，新建本科院校在 1999 年以后升格为本科，升本时间不长，本科教育基础薄弱。

在性质上，新建本科院校多为地方所属高校。根据高校的所属可以将本科院校分为中央部门所属高校和地方所属高校。地方所属高校指隶属于全国各省、自治区、直辖市、港澳特别行政区，大多数靠地方财政供养，由地方行政部门划拨经费的普通高等院校。新建本科院校多为地方所属高校，由地方行政部门划拨经费，主要面向所属省区招生，承担区域人才培养的任务，服务于当地经济、社会发展。

在办学基础上，新建本科院校多由高职高专院校升格而来，具有一定的职业教育基础，但是学术科研能力较弱。

在办学定位上，多偏向应用型。许多新建本科院校的办学定位不是学术研究型大学，而是应用型本科高校，重视培养学生的实践能力和专业技术运用、转化及创新能力，为地方（区域）产业经济和社会发展培养生

---

① 谭贞等：《新建本科院校转型发展模式研究》，科学出版社 2017 年版，第 1 页。

产、管理、生活、服务等一线的高层次应用技术人才。[①]

本书将新建本科院校作为研究主体，对新建本科院校的界定参照学术界对新建本科院校的共识。

二　组织转型

转型一词在辞典中的意思为"改变既有的形象、现况等"。组织转型的概念出现在 20 世纪 80 年代之后，专门用来描述那些引发组织中大规模、激进的、根本性改变的变革项目。[②] Cummings 和 Worley 认为组织转型是组织变革的一种，[③] 是对组织环境或技术中出现的或预想中的巨大变化做出的反应，通常伴随着组织战略的重大改变，战略的变化又要求文化、内部结构和流程根据战略的变化做出调整，需要一个新的组织管理方式，会导致组织感知、思考和行为方式上的不同，主要通过文化变革、战略变革和自我设计型组织三种干预手段来促成。组织转型通常由经理或执行者发起，被多个股东影响，是系统化和革命性的，还具有很强的学习性，会形成新的范式。[④] Porras 和 Silver 认为组织转型是行为科学的理论、价值观，战略和技术的集合，是面向组织愿景和工作环境的有计划的变革，通过使员工产生 α、β、γ（A）和 γ（B）认知改变，导致员工行为改变，推动范式的改变，以使组织能够更好地适应未来的环境，或者创造期望的未来环境。[⑤] 钱平凡以企业组织转型为例，将组织转型定义为企业组织的环境发生剧烈变化时，企业组织通过其构成要素及要素间关系的变动，形成新的结构，以顺应环境的变化，从而维持组织自身及与环境间的动态平衡。[⑥] 通过梳理可以发现，组织转型概念多强调愿景与系统性的变革，而且学者们多认为组织转型会形成新的范式。

---

① 谭贞等：《新建本科院校转型发展模式研究》，科学出版社 2017 年版，第 19 页。

② 弗伦奇、贝尔、扎瓦茨基：《组织发展与转型：有效的变革管理》，阎海峰、秦一琼等译，机械工业出版社 2006 年版，第 66—84 页。

③ Thomas G. Cummings, Christopher G. Worley, *Organization Development and Change*, South-Western College Pub, 1985, p. 529.

④ Thomas G. Cummings, Christopher G. Worley, *Organization development and change*, South-Western College Pub. 1985, p. 530.

⑤ J. I. Porras, R. C. Silvers, "Organization Development and Transformation", *Annual Review of Psychology*, Vol. 42, No. 1, 1991, pp. 51 – 78.

⑥ 钱平凡：《组织转型》，浙江人民出版社 1999 年版，第 294 页。

组织转型的诱因是内外部环境的变化。对于本书而言，发生应用型转型的院校的组织转型主要受到外部政策推动、社会经济发展的人才需求转变等外部因素，以及院校领导改变院校定位等内部因素的影响。

组织转型是系统的变化过程，涉及组织多个要素的转变，其中领导、资源、结构、技术等要素的转变是组织转型研究者共同关注的核心要素。任玉珊梳理了一些大学组织转型研究重点关注的要素，如表3.1所示。[①]

表3.1　　　　　　　　　大学组织转型核心要素的比较分析

	领导管理	资源经费	结构学科	活动技术	文化制度	目标愿景	使命战略	组织类型
克拉克，2003年	√	√	√	√	√			欧洲创业型大学
张慧洁，2005年	√		√		√√	√		中国巨型大学
周进，2001年	√	√	√					中国理工科大学
詹姆斯·杜德斯达，2002年	√√	√	√	√	√		√	美国公立大学
蔡林慧，2003年		√	√	√			√	中国教学型大学
郭建如，2007年	√	√	√	√	√			中国民办高校

根据表3.1，领导或管理、资源或经费、结构或学科、活动或技术、文化或制度是组织转型中最常被关注的五个要素。

具体到新建本科院校应用型转型过程中，从组织理论角度入手，学者们提出了不同的策略和核心要素。王玉丰提出"战略—组织—制度"三位一体构建模式。[②] 陈新民提出自然催变式、脱胎跨越式、中间跳变式三种基本转型模式，并提出培养目标、办学功能、组织结构、资源要素四个方面的转型目标。[③] 王鑫、温恒福提出了断裂式、分布式和协作式三种可操作模式，并提出发展战略、变革领导、办学行为、组织文化等转型核心

---

① 任玉珊：《应用型工程大学的组织转型》，《高等工程教育研究》2010年第6期。

② 王玉丰：《常规突破与转型跃迁——新建本科院校转型发展的自组织分析》，博士学位论文，华中科技大学，2008年。

③ 陈新民：《新建本科院校转型研究》，《教育发展研究》2009年第1期。

要素。①

　　与组织转型相近的概念是组织变革。陈运超认为大学变革指高校为适应新环境的挑战，超越旧环境的"惰性"，做出一系列组织改变策略，以求进入新的生存状态的过程。② 李桂荣认为大学组织变革是大学组织根据其外部环境和内部条件变化，适应生存竞争与创新发展需要，以改善和提高大学组织效能为根本目的，理性地改变组织内部结构，转换组织功能方式，重塑组织文化的管理活动。③ 张慧洁认为组织变革是组织内部诸要素发生变化，是从高层领导发动的长期行为，是全盘翻新，另起炉灶，以突变求超越式的发展，是深层次的、整体配套的变化过程。④

　　有的学者认为转型和变革区别不大，也有学者认为变革和转型存在程度、范围等方面的差异。任玉珊认为变革可以是大学组织内部单要素或多要素转变（突变），也可以是局部或整体转变，但是只有变革在整体层次上进行并涉及学校的所有方面的时候，其表现过程才是转型，转型是一种动态的行为或能力改进过程。⑤

　　本书关注新建本科院校应用型转型过程中的组织转型，这类组织转型带有鲜明的应用型导向，比如重视实践实训，强调教学改革，深化校企合作等。但是新建本科院校的组织转型也需要通用的战略规划、领导风格、考核管理等核心要素相互配合，来完善组织转型的每个环节，形成互相协调配合的系统。通用性转型要素指适用于多种组织转型的核心要素，而非仅适用于应用型转型过程中。应用型导向转型要素指带有鲜明应用型特点的转型要素，如出台针对校企合作的制度，强调教学改革，加强实践实训方面的资源保障等。

　　因此，本书中的组织转型包括通用性转型要素与应用型导向转型要素两部分，通用性转型要素包括战略规划、领导风格、考核管理等，应用型导向转型要素包括应用型定位，强调实践教学与教学改革，加强校企合作以及实践实训的行为等。在本书中，笔者又将组织转型分为学校和院系两个层面的

---

　　① 王鑫、温恒福：《新建本科院校向"应用技术大学"转型发展的模式及要素分析》，《教育科学》2014 年第 6 期。

　　② 陈运超：《组织惰性超越与大学校长治校》，《教育发展研究》2009 年第 12 期。

　　③ 李桂荣：《大学组织变革成本分析》，《教育研究》2006 年第 2 期。

　　④ 张慧洁：《中外大学组织变革》，复旦大学出版社 2005 年版，第 15—19 页。

　　⑤ 任玉珊：《应用型工程大学的组织转型》，《高等工程教育研究》2010 年第 6 期。

组织转型，院系层面的组织转型是学校层面组织转型的贯彻与落实。

三　应用型科研与教学

应用型本科院校的科研和教学具有应用型的特点，在本书中被称为应用型科研与教学。

应用型科研指经费来自行业企业，以解决生产实践难题，应用技术研发，最新科技成果的应用、转化和推广为主要内容，服务地方产业经济和社会发展的科研活动。[①] 在科研经费来源上，应用型科研经费多来自行业企业；在科研内容上，应用型科研重点不在理论创新，而在于应用技术研发，科研成果应用、转化和推广；在科研目标上，应用型科研的目标不在于推动理论发展，而在于服务地方的产业经济和社会发展。

应用型教学指围绕培养应用型人才目标，侧重应用型能力培养的课程设置、实践教学等行为。在培养目标上，应用型教学的培养目标是培养应用型人才；在课程设置上，以工作岗位需求为导向设置符合行业企业需要的理论课、实习实训课程；在教学行为上，广泛采用案例教学、项目教学方法，教学方式多元。

第二节　理论框架与研究假设

基于前文关于组织转型与变革核心要素、模式的梳理，笔者认为组织转型是组织为了应对外部环境变化，通过行为途径和技术途径，最终实现提升组织能力目标的系统转型。

图 3.1 为本书的理论框架图，结合学校组织架构与组织的核心要素，本书将组织转型分为学校和院系两个层级，在学校层级分为目标、战略、资源、制度、领导方式五个方面，院系层级分为目标、人员、制度、资源四个方面。

地方本科院校可以通过行为途径和技术途径的方式来实现应用型转型的目标，即改变组织成员的行为，转变组织的核心技术。具体而言，教师挂职与培训就是组织转型的行为途径，学校通过引导、督促教师参加培训，能够一定程度上促进教师的应用型教学。校企合作是培养应用型人才

---

① 谭贞等：《新建本科院校转型发展模式研究》，科学出版社 2017 年版，第 167 页。

的重要载体，是组织转型的技术途径。

在服务于地方行业产业发展的定位下，地方本科院校应用型转型的主要目标是提升科研服务能力和人才培养服务能力，具体来讲，就是提高应用型科研能力，帮助企业解决生产实践中的实际难题，转变人才培养模式，为企业输送更多优秀的应用型人才。

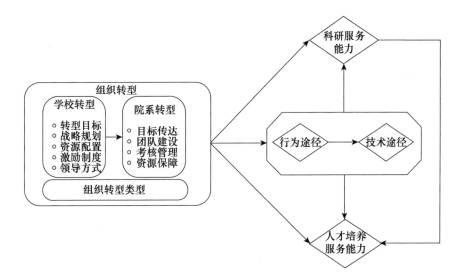

图 3.1　理论框架

基于以上理论框架，本书提出以下研究假设：

假设 1：学校组织转型维度影响院系组织转型。

组织转型是一个系统工程，不但可以横向分为转型目标、战略规划、资源配置、制度、领导方式等方面，也可以纵向分为学校、院系两个层级。学校层面主要进行转型框架设计，明确转型目标，讨论决定战略规划，围绕目标和战略进行资源配置，出台相应制度指导转型的具体实施，不同的领导可能采取不同的方式推动转型。院系主要负责贯彻落实、细化实施学校的转型方案。由于高校具有松散连接的特性，院系对转型目标的感知可能不尽相同，为了推动一线教师转变课程设置基础，转变传统的教学行为，院系需要通过培训、讨论等方式进行学习型团队建设，调动教师转型的积极性，提高教师应用实践技能，为实践实训环节提供资源保障，并出台考核管理制度，督促教师的行为实际发生转变。

从组织运行的角度来看，根据伯恩鲍姆系统论的观点，学校是一个多层级的组织系统，院系只是学校的子系统，因此学校的理念、定位、规划等组织转型要素和行为会影响、约束，甚至支配院系的组织行为，影响院系的组织转型。① 从转型类型来看，组织变革和组织转型存在顶层管理驱动的变革（E 理论）和基于组织发展的变革（O 理论）两种，② 顶层管理驱动的变革的领导方式是自上而下，关注结构与系统，强调结构性和规划性。从应用型转型结果来看，许多高校提出向应用型转型是在 2015 年三部门联合发布《关于引导部分地方普通本科高校向应用型转变的指导意见》之后，是为了响应教育管理部门对高等教育系统的布局调整，因此更多采用激励驱动的方式进行自上而下的变革，属于顶层管理驱动的变革，因此也会体现出学校组织转型影响院系的自上而下传导现象。

无论是基于系统论还是基于顶层管理驱动的变革理论，在理论上都会存在学校组织转型影响院系组织转型的现象，值得基于数据进行验证和深入分析。本书第四章将集中检验学校组织转型是否影响院系组织转型，以及学校组织转型各维度对院系组织转型各维度的影响机制。

假设 2：学校和院系组织转型维度，组织转型类型直接影响应用型科研，也通过提高教师挂职与培训参与、时长和内容，以及校企合作质量促进应用型科研的开展。

根据 Leavitt 等的观点，组织变革可以从结构、人员、任务和技术四个方面来衡量。③ Porras 和 Silvers 总结的有计划的变革模型中指出有计划的变革干预可以影响组织愿景和工作环境，从而改变组织成员及工作行为，达成组织变革成果。④ 针对应用型转型开展教师挂职锻炼和进修培训，推动教师积极参与校企合作都可以看作有计划的变革干预，从而转变教师对教学和科研的看法，提升实践教学和应用科研能力，最终实现人才培养方式和科研导向的转变。

---

① ［美］罗伯特·伯恩鲍姆：《大学运行模式：大学组织与领导的控制系统》，别敦荣主译，别敦荣、余学峰、张际标译，中国海洋大学出版社 2003 年版，第 29—34 页。

② Micheal Beer, Nitin Nohria, *Breaking the Code of Change*, Boston：Harvard Business School Press. Long Range Planning, 2001, p. 4.

③ W. W. Cooper, H. J. Leavitt, M. W. Shelly, "New Perspectives in Organization Research", *Journal of the Operational Research Society*, Vol. 17, No. 1, 1964, pp. 216 –217.

④ J. I. Porras, R. C. Silvers, "Organization Development and Transformation", *Annual Review of Psychology*, Vol. 42, No. 1, 1991, pp. 51 –78.

新建本科院校应用型转型的主要目标和任务是实现人才培养和科研服务功能的转变，人才培养目标由培养传统的学术型人才向培养应用型人才转变，科研服务导向从传统的纵向课题研究向服务于当地行业产业的科研转变。本书选择应用型科研导向和占比测量高校科研服务能力。组织转型可以通过直接调整结构、制定制度、资源配置、调配人员促进核心功能的转变，也可以通过加强校企合作的技术途径，以及对教师进行挂职与培训的行为途径更系统地推动应用型科研与教学的转变。

具体而言，新建本科院校应用型转型过程中，学校和院系的组织转型可以协调运用理念、资源、制度等要素，借助行为途径和技术途径加强应用型科研。学校和学院一方面可以通过制度要求、配置资源推动教师积极参与挂职与培训，提高教师对前沿技术的了解，提升教师应用实践能力；另一方面也可以通过搭建校企合作平台，出台校企合作指导和激励制度，为教师走进企业，了解企业生产实践提供更多机会，增进教师与企业的相互了解，为合作开展应用型科研提供契机。

本书选择教师挂职与培训作为组织转型的行为途径。组织通过要求教师挂职锻炼、进修培训转变教师观念，调动转型积极性，提高教师应用实践能力和应用科研能力。

本书选择校企合作作为组织转型的技术途径。教师在校企合作过程中可以加强对企业的了解与合作，基于企业生产实践中的实际问题展开横向合作，提高应用型科研能力，增加应用型科研的可能性。

本书第五章将检验组织转型对应用型科研的直接影响，以及通过教师挂职与培训和校企合作对应用型科研的影响。

假设3：组织转型直接影响应用型教学，也通过教师挂职与培训、校企合作、应用型科研间接影响应用型教学。

组织转型直接推动应用型教学，以及通过教师挂职与培训、校企合作、应用型科研间接推动应用型教学的原理和组织转型推动应用型科研的原理一致。此外，应用型科研也可以看作组织有计划的变革干预，应用型科研的开展能够增进教师对企业生产实践的了解，提升教师解决实际问题的能力，为实践教学积累丰富的真实案例，从多个方面推动教师应用实践教学能力的提升。

转变人才培养模式，培养更多满足企业需求的应用型人才是地方本科高校应用型转型的重要目标。人才培养模式的核心在于应用型教学中加强应用实践性，将课程设置的基础由学科转变为工作过程、岗位需求，在教学过程中结合具体项目和案例，真学真做，提高实践实训课程比例。本书选择应用型教学来测量地方本科院校的人才培养服务能力。

组织转型能够直接促进应用型教学。组织转型明确了应用型人才培养目标，加强对实践实训环节的资源保障，出台校企合作指导激励制度和考核管理制度确保实践实训环节质量，可以直接影响课程设置和教学行为的转变，推动人才培养模式向培养应用型人才转变。

组织转型可以借助行为途径（挂职培训）提升应用型教学。学校和学院可以通过理念、制度等推动教师积极参与挂职锻炼和培训，帮助教师提高应用实践技能，加深对企业行业的了解，增强与企业的合作，提高教师进行教育教学改革的能力。组织转型还可以通过技术途径（校企合作）提升应用型教学。制定校企合作指导和激励制度，配置充足资源推动教师积极投身校企合作，帮助教师通过校企合作增进对工作岗位、用人单位需求的了解，加强与行业企业的合作，增强应用实践能力，积累更多可以用于教学过程中的真实项目与企业经验。此外，科研和教学相互促进，教师通过开展应用型科研能够积累企业生产实践案例，加深对企业生产实践的理解，从而提升教学的应用实践性。

本书第六章将检验组织转型对应用型教学的直接影响，以及通过教师挂职与培训、校企合作、应用型科研对应用型教学的影响。

第三节　数据说明

本书采用北京大学地方本科院校转型研究课题组于 2017 年 5—7 月针对教师和毕业生采集的"2017 年地方本科院校转型发展调查"数据，其中毕业生数据只在第七章倾向值匹配部分使用。本次调查将地方本科院校分为老本科院校、新建本科院校两类。其中上海的院校进行的是专业转型而非院校整体转型，对上海院校进行院校类型划分时，同时考虑了样本中转型试点专业教师及学生比例以及学校是否为新建本科两类因素。调查样本中，转型试点院校均为新建本科院校。结合相关专家建议和样本调查情况，将专业分为经济管理类、公共管理/教育类、人文类、传媒艺术类、基础学科应用类、计算机/信息类、机械/电气/制造类和工程类八类专业。

调查从东中西部各抽查一到三个省份，每个地区选择一个重要省份，结合院校特征，每个省份调查院校数为五至六所。① 结合目前全国各省份开展地方本科院校应用型转型试点的实际情况，东中西部地区的重要省份分别为山东、河南和云南。每个省份选取抽样院校时重点考虑应用型转型特色突出的院校，并注意平衡综合性、专科性院校的比例，以及专科院校中理工类、师范类、财经类院校的比例。为保证院校间可比性，抽样专业主要集中于计算机类、电气类、机械类、信息工程类、化学与工程类、工商管理类、会计学类、新闻传媒类、艺术设计类等应用性专业，同时尤其注重调查卓越工程项目专业、省级/校级综合改革试点或人才培养模式改革试点专业，对各个院校选择的专业采取整群抽样。②

在实施调查前，课题组在北京某院校进行了预调研，对问卷的信效度进行了初步检验，对问卷进行了部分修正。2017 年 5 月 10 日到 6 月 24 日，课题组成员奔赴绝大多数抽样的院校现场指导学生集中填答，以此保证问卷填写质量。对于少数院校，由于时间（学生毕业离校）、人员等各方面限制，课题组成员未能现场指导集中填写的，课题组成员通过邮寄问卷的方式让所在院校的联系人组织学生集中填写，并反复叮嘱填答说明，以保证填写质量。调查抽样的院校和院校特征信息如表 3.2 所示。需要特别说明的是，样本中试点院校名单的确认主要参考各省教育厅官方文件颁布的转型试点院校名单，并结合课题组对样本院校实际调查中获取的各个院校的转型试点信息。③

---

① 郭建如、刘彦林：《地方本科院校组织转型对校企合作影响的实证分析》，《江苏高教》2020 年第 11 期；郭建如、刘彦林：《地方高校向应用型转变中的校院关系与传导机制探析》，《国家教育行政学院学报》2021 年第 1 期；刘彦林、郭建如：《院校组织转型对"双师型"教师队伍建设的影响研究——基于地方新建本科院校调查数据的实证分析》，《湖南师范大学教育科学学报》2021 年第 5 期；刘彦林、郭建如：《高校组织转型策略及类型对应用型教学的影响——基于地方本科院校的实证研究》，《河北师范大学学报》（教育科学版）2022 年第 2 期；刘彦林、郭建如：《组织支持对新建本科院校应用型科研的影响研究——转型感知中介效应的视角》，《教育学术月刊》2022 年第 1 期。

② 郭建如、刘彦林：《地方普通本科院校向应用型转型的进展及其效果——基于组织转型的视角》，《职业技术教育》2021 年第 9 期；刘彦林、郭建如：《组织支持对新建本科院校应用型科研的影响研究——转型感知中介效应的视角》，《教育学术月刊》2022 年第 1 期；郭建如、刘彦林：《地方高校向应用型转变中的校院关系与传导机制探析》，《国家教育行政学院学报》2021 年第 1 期。

③ 需要说明的是，河南工程学院在河南省第二批转型试点学校名单中，考虑到各个省第一批转型试点院校更有典型示范作用，因此本书中并未将其列为转型试点院校。山东省转型试点院校名单的确认参考了山东省 2013 年的应用型人才培养特色名校立项建设单位。

　　本次调研共选取了东中西部地区 43 所高校发放 2500 份教师问卷和 12900 份毕业生问卷，回收 2257 份教师问卷和 11994 份毕业生问卷，教师和毕业生问卷回收率分别为 90.3% 和 93.0%，[①] 教师问卷和毕业生问卷调查院校一致，调查学院和专业大部分能够进行匹配，能够同时了解学校管理、教师科研与教学、学生能力与就业三方面的信息。为保证代表性，笔者删除了教师问卷中每个专业样本量少于 4 人的专业，然后删掉了样本量少于 10 人的院校，[②] 共删去上海第二工业大学（转型试点院校）、安康学院（转型试点院校）、贵阳学院（新建本科非转型试点院校）和周口师范学院（转型试点院校）四所院校。为了使毕业生问卷和教师问卷保持一致，在学生问卷中也删去了这四所院校，因此最终采用了 39 所院校的教师和毕业生调查结果，教师问卷最终有效样本量为 1465 个，其中新建本科院校教师问卷样本量 1252 个。毕业生问卷有效样本量为 11149 个，其中新建本科院校毕业生问卷样本量 9111 个。39 所院校中老本科院校 7 所，新建本科转型试点院校 25 所，新建本科非转型试点院校 7 所。分院校类型对比转型情况时采用 39 所院校的数据，采用回归模型、多层线性模型、结构方程模型、倾向值匹配等计量分析方法进行深入分析时，为增

---

　　① 郭建如、刘彦林：《地方本科院校组织转型对校企合作影响的实证分析》，《江苏高教》2020 年第 11 期；郭建如、刘彦林：《地方高校向应用型转变中的校院关系与传导机制探析》，《国家教育行政学院学报》2021 年第 1 期；郭建如、刘彦林：《地方普通本科院校向应用型转型的进展及其效果——基于组织转型的视角》，《职业技术教育》2021 年第 9 期；刘彦林、郭建如：《院校组织转型对"双师型"教师队伍建设的影响研究——基于地方新建本科院校调查数据的实证分析》，《湖南师范大学教育科学学报》2021 年第 5 期；刘彦林、郭建如：《推动新建本科院校应用型科研发展的组织路径研究——基于 2017 年"地方高校转型发展"调查的实证分析》，《河北大学学报》（哲学社会科学版）2022 年第 1 期；刘彦林、郭建如：《组织支持对新建本科院校应用型科研的影响研究——转型感知中介效应的视角》，《教育学术月刊》2022 年第 1 期；刘彦林、郭建如：《高校组织转型策略及类型对应用型教学的影响——基于地方本科院校的实证研究》，《河北师范大学学报》（教育科学版）2022 年第 2 期。

　　② 郭建如、刘彦林：《地方本科院校组织转型对校企合作影响的实证分析》，《江苏高教》2020 年第 11 期；郭建如、刘彦林：《地方高校向应用型转变中的校院关系与传导机制探析》，《国家教育行政学院学报》2021 年第 1 期；郭建如、刘彦林：《地方普通本科院校向应用型转型的进展及其效果——基于组织转型的视角》，《职业技术教育》2021 年第 9 期；刘彦林、郭建如：《院校组织转型对"双师型"教师队伍建设的影响研究——基于地方新建本科院校调查数据的实证分析》，《湖南师范大学教育科学学报》2021 年第 5 期；刘彦林、郭建如：《推动新建本科院校应用型科研发展的组织路径研究——基于 2017 年"地方高校转型发展"调查的实证分析》，《河北大学学报》（哲学社会科学版）2022 年第 1 期；刘彦林、郭建如：《高校组织转型策略及类型对应用型教学的影响——基于地方本科院校的实证研究》，《河北师范大学学报》（教育科学版）2022 年第 2 期。

强可比性，均采用新建本科院校数据。后文对样本情况的呈现为 39 所院校的情况，特此说明。表 3.2 为抽样学校名单及院校特征。

表 3.2　　　　　　　　　　　　**抽样学校名单及院校特征**

	省（市）	学院	院校特征
东部	山东	聊城大学	老本科
	山东	德州学院	新建本科
	山东	临沂大学	新建本科（转型试点）
	山东	烟台大学	老本科（省属重点）
	山东	烟台大学文经学院	独立学院
	山东	山东英才学院	新建民办
	上海	上海电机学院	新建本科（转型试点）
	上海	上海工程技术大学	老本科
	上海	上海建桥学院	新建民办
	上海	上海理工大学	老本科
	上海	上海应用技术大学	新建本科（转型试点）
	浙江	浙江工商大学	老本科
	浙江	浙江科技学院	新建本科
	浙江	浙江树人大学	新建民办（转型试点）
	浙江	浙江万里学院	新建本科（转型试点）
	浙江	宁波大红鹰学院	新建民办（转型试点）
	浙江	宁波工程学院	新建本科（转型试点）
中部	河南	安阳师范学院	新建本科（转型试点）
	河南	黄河科技学院	新建民办（转型试点）
	河南	许昌学院	新建本科（转型试点）
	河南	黄淮学院	新建本科（转型试点）
	河南	河南工程学院	新建本科
	河南	河南科技大学	老本科
	河南	河南科技学院	老本科
	河南	洛阳理工学院	新建本科（转型试点）
	河南	洛阳师范学院	新建本科
	河南	南阳理工学院	新建本科（转型试点）
	河南	南阳师范学院	新建本科（转型试点）
	河南	商丘师范学院	新建本科（转型试点）
	河南	郑州科技学院	新建民办

续表

省(市)	学院	院校特征
西部 贵州	贵州工程应用技术学院	新建本科（转型试点）
贵州	黔南民族师范学院	新建本科（转型试点）
贵州	铜仁学院	新建本科（转型试点）
贵州	遵义师范学院	新建本科（转型试点）
陕西	西安外事学院	新建民办（转型试点）
陕西	西安欧亚学院	新建民办（转型试点）
云南	红河学院	新建本科（转型试点）
云南	云南工商学院	新建民办（转型试点）
云南	昆明学院	新建本科（转型试点）

　　本次调查根据抽样学校各专业情况，最终调查的样本中共有院校 39 所，其中东部地区 17 所、中部地区 13 所、西部地区 9 所。教师调查数据中，东部、中部、西部样本占比分别为 35.35%、40.41% 和 24.23%；毕业生调查数据中，东部、中部、西部样本占比分别为 36.54%、40.25% 和 23.20%。样本院校详细特征如表 3.3 所示。39 所院校中 19 所省属院校，10 所市属院校，10 所社会办学院校。

表 3.3　　　　　　　　　　抽样院校详细特征

	院校省(市)	院校地区	民办院校	本科年份	转型试点	办学体制
聊城大学	山东	东部	否	1974	否	省属
烟台大学	山东	东部	否	1984	否	省属
临沂大学	山东	东部	否	1999	是	省属
德州学院	山东	东部	否	2000	否	省属
烟台大学文经学院	山东	东部	是	2003	否	社会办学
山东英才学院	山东	东部	是	2008	否	社会办学
上海电机学院	上海	东部	否	2004	是	市属
上海工程技术大学	上海	东部	否	1985	否	市属
上海建桥学院	上海	东部	是	2005	否	社会办学
上海理工大学	上海	东部	否	1996	否	市属
上海应用技术大学	上海	东部	否	2004	是	市属
浙江工商大学	浙江	东部	否	1980	否	省属

续表

	院校省（市）	院校地区	民办院校	本科年份	转型试点	办学体制
浙江科技学院	浙江	东部	否	2000	否	省属
浙江树人大学	浙江	东部	是	2003	是	社会办学
浙江万里学院	浙江	东部	否	2002	是	省属
宁波大红鹰学院	浙江	东部	是	2008	是	社会办学
宁波工程学院	浙江	东部	否	2004	是	市属
安阳师范学院	河南	中部	否	2000	是	省属
黄河科技学院	河南	中部	是	2004	是	社会办学
许昌学院	河南	中部	否	2002	是	省属
黄淮学院	河南	中部	否	2004	是	省属
河南工程学院	河南	中部	否	2007	否	省属
河南科技大学	河南	中部	否	1952？	否	省属
河南科技学院	河南	中部	否	1987	否	省属
洛阳理工学院	河南	中部	否	2007	是	省属
洛阳师范学院	河南	中部	否	2000	否	省属
南阳理工学院	河南	中部	否	2004	是	市属
南阳师范学院	河南	中部	否	2000	是	省属
商丘师范学院	河南	中部	否	2000	是	省属
郑州科技学院	河南	中部	是	2008	否	社会办学
贵州工程应用技术学院	贵州	西部	否	2005	是	市属
黔南民族师范学院	贵州	西部	否	2000	是	省属
铜仁学院	贵州	西部	否	2006	是	市属
遵义师范学院	贵州	西部	否	2001	是	市属
西安欧亚学院	陕西	西部	是	2005	是	社会办学
西安外事学院	陕西	西部	是	2009	是	社会办学
红河学院	云南	西部	否	2003	是	省属
昆明学院	云南	西部	否	2004	是	市属
云南工商学院	云南	西部	是	2011	是	社会办学

　　根据《中国新建本科院校质量报告》，截至 2015 年我国已有新建本科院校 678 所，另根据 2016 年和 2017 年《全国教育事业发展统计公报》，2016 年普通高校中本科院校比上年增加 18 所，2017 年普通高校中本科院校增加 6 所，因此推算 2017 年全国新建本科院校数量共 702 所，占全国普通本科院校（1243 所）的 56.5%。本书教师问卷中新建本科院校样本量占比 85.46%，新建本科院校数目占比为 79.07%，高于全国新建本科

院校数量比例。

由于剔除各专业、学校样本量过少的院校后，调查样本中新建本科非转型院校仅有 7 所，不能较好地代表新建本科非转型试点院校群体，因此后文描述统计中将新建本科院校作为一个整体与老本科院校的转型情况进行对比，没有对新建本科院校进行转型试点和非试点院校的区分。

第四节　分析框架

地方本科院校应用型转型的主要目标是为地方行业企业提供高质量的科研服务，输送应用型人才，因此本书关注学校和院系的组织转型维度及转型类型对应用型科研与应用型教学的影响，图 3.2 为分析框架。

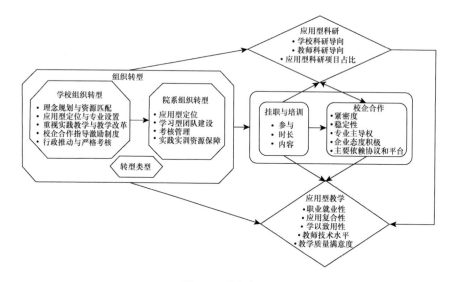

图 3.2　分析框架

本书关注组织转型对应用型科研和教学的直接影响，以及通过挂职与培训、校企合作对应用型科研与教学的影响。应用型转型的成功需要组织目标、制度、人员等全方位的协调与配合，需要以学校和院系的组织转型作为保障，联动推进各项应用型转型举措。根据系统论和伯顿·克拉克根据创业型大学案例总结的五个转型的途径与核心要素，本书认为组织转型可以分为学校和院系两个层级，学校组织转型又可以根据目标、资源、策略、制度、领导风格等核心要素，具体操作化为理念规划与资源匹配、应用型定位与专业设置、重视实践教学与教学改革、校企合作指导激励制度、行政推动与严格考核五个维度。院系组织转型可以根据目标、人员、制度、资源等核心要素，具体操作化为应用型定位、学习型团队建设、考核管理、实践实训资源保障四个维度。

本书对应用型科研的测量分为学校的科研导向为应用型、教师的科研导向为应用型和教师应用型科研项目比例三个方面。其中学校和教师的科研导向能够反映出学校整体和教师个人是否更偏向应用型科研，更注重解决实际问题。教师应用型科研项目比例能够反映教师应用型科研的比重，以及学校应用型科研开展情况。

对应用型教学的测量分为课程设置的职业就业性、应用复合性、教学行为的学以致用性、教师技术水平、教学质量满意度五个方面。根据克里斯·阿基里斯和唐纳德·A. 舍恩的实践理论，[①] 专业能力的两个关键因素——建设自身实践的技术理论的能力，以及将第二性模式运用到实践的人际领域的能力——只可能通过实践和对经验的反思来获得。他们认为，实践只有与理论相连时才能被最好地阐述，教师在与专业相关的理论建构中是最有能力的。[②] 基于这样的理论基础，以及《关于引导部分地方普通本科高校向应用型转变的指导意见》中"实现专业链与产业链、课程内容与职业标准、教学过程与生产过程对接""整合相关的专业基础课、主干课、核心课、专业技能应用和实验实践课""设立复合型新专业"的要求，笔者认为课程设置的职业就业性、应用复合性和教学行为的学以致用性是反映应用型转型过程中课程与教学改革的重要测量指标。其中课程设置的职业就业性、应用复合性和教学行为的学以致用性是教师对自己教学情况的汇报，教师技术水平和教学质量满意度是教师对所在专业其他教师整体情况的汇报，结合了自评与他评、个体和整体两个方面。教师对其他教师的评价不涉及自身利益，较少存在高估或虚报现象，能够一定程度上降低教师对自身评价偏高的误差，更加全面、客观地反映所在专业应用型教学情况。

---

① ［美］克里斯·阿基里斯、唐纳德·A. 舍恩：《实践理论：提高专业效能》，邢清清、赵宁宁译，教育科学出版社 2008 年版，第 183 页。

② ［美］克里斯·阿基里斯、唐纳德·A. 舍恩：《实践理论：提高专业效能》，邢清清、赵宁宁译，教育科学出版社 2008 年版，第 195 页。

对教师挂职与培训从参与、时长、内容三个方面入手，对校企合作的测量从校企合作的紧密度、稳定性、专业主导权、企业态度积极和主要依赖协议或平台五个方面入手。

本书采用系统论的思路，认为新建本科院校是一个大系统，是分层级的，由更小的子系统（学院）组成，学院又由更小的子系统（专业）组成，专业处于学院的系统之中，学院处于学校的系统之中。[①] 因此学校在应用型转型过程中的组织转型影响院系的组织转型，院系的组织转型影响教师的教学和科研行为，学校及院系的组织转型直接影响毕业生的能力提升与就业，也通过教师教学和科研影响毕业生的能力提升与就业。本书主要采用更高层次的系统影响较低层次系统的思路，在转型类型部分划分了只有院系转型深入这一类型，也考虑了较低层次系统的自发转型影响其他层次系统的情况。

第五节　变量说明

一　组织转型

（一）学校组织转型

1. 探索性因子分析

对教师问卷中 Q2 和 Q3 两个量表中关于学校转型的所有题项进行探索性因子分析，得到学校组织转型的理念规划与资源匹配、应用型定位与专业设置、重视实践教学与教学改革、校企合作指导激励制度、行政推动与严格考核五个公因子。探索性因子采用的方法为主成分分析法，旋转方法为最大方差法，得到的五个公因子累计解释总方差为84.08%。题目可靠性分析 Cronbach's Alpha 系数为 0.925，题目信度较好。探索性因子分析的 KMO 值为 0.936，伴随概率为 0.000。[②] 探索性因子分析结果如表 3.4 所示。

---

① ［美］罗伯特·伯恩鲍姆：《大学运行模式——大学组织与领导的控制系统》，别敦荣主译，中国海洋大学出版社 2003 年版，第 29—34 页。

② 郭建如、刘彦林：《地方高校向应用型转变中的校院关系与传导机制探析》，《国家教育行政学院学报》2021 年第 1 期；郭建如、刘彦林：《地方普通本科院校向应用型转型的进展及其效果——基于组织转型的视角》，《职业技术教育》2021 年第 9 期；刘彦林、郭建如：《院校组织转型对"双师型"教师队伍建设的影响研究——基于地方新建本科院校调查数据的实证分析》，《湖南师范大学教育科学学报》2021 年第 5 期。

需要说明的是，笔者在探索性因子分析中经过多次调试，为使得各题项在公因子上的载荷较高且具有一定的区分性，同时提高解释的总方差，删除了"第2题第4小题：领导能确保教师理解变革的意义，并致力于推进变革"。

表 3.4　　　　　　　　　　　　学校组织转型探索性因子分析

	题目内容	载荷	Cronbach's Alpha	累计方差贡献率
学校——重视实践教学与教学改革	Q2S5 校领导重视教学工作，在实践教学上投入大量资金和设备	0.740	0.879	23.88
	Q2S6 校领导下放权力以发挥院系和教师教学变革的积极性	0.786		
	Q2S8 校领导习惯用奖励和资源倾斜方式推动教学或组织变革	0.768		
学校——理念规划与资源匹配	Q2S1 校领导对于学校如何发展有清晰的理念和规划	0.763	0.864	41.94
	Q2S2 校领导最显著的强项是能为学校的发展争取到重要资源	0.777		
	Q2S3 学校的发展目标、战略规划与资源配置三者高度匹配	0.583		
学校——校企合作指导激励制度	Q3S3 学校制定了操作性强的校企/校地合作指导性文件	0.755	0.809	54.38
	Q3S4 学校采取各种有力措施激励教师参与到校企/校地合作	0.814		
学校——应用型定位与专业设置	Q3S1 学校领导明确提出坚持"地方性、应用型"的办学定位	0.895	0.800	74.42
	Q3S2 学校专业设置以当地经济和社会发展需要为依据	0.729		
学校——行政推动与严格考核	Q2S9 校领导习惯于通过行政和严格考核方式强行推行变革	0.940	——	84.08

资料来源：郭建如、刘彦林：《地方高校向应用型转变中的校院关系与传导机制探析》，《国家教育行政学院学报》2021年第1期；郭建如、刘彦林：《地方普通本科院校向应用型转型的进展及其效果——基于组织转型的视角》，《职业技术教育》2021年第9期；刘彦林、郭建如：《院校组织转型对"双师型"教师队伍建设的影响研究——基于地方新建本科院校调查数据的实证分析》，《湖南师范大学教育科学学报》2021年第5期。

2. 验证性因子分析

采用验证性因子分析对上述探索性因子分析结果进行有效性分析，得到验证性因子分析模型拟合指数，如表 3.5 所示。由表 3.5 可知，学校组织转型的五个公因子模型具有较为理想的拟合度，模型处于可接受的范畴。验证性因子分析后得到的估计结果 CFA 路径如图 3.3 所示。采用 A-mos 进行验证性因子分析时，每个因子必须对应两个及以上的题项，因此在验证性因子分析时删去了行政推动与严格考核因子。

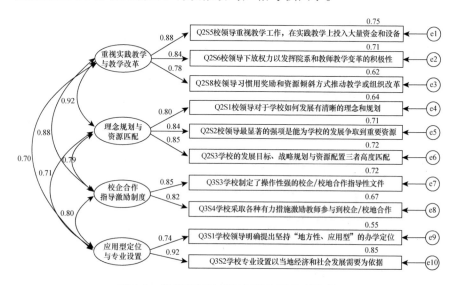

图 3.3　学校组织转型验证性因子分析路径

表 3.5　　　　　　　　学校组织转型验证性因子分析拟合指数

	适配标准/临界值	指数值	模型适配判断
Chi-square 卡方	$p > 0.05$	148.479（0.000）	×
Df 自由度		29	
RMR 残差均方根	< 0.05	0.011	√
GFI（Goodness-of-fit Index）拟合优度指数	> 0.90	0.970	√
AGFI（Adjusted GFI）调整拟合优度指数	> 0.90	0.943	√
PGFI（Parsimony GFI）简效拟合优度指数	> 0.50	0.511	√
NFI 规范拟合指数	> 0.90	0.979	√
RFI 相对拟合指数	> 0.90	0.967	√

续表

	适配标准/临界值	指数值	模型适配判断
IFI 增值拟合指数	>0.90	0.983	√
TLI 非规范拟合指数（NNFI）	>0.90	0.973	√
CFI 比较拟合指数	>0.90	0.983	√
RMSEA 平均概似平方误根系数	<0.05，优良	0.064	√
	<0.08，良好		

需要说明的是，在后文计量分析中，本书加入的是教师个体层面对学校及院系组织转型的感知，而非加入某个学院、某所学校教师关于院系及学校组织转型变量的均值，主要出于以下几点考虑：（1）充分考虑应用型转型实践过程中的差异性和复杂性。在实践中，同一所学校的不同学院对学校组织转型的贯彻落实可能存在差异，同一个学院的不同专业对学院组织转型的贯彻落实也可能存在差异，比如有校企合作项目的专业可能对实践实训资源保障做得更好。如果采用学院或学校均值，就无法观测到落实过程中的差异带来的影响。（2）采用均值代表学校或院系组织转型整体情况存在一定缺陷。均值受极值影响较大，尤其在数据分布有偏时并不能准确反映数据的整体情况，容易产生"被平均"的现象。

（二）院系组织转型

1. 探索性因子分析

对问卷中第 2 题和第 3 题中关于院系组织转型的题项进行探索性因子分析，得到院系组织转型的应用型定位、学习型团队建设、考核管理、实践实训资源保障四个公因子。探索性因子采用的方法为主成分分析法，旋转方法为最大方差法，得到的四个公因子累计解释总方差为 86.80%。题目可靠性分析 Cronbach's Alpha 系数为 0.913，题目信度较好。探索性因子分析的 KMO 值为 0.923，伴随概率为 0.000。[①] 探索性因子分析结果如表 3.6 所示。

---

① 郭建如、刘彦林：《地方高校向应用型转变中的校院关系与传导机制探析》，《国家教育行政学院学报》2021 年第 1 期；郭建如、刘彦林：《地方普通本科院校向应用型转型的进展及其效果——基于组织转型的视角》，《职业技术教育》2021 年第 9 期；刘彦林、郭建如：《院校组织转型对"双师型"教师队伍建设的影响研究——基于地方新建本科院校调查数据的实证分析》，《湖南师范大学教育科学学报》2021 年第 5 期。

需要说明的是，笔者在探索性因子分析中经过多次调试，为使得各题项在公因子上的载荷较高且具有一定的区分性，同时提高解释的总方差，删除了"第 3 题第 9 小题：院系对校外实习基地有很严格的筛选"和"第 3 题第 10 小题：校外实训基地条件好，且对学生的实习很重视，指导到位"。

表 3.6　　　　　　　院系组织转型探索性因子分析结果

	题目内容	载荷	Cronbach's Alpha	累计方差贡献率
院系——应用型定位	Q3S5 院系明确了应用性人才培养目标，培养方案制定有企业参与	0.812	0.804	24.47
	Q3S6 教师了解并认同学校或院系的地方性和应用性的办学定位	0.774		
院系——实践实训资源保障	Q3S7 与当地的行业或企业相比，校内的实验/实训设施很先进	0.819	0.817	48.63
	Q3S8 院系实践教学的人员、材料和工具经费有明确的规定与保障	0.767		
院系——考核管理	Q3S11 院系对教师的考核评价机制很健全	0.798	0.818	71.21
	Q3S12 院系制定了严格的实践教学管理制度，有扎实的效果	0.719		
院系——学习型团队建设	Q2S7 院系领导努力打造学习型团队，相互学习，以促进变革	0.896	—	86.80

资料来源：郭建如、刘彦林：《地方高校向应用型转变中的校院关系与传导机制探析》，《国家教育行政学院学报》2021 年第 1 期；郭建如、刘彦林：《地方普通本科院校向应用型转型的进展及其效果——基于组织转型的视角》，《职业技术教育》2021 年第 9 期；刘彦林、郭建如：《院校组织转型对"双师型"教师队伍建设的影响研究——基于地方新建本科院校调查数据的实证分析》，《湖南师范大学教育科学学报》2021 年第 5 期。

2. 验证性因子分析

采用验证性因子分析对上述探索性因子分析结果进行有效性分析，得到验证性因子分析模型拟合指数，如表 3.7 所示。由表 3.7 可知，院系组织转型的四个公因子模型具有较为理想的拟合度，模型处于可接受的范畴。验证性因子分析后得到的估计结果 CFA 路径图如图 3.4 所示。采用 Amos 进行验证性因子分析时，每个因子必须对应两个及以上的题项，因此在验证性因子分析时删去了学习型团队建设因子。

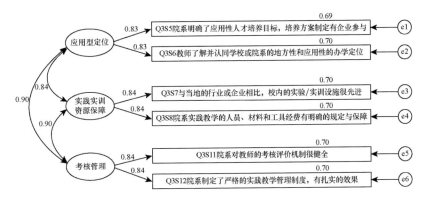

图 3.4 院系组织转型验证性因子分析路径

表 3.7 　　　　　　院系组织转型验证性因子分析拟合指数

	适配标准/临界值	指数值	模型适配判断
Chi-square 卡方	p > 0.05	6.117 （0.410）	×
Df 自由度		6	
RMR 残差均方根	< 0.05	0.003	√
GFI （Goodness-of-fit Index） 拟合优度指数	> 0.90	0.998	√
AGFI （Adjusted GFI） 调整拟合优度指数	> 0.90	0.993	√
PGFI （Parsimony GFI） 简效拟合优度指数	> 0.50	0.285	×
NFI 规范拟合指数	> 0.90	0.998	√
RFI 相对拟合指数	> 0.90	0.996	√
IFI 增值拟合指数	> 0.90	1.000	√
TLI 非规范拟合指数 （NNFI）	> 0.90	1.000	√
CFI 比较拟合指数	> 0.90	1.000	√
RMSEA 平均概似平方误根系数	< 0.05，优良	0.004	√
	< 0.08，良好		

二　教师挂职与培训

本书从教师挂职与培训参与、时长和内容三个方面来测量教师挂职与培训。

挂职与培训参与和时长根据教师问卷的问 8 的 B 部分和问 7 的 A 部分处理得到，问 8 的 B 部分"过去两年您参加到企业或政府部门挂职锻炼的时间为_____月"[①]；问 7 的 A 部分为"在过去两年，您进修和培训的时间约为_____周"。挂职与培训参与根据挂职锻炼和进修培训时间是否为 0 处理得到，时长分别从挂职锻炼月数和进修培训周数进行测量，均为连续变量。

在培训内容方面，从企业生产实践、课程教学两个方面进行测量，均为虚拟变量，来自教师问卷问 7 的 C 部分，原题为"培训内容主要是（可多选）①本专业理论②企业生产实践③课程教学④相关会议"。若教师在该题选择了②企业生产实践，则企业生产实践类培训虚拟变量为 1，否则为 0。[②] 课程教学变量的测量与此类似。表 3.8 为教师挂职与培训的描述统计。

表3.8　　　　　　　教师挂职与培训参与、时长和内容描述统计

	变量	均值	标准差	最小值	最大值
参与	参与挂职锻炼	0.439	0.497	0	1
	参与进修培训	0.886	0.318	0	1
时长	挂职锻炼月数	2.590	5.275	0	100
	进修培训周数	5.025	6.924	0	70
培训内容	企业生产实践	0.231	0.422	0	1
	课程教学	0.548	0.498	0	1

三　校企合作

本书从校企合作的紧密度、稳定性、专业主导权、企业态度积极、主

---

① 刘彦林、郭建如：《院校组织转型对"双师型"教师队伍建设的影响研究——基于地方新建本科院校调查数据的实证分析》，《湖南师范大学教育科学学报》2021 年第 5 期。

② 刘彦林、郭建如：《院校组织转型对"双师型"教师队伍建设的影响研究——基于地方新建本科院校调查数据的实证分析》，《湖南师范大学教育科学学报》2021 年第 5 期。

要依赖协议或平台五个方面来全面衡量校企合作的质量。其中前四个方面来自教师问卷 Q14 量表的 4 个题项，分别为"校企合作的结合非常紧密""校企合作非常稳定""专业在校企合作中掌握主导权""企业对合作培养人才态度积极"，被调查者从"1 很不同意""2 较不同意""3 比较同意""4 非常同意"四个选项中进行选择。[1] 需要说明的是，在组织转型对校企合作的影响的回归中，以初始填写的数值为因变量进行定序罗吉斯特回归。在分类别采用描述统计方式呈现校企合作质量，以及将校企合作作为影响应用型科研和教学行为的自变量时，将这四个变量处理为二元分类变量，处理方法为将选择"1 很不同意""2 较不同意"的处理为 0，将选择"3 比较同意""4 非常同意"的处理为 1。表 3.9 中呈现的是将这四个小题处理为 0—1 变量后的情况。

　　主要依赖协议或平台出自教师问卷第 15 题"您所在专业校企合作主要依赖于_____①教师的私人关系②相关领导的私人关系③互惠双赢协议④行业协会平台"，将选择①或②的处理为 0，选择③或④的处理为 1。经过处理，共得到 5 个二元分类变量。[2] 表 3.9 为校企合作测量变量的描述统计。

表 3.9　　　　　　　　　　校企合作测量变量描述统计

	均值	标准差	最小值	最大值
紧密度	0.802	0.399	0	1
稳定性	0.806	0.395	0	1
专业主导权	0.754	0.431	0	1
企业态度积极	0.793	0.405	0	1
主要依赖协议或平台	0.548	0.498	0	1

四　应用型科研

在应用型科研方面，本书从应用型科研导向和教师应用型项目占比两

---

　　① 郭建如、刘彦林：《地方本科院校组织转型对校企合作影响的实证分析》，《江苏高教》2020 年第 11 期。

　　② 郭建如、刘彦林：《地方本科院校组织转型对校企合作影响的实证分析》，《江苏高教》2020 年第 11 期。

方面进行测量。应用型科研导向的测量又分为学校和教师的科研导向是否为应用型。学校科研导向为应用型根据教师问卷中问 22. B"您校发展科研的导向是＿＿＿＿＿①强调基础研究，看重课题级别，重视学术期刊发表；②偏应用研究，强调获得产业或企业资助；③基础研究与应用型研究并重；④其他"得出，被调查者选择②和③时，学校科研导向为应用型变量处理为 1，选择①④的该变量处理为 0。[①] 教师科研导向为应用型根据教师问卷中问 24"您参与科研活动是因为（可多选）＿＿＿＿＿①回应企业需求②满足考核要求③提高个人学术声誉④满足个人求知欲⑤满足职称晋升要求⑥其他（请说明）＿＿＿＿＿"得出，当样本在该题选择①时，教师科研导向变量处理为 1，其他情况处理为 0。[②]

教师应用型项目占比为连续变量，来自教师问卷第 23 题的 A 部分"过去两年内您参与的科研项目（请填写比例，各项总和100%）：①基础研究＿＿＿＿②应用研究＿＿＿＿③新产品开发＿＿＿＿④技术攻关＿＿＿＿⑤技术咨询＿＿＿＿"，是教师填写的应用研究、新产品开发、技术攻关、技术咨询比例的总和。[③]

表 3.10 为应用型科研测量变量的描述统计。

表 3.10　　　　　　　　　**应用型科研测量变量描述统计**

	均值	标准差	最小值	最大值
学校科研导向为应用型	0.537	0.499	0	1
教师科研导向为应用型	0.270	0.444	0	1
教师应用型项目占比	36.42	39.71	0	100

---

① 刘彦林、郭建如：《推动新建本科院校应用型科研发展的组织路径研究——基于 2017 年"地方高校转型发展"调查的实证分析》，《河北大学学报》（哲学社会科学版）2022 年第 1 期；刘彦林、郭建如：《组织支持对新建本科院校应用型科研的影响研究——转型感知中介效应的视角》，《教育学术月刊》2022 年第 1 期。

② 刘彦林、郭建如：《推动新建本科院校应用型科研发展的组织路径研究——基于 2017 年"地方高校转型发展"调查的实证分析》，《河北大学学报》（哲学社会科学版）2022 年第 1 期。

③ 刘彦林、郭建如：《推动新建本科院校应用型科研发展的组织路径研究——基于 2017 年"地方高校转型发展"调查的实证分析》，《河北大学学报》（哲学社会科学版）2022 年第 1 期；刘彦林、郭建如：《组织支持对新建本科院校应用型科研的影响研究——转型感知中介效应的视角》，《教育学术月刊》2022 年第 1 期。

五　应用型教学

对应用型教学的测量分为课程设置与教学行为的三个维度、教师技术水平与教学质量满意度等方面。课程设置与教学行为的三个维度通过探索性因子分析和验证性因子分析获得。

（一）课程设置与教学行为的探索性因子分析

对问卷第 4 题中关于课程设置和教学行为的题项进行探索性因子分析，得到课程设置的职业就业性、应用复合性和教学行为的学以致用性三个因子。[①] 探索性因子采用的方法为主成分分析法，旋转方法为最大方差法，得到的三个公因子累计解释总方差为 79.75%。题目可靠性分析 Cronbach's Alpha 系数为 0.907，题目信度较好。探索性因子分析的 KMO 值为 0.923，伴随概率为 0.000。探索性因子分析结果如表 3.11 所示。

需要说明的是，笔者在探索性因子分析中经过多次调试，为使得各题项在公因子上的载荷较高且具有一定的区分性，同时提高解释的总方差，删除了一些题项。

表 3.11　　　　　　**课程设置与教学行为探索性因子分析结果**

	题目内容	载荷	Cronbach's Alpha	累计方差贡献率
课程设置——职业就业性	Q4S6 教学内容选取以工作岗位所需要的知识、能力、素质要求为依据	0.769	0.855	31.69
	Q4S7 教学安排遵循应用技术人才培养规律，教学做相结合	0.753		
	Q4S9 课程设置与国家技术考级和职业技能鉴定要求接轨	0.789		
教学行为——学以致用性	Q4S12 我常采取案例教学或项目教学方式，以调动学生学习的积极性	0.812	0.732	57.47
	Q4S14 我常有意识地将应用性研究项目的成果融入课堂教学中	0.784		
课程设置——应用复合性	Q4S1 重视不同学科或专业的交叉融合，强调复合性知识与能力结构	0.851	0.789	79.75
	Q4S2 课程的应用导向突出，实训/应用实践类课程所占比例较大	0.659		

---

① 刘彦林、郭建如：《高校组织转型策略及类型对应用型教学的影响——基于地方本科院校的实证研究》，《河北师范大学学报》（教育科学版）2022 年第 2 期。

（二）课程设置与教学行为的验证性因子分析

笔者采用 Amos 对上述探索性因子分析结果进行验证性因子分析，得到验证性因子分析模型拟合指数，如表 3.12 所示，结果显示模型拟合良好。由表可知，课程设置和教学行为的 3 个公因子模型具有较为理想的拟合度，模型处于可接受的范畴。验证性因子分析后得到的估计结果 CFA 路径图如图 3.5 所示。

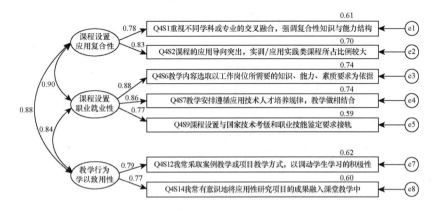

图 3.5　课程设置与教学行为验证性因子分析路径

表 3.12　课程设置与教学行为验证性因子分析拟合指数

	适配标准/临界值	指数值	模型适配判断
Chi-square 卡方	$p > 0.05$	34.581 (0.000)	×
Df 自由度		11	
RMR 残差均方根	<0.05	0.006	√
GFI（Goodness-of-fit Index）拟合优度指数	>0.90	0.990	√
AGFI（Adjusted GFI）调整拟合优度指数	>0.90	0.974	√
PGFI（Parsimony GFI）简效拟合优度指数	>0.50	0.389	×
NFI 规范拟合指数	>0.90	0.992	√
RFI 相对拟合指数	>0.90	0.984	√

续表

	适配标准/临界值	指数值	模型适配判断
IFI 增值拟合指数	>0.90	0.994	√
TLI 非规范拟合指数（NNFI)	>0.90	0.989	√
CFI 比较拟合指数	>0.90	0.994	√
RMSEA 平均概似平方误根系数	<0.05，优良	0.046	√
	<0.08，良好		

（三）教师技术水平与教学质量满意度

教师技术水平根据教师问卷中"Q6A 您所在专业教师队伍应用技术水平_____①很低②较低③一般④较高⑤很高"得到，取值范围为1—5，均值为3.793。

教学质量满意度根据教师问卷中"Q6B 您对所在专业的教学质量满意度总体上_____①不满意②不太满意③一般④较满意⑤很满意"得到，取值范围为1—5，均值为3.955。表3.13 为教师技术水平与教学质量满意度的描述统计。

表3.13　　　　　教师技术水平与教学质量满意度描述统计

	均值	标准差	最小值	最大值
教师技术水平	3.793	0.740	1	5
教学质量满意度	3.955	0.728	1	5

六　控制变量

本书研究的控制变量分为学校特质和教师个体因素两方面。

在学校特质方面，控制升格为本科的年数、院校的性质（是否为私立院校）、是否为转型试点院校，从院校实力、办学体制、政策支持等方面进行了控制，还控制了院校所在省的固定效应，控制了与院校所在省份相关，但不可观测的可能影响应用型转型效果的因素。[①]

在教师个体因素方面，控制了教师的与专业相关的行业企业经验（年）、工作年限、中级以上职称、愿意参加教师挂职与培训和每周教学工作量（小时），从能力、意愿和压力等方面控制了可能影响教师挂职与培训、教学行为的教师个体因素。[②] 考虑到教师个体因素对于校企合作质量和学校科研导向是否为应用型的影响有限，主要作用于教师处于主导地位的教师挂职与培训、教学行为和教师科研等方面，教师个体的控制变量只在以教师挂职与培训、应用型教学、教师科研导向和教师应用型科研项目比例为因变量的回归分析中加入。表 3.14 为控制变量的基本情况。对院校所在省的控制为添加多个虚拟变量，不再在表 3.14 中进行描述统计。

表 3.14　　　　　　　　控制变量描述统计

	变量	均值	标准差	最小值	最大值
学校特质	升格为本科的年数	16.66	11.18	6	65
	私立院校	0.276	0.447	0	1
	转型试点	0.691	0.462	0	1

---

① 郭建如、刘彦林：《地方本科院校组织转型对校企合作影响的实证分析》，《江苏高教》2020 年第 11 期；郭建如、刘彦林：《地方高校向应用型转变中的校院关系与传导机制探析》，《国家教育行政学院学报》2021 年第 1 期；刘彦林、郭建如：《院校组织转型对"双师型"教师队伍建设的影响研究——基于地方新建本科院校调查数据的实证分析》，《湖南师范大学教育科学学报》2021 年第 5 期；刘彦林、郭建如：《推动新建本科院校应用型科研发展的组织路径研究——基于 2017 年"地方高校转型发展"调查的实证分析》，《河北大学学报》（哲学社会科学版）2022 年第 1 期；刘彦林、郭建如：《组织支持对新建本科院校应用型科研的影响研究——转型感知中介效应的视角》，《教育学术月刊》2022 年第 1 期；刘彦林、郭建如：《高校组织转型策略及类型对应用型教学的影响——基于地方本科院校的实证研究》，《河北师范大学学报》（教育科学版）2022 年第 2 期。

② 刘彦林、郭建如：《院校组织转型对"双师型"教师队伍建设的影响研究——基于地方新建本科院校调查数据的实证分析》，《湖南师范大学教育科学学报》2021 年第 5 期；刘彦林、郭建如：《推动新建本科院校应用型科研发展的组织路径研究——基于 2017 年"地方高校转型发展"调查的实证分析》，《河北大学学报》（哲学社会科学版）2022 年第 1 期；刘彦林、郭建如：《组织支持对新建本科院校应用型科研的影响研究——转型感知中介效应的视角》，《教育学术月刊》2022 年第 1 期；刘彦林、郭建如：《高校组织转型策略及类型对应用型教学的影响——基于地方本科院校的实证研究》，《河北师范大学学报》（教育科学版）2022 年第 2 期。

	变量	均值	标准差	最小值	最大值
教师个体因素	与专业相关的行业企业经验（年）	3.929	5.118	0	30
	工作年限	12.80	9.014	0	49
	中级以上职称	0.383	0.486	0	1
	愿意参加教师挂职与培训	0.695	0.460	0	1
	每周教学工作量（小时）	10.91	5.790	0	40

七 学生问卷相关变量

在倾向值匹配部分，本书将根据教师问卷中得到的学校和学院组织转型深入情况匹配到毕业生问卷中，检验转型深入对毕业生能力与素质和就业情况的影响。在能力与素质方面，本书研究选择了与应用型能力相关的专业技术能力、专业素养与态度、职业认知与规划三方面，这三方面来自根据探索性因子分析和验证性因子分析得到的六方面能力与素质。在就业情况方面，本书研究选择了是否就业、就业起薪两个方面来测量就业情况及就业质量。

（一）能力与素质变量

能力与素质量表在已有成熟的学生成就量表的基础上，结合地方本科院校人才培养的特征来进行设计，并对毕业生能力与素质中的核心非认知能力进行了更加具体的分析。经过多次探索性因子分析结果，剔除题项15和题项20，最后得到能力与素质的六个公因子：专业技术能力、专业素养与态度、职业认知与规划、团队协作能力、批判创新能力和沟通表达能力。探索性因子采用的方法为主成分分析方法，旋转矩阵方法为最大方差法，得到的六个公因子累计解释总方差为71.3%，可接受。题目可靠性分析Cronbach's Alpha系数为0.945，题目信度较好。探索性因子分析的KMO检验值为0.965，伴随概率为0.000。探索性因子分析结果如表3.15所示。

表 3.15　　　　　　　毕业生能力与素质探索性因子分析结果

	题目内容	载荷	Cronbach's Alpha	累计方差贡献率
专业技术能力	16. 我为未来的职业掌握了所需的基本理论和专业知识	0.687	0.855	16.589
	17. 我的专业技术应用与实操能力能够满足企业的需要	0.739		
	18. 我总是有兴趣和有能力解决遇到的专业技术难题	0.732		
	19. 我是一个多面手，具有跨专业的复合型知识和技术能力	0.655		
专业素养与态度	1. 我有在专业相关的行业或职业表现出色、获得成功的强烈愿望	0.739	0.803	29.393
	2. 我在工作中会严格遵守专业规范，尊重职业道德	0.804		
	3. 我对分配给我的任务，总能抱以积极的态度，以高质量的标准去完成	0.718		
职业认知与规划	6. 我非常清楚自己适合从事哪种类型的工作	0.694	0.796	41.667
	7. 我已经规划好了毕业后的职业生涯发展	0.751		
	8. 我很清楚行业企业技术情况及对员工的能力要求	0.628		
团队协作能力	12. 我能快速地适应新的任务环境和管理模式	0.665	0.773	52.735
	13. 我能配合团队有效地开展工作，团队协作能力强	0.728		
	14. 我能根据任务合理统筹人财物等资源去达成目标	0.591		
批判创新能力	9. 我能够有效地搜索相关信息，寻求新的知识或解决方案	0.600	0.762	62.967
	10. 我总能提出新颖而有用的办法来解决问题或任务	0.621		
	11. 我不轻信别人的观点，常会审慎考虑或有理有据地进行批判	0.696		
沟通表达能力	4. 我善于组织口头和书面语言，能清晰准确表达自己想法	0.732	0.712	71.332
	5. 我通常能有办法给他人留下好印象，让他人接受自己	0.666		

采用验证性因子分析对上述探索性因子分析结果进行有效性分析，得到验证性因子分析模型拟合指数，如表 3.16 所示。由表可知，能力与素质量表得到的六个公因子模型具有较为理想的拟合度，模型处于可接受范畴。验证性因子分析后得到的估计结果 CFA 路径图，如图 3.6 所示。

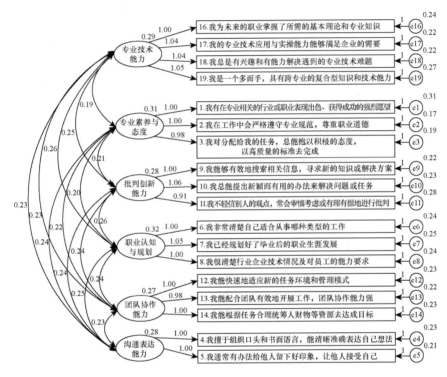

图 3.6　学生能力与素质验证性因子分析路径

（二）就业情况

本书研究选择了是否就业、就业起薪两方面来测量就业情况及就业质量，两个变量的基本情况如表 3.17 所示。

表 3.16　　　　学生能力与素质验证性因子分析模型拟合指数

	适配标准／临界值	指数值	模型适配判断
Chi-square 卡方	p > 0.05	2826.93（p = 0.000）	×

续表

	适配标准/ 临界值	指数值	模型适配判断
Df 自由度		120	
RMR 残差均方根	<0.05	0.015	√
GFI（Goodness-of-fit Index）拟合优度指数	>0.90	0.970	√
AGFI（Adjusted GFI）调整拟合优度指数	>0.90	0.957	√
PGFI（Parsimony GFI）简效拟合优度指数	>0.50	0.681	√
NFI 规范拟合指数	>0.90	0.971	√
RFI 相对拟合指数	>0.90	0.963	√
IFI 增值拟合指数	>0.90	0.972	√
TLI 非规范拟合指数（NNFI）	>0.90	0.964	√
CFI 比较拟合指数	>0.90	0.972	√
RMSEA 平均概似平方误根系数	<0.05，优良 <0.08，良好	0.047	√

表 3.17　　　　　　　　　　学生就业情况描述统计

	均值	标准差	最小值	最大值
是否就业	0.499	0.500	0	1
就业起薪	3848	2286	1000	20000

第六节　研究方法

本书主要采用定量分析方法，具体而言主要采用描述统计、因子分析、多元线性回归模型、二元及定序罗吉斯特模型、多层线性模型、倾向值匹配和结构方程模型等方法。

一　描述统计

描述统计是最基础的定量分析，能够直观地反映出变量整体的分布特点，及自变量与因变量之间的简单关系。本书在回归分析前，对各自变量、因变量的均值、标准差、最小值、最大值进行了描述统计，还分院校类型、分地区呈现了组织转型、应用型科研、课程设置及教学行为方面的对比分析，并采用卡方检验、独立样本 T 检验、方差分析检验了不同类别之间的差异是否显著，采用简单相关系数检验组织转型和应用型科研各测量变量、课程设置及教学行为之间是否存在显著的相关关系。本书中描述统计采用 Stata 13 完成。

二 因子分析

本书的学校组织转型的五个维度、院系组织转型的四个维度、课程设置及教学行为的三个方面、毕业生能力与发展的六个方面（本书研究中只选用了其中三个方面）均由探索性因子分析得到，并通过了验证性因子的检验。探索性因子分析通过提取公因子，最大程度保留了原来众多题项涵盖的信息，并达到降维的目的，验证性因子分析通过各种指标帮助检验探索性因子分析得到的结果是否合理有效。本书中探索性因子分析通过 SPSS 20 完成，验证性因子分析通过 Amos 20 完成。

三 多元线性回归模型

现实问题中，因变量的变化常常受到多种因素的影响，需要采用两种或两种以上的自变量来解释因变量的变化，当多个自变量和因变量之间呈现线性关系时，该多元回归又被称为多元线性回归模型。本书在组织转型对课程设置及教学行为的影响、组织转型对教师应用型项目占比的影响研究部分，采用了多元线性回归模型，均采用 Stata 13 完成。

四 二元罗吉斯特和定序罗吉斯特模型

当因变量为二元分类变量或定序分类变量时，可以采用二元罗吉斯特或定序罗吉斯特模型进行研究。本书在组织转型对应用型科研导向及校企合作质量的影响研究部分，采用了二元罗吉斯特和定序罗吉斯特研究方法，均采用 Stata 13 完成。

五 多层线性模型

在教育研究领域中，学生嵌套于特定的班级、专业中，班级和专业又嵌套于学院之中，学院再嵌套在不同的学校中。传统线性模型的基本假设是线性、正态、方差齐性和独立，在层层嵌套的情况下，方差齐性和独立两个基本假设受到挑战，因为同在一个班级或专业的学生很可能比不在一个班级或专业的学生在很多情况下更加类似，即方差更小。采用多层线性模型可以解决这样的问题。本书在学校组织转型影响院系组织转型、组织转型维度影响应用型科研与教学三组分析中采用多层线性模型进行分析，分为随机截距模型和全模型两种，均采用 Stata 13 完成。

六 结构方程模型

组织转型包含多种要素的复杂过程，对组织转型影响机制的分析会遇到不可直接观测变量、多个原因的难题，采用结构方程模型可以很好地解决这些难题。在组织转型内在机制、组织转型对应用型科研、应用型教学的影响机制研究部分，本书采用结构方程模型方法，该部分采用 Amos 20 完成。

七 倾向值匹配

多元线性回归和罗吉斯特回归呈现的是相关关系，要想使估计值有因果效应的解释，必须满足条件独立性假设或条件均值独立性假设。倾向值匹配的基本思想是对于干预组个体，在控制组中寻找特征相似的控制组个体与之匹配，从而用控制组个体的结果来估计干预组个体的反事实结果。[1] 在学校转型深入、院系转型深入对教师科研及教学、学生能力与就业的研究部分，本书采用倾向值匹配方法，该部分采用 Stata 13 完成。

---

① 赵西亮：《基本有用的计量经济学》，北京大学出版社 2017 年版，第 77 页。

第四章

新建本科院校组织转型现状及机制研究

　　组织转型是本书关注的核心变量，本章按照组织转型维度—组织转型深入程度—影响因素—影响机制的顺序，层层深入，逐步呈现组织转型现状及学校对院系组织转型的影响机制。第一节首先采用描述统计的方法介绍不同院校类型、不同地区新建本科院校的学校和院系组织转型各维度情况。第二节从深入程度的角度介绍不同院校类型、不同地区新建本科院校的学校和院系的组织转型深入程度，并将学校、院系转型深度结合到一起，总结为四个转型类型。第三节采用多元线性回归模型、多层线性模型探索学校组织转型各维度对院系组织转型各维度的影响。第四节采用结构方程模型揭开学校组织转型对院系组织转型的影响机制。

第一节　新建本科院校学校和院系的
组织转型维度情况

　　在进行组织转型对应用型科研与教学的影响研究之前，应该先深入了解和把握新建本科院校学校与院系组织转型的情况。依照前文交代的因子分析的方法，将学校转型提取出理念规划与资源匹配、应用型定位与专业设置、重视实践教学与教学改革、校企合作指导激励制度和行政推动与严格考核五个因子，契合了组织的定位、规划、策略、制度、领导风格五个方面。根据前文交代的因子分析方法，在院系转型层面提取了应用型定位、实践实训资源保障、学习型团队建设、考核管理四个因子，契合了定位、资源、人员、制度四个方面。本节分院校类型和地区呈现学校和院系组织转型维度现状，直观把握不同院校类型、不同地区新建本科院校在学校和院系的组织转型上呈现的特点。

一　学校组织转型维度情况

本书根据之前探索性因子分析和验证性因子分析结果得到学校组织转型的五个维度，下面将介绍不同院校类型和不同地区新建本科院校学校组织转型各维度的情况。

（一）不同院校类型的学校转型维度情况

分院校类型计算两类院校学校领导转型的五个维度因子得分均值，并进行绘图，得到图4.1。

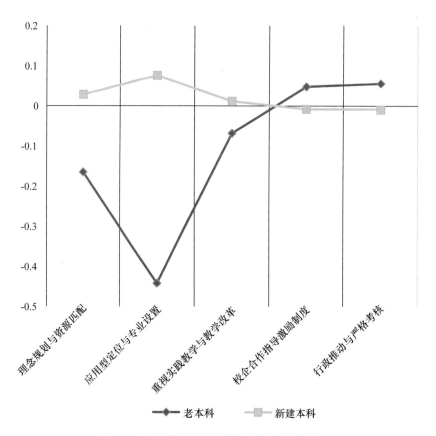

图4.1　不同类型院校学校组织转型维度情况

资料来源：郭建如、刘彦林：《地方普通本科院校向应用型转型的进展及其效果——基于组织转型的视角》，《职业技术教育》2021年第9期。

根据图4.1，两类院校在应用型定位与专业设置维度差异最大，其次为理念规划与资源匹配。新建本科院校在理念规划与资源匹配、应用型定位与专业设置和重视实践教学与教学改革三个维度表现相对更好，定位与规划上已经开始转变，但是制度建设与政策执行（校企合作指导激励制度和行政推动与严格考核）上弱于老本科院校。老本科院校在校企合作指导激励制度和行政推动与严格考核两个维度表现相对更好，在政策执行、制度建设上优势明显。独立样本 t 检验结果显示两类院校在理念规划与资源匹配、应用型定位与专业设置两方面存在显著差异。

（二）不同地区新建本科院校学校转型维度情况

应用型转型主要发生在新建本科院校，新建本科院校也是本次调查院校的主体。因此接下来笔者专门对新建本科院校进行分析，探索新建本科院校中不同地区之间学校转型情况的差异。图 4.2 呈现了不同地区新建本科科院校学校转型维度情况。

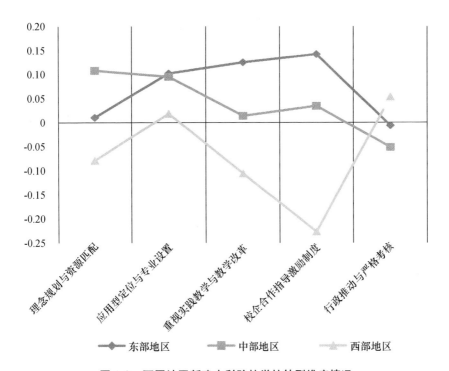

图 4.2　不同地区新建本科院校学校转型维度情况

资料来源：郭建如、刘彦林：《地方普通本科院校向应用型转型的进展及其效果——基于组织转型的视角》，《职业技术教育》2021 年第 9 期。

根据图4.2，整体而言东部地区学校转型表现相对最好，中部地区居中，西部地区在除行政推动与严格考核外的四个维度均表现相对最差。东部地区在应用型定位与专业设置、重视实践教学与教学改革和校企合作指导激励制度三个维度表现最好，中部地区在理念规划与资源匹配维度表现最好，西部地区在行政推动与严格考核维度表现最好。

东中西部地区在校企合作指导激励制度维度，即落实环节差异最大。不同地区新建本科院校在行政推动与严格考核维度差异最小。

单因素方差分析结果显示不同地区新建本科院校在理念规划与资源匹配、重视实践教学与教学改革、校企合作指导激励制度方面存在显著差异。

二　院系组织转型维度情况

和学校组织转型维度情况的介绍一样，对院系组织转型维度的介绍也采用不同院校类型、不同地区新建本科院校对比的方法。

（一）不同院校类型的院系组织转型情况

图4.3呈现了老本科院校和新建本科院校在院系组织转型四个维度方面的均值。

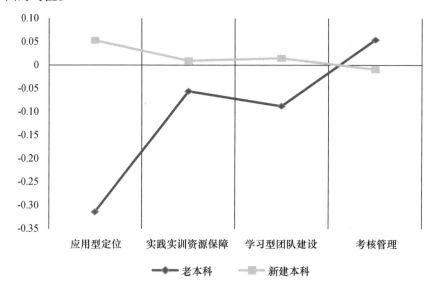

图4.3　不同类型院校院系组织转型情况

资料来源：郭建如、刘彦林：《地方普通本科院校向应用型转型的进展及其效果——基于组织转型的视角》，《职业技术教育》2021年第9期。

　　根据图4.3可以看出，新建本科院校院系的应用型定位远远强于老本科院校，实践实训资源保障和学习型团队建设也比老本科院校做得更好。老本科院校的考核管理做得相对更好，在制度建设与落实层面有一定优势。两类院校在应用型定位上差异最大，在考核管理方面差异最小。独立样本 t 检验结果显示两类院校在应用型定位方面存在显著差异。

　　（二）不同地区新建本科院校组织转型维度情况

　　图4.4呈现了不同地区新建本科院校院系转型维度情况，不难发现，东部地区新建本科院校在应用型定位、实践实训资源保障两方面表现相对最好。中部地区新建本科院校在学习型团队建设和考核管理制度方面表现相对最好。西部地区新建本科院校在院系组织转型的各个方面均表现相对最差，尤其在学习型团队建设和考核管理制度两方面与东中部地区相比劣势明显。东中西部地区在院系转型的实践实训资源保障方面差异最小，在考核管理方面差异最大。整体来看，院系贯彻落实应用型转型举措的过程中，资源保障方面都做得较好，能否保持学习，打造学习型团队，借助考核管理制度的力量贯彻落实学校的规划与要求成为院系应用型转型的关键。

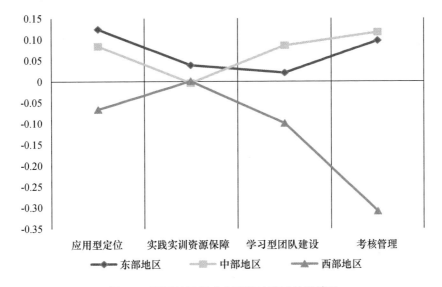

图4.4　不同地区新建本科院校院系转型情况

　　资料来源：郭建如、刘彦林：《地方普通本科院校向应用型转型的进展及其效果——基于组织转型的视角》，《职业技术教育》2021年第9期。

单因素方差分析结果显示不同地区的新建本科院校在除实践实训资源保障外的其他三个院系转型维度均存在显著性差异。

第二节 地方本科院校组织转型深入程度

第一节中笔者将院校的组织转型分别按学校组织转型和院系组织转型分成了几个维度，在第二节中，将从学校和院系组织转型的深入程度来进一步刻画地方本科院校组织转型的情况。

一 学校组织转型深入程度

（一）划分标准

本书在抽样时对代表性进行了充分考虑，在院校方面涵盖新建本科转型试点和新建本科非转型试点院校，地区分布合理；在专业方面抽样专业主要集中于计算机类、电气类、机械类、信息工程类、化学与工程类、工商管理类、会计学类、新闻传媒类、艺术设计类等应用性专业，同时尤其注重调查卓越工程项目专业、省级/校级综合改革试点或人才培养模式改革试点专业，对各个院校选择的专业采取整群抽样。因此在无法获得全样本和随机抽样调查数据的情况下，本书认为"2017 年地方本科院校转型发展调查"教师数据能够较好地反映新建本科院校组织转型情况，可以以此为依据作为转型深入程度划分的尝试，之后可以收集更客观全面的数据进行分析。为了增强样本的可比性，本书选择 32 所新建本科院校进行转型深入程度和转型类型的划分。

笔者首先分学校将各个学校教师所有关于学校转型的题项求平均值，每个学校都可以得到一个关于学校组织转型的均值，然后以中位数为依据，将 32 所新建本科院校分为学校转型非常深入与较不深入两类。[1] 即

---

[1] 郭建如、刘彦林：《地方本科院校组织转型对校企合作影响的实证分析》，《江苏高教》2020 年第 11 期；郭建如、刘彦林：《地方普通本科院校向应用型转型的进展及其效果——基于组织转型的视角》，《职业技术教育》2021 年第 9 期；刘彦林、郭建如：《推动新建本科校应用型科研发展的组织路径研究——基于 2017 年"地方高校转型发展"调查的实证分析》，《河北大学学报》（哲学社会科学版）2022 年第 1 期；刘彦林、郭建如：《院校组织转型对"双师型"教师队伍建设的影响研究——基于地方新建本科院校调查数据的实证分析》，《湖南师范大学教育科学学报》2021 年第 5 期；刘彦林、郭建如：《高校组织转型策略及类型对应用型教学的影响——基于地方本科院校的实证研究》，《河北师范大学学报》（教育科学版）2022 年第 2 期。

如果该校学校组织转型的均值在全样本学校组织转型的中位数及以上，则认为该校的学校组织转型非常深入，如果在中位数以下，则认为该校学校组织转型较不深入。[①] 由于根据中位数进行深入程度的划分，学校转型深入与不深入的样本各占一半。

学校组织转型均值的中位数为3.37，划分后有18所院校为学校转型不深入，教师样本占比48.24%，14所院校学校转型深入，教师样本占比51.76%。

（二）分地区对比分析

表4.1呈现了不同地区新建本科院校学校转型深入的情况。根据表4.1，中部地区新建本科院校学校组织转型深入的比例最高，达到54.55%，西部地区最低，仅为33.33%，东部地区新建本科院校中学校组织转型深入的比例居中，占41.67%。

表4.1　　　　不同地区新建本科院校学校组织转型深入情况　　（单位：所，%）

	学校组织转型深入	学校组织转型不深入	学校组织转型深入比例
东部	5	7	41.67
中部	6	5	54.55
西部	3	6	33.33

资料来源：郭建如、刘彦林：《地方普通本科院校向应用型转型的进展及其效果——基于组织转型的视角》，《职业技术教育》2021年第9期。

二　院系组织转型深入程度

（一）划分标准

与学校组织转型深入程度的划分类似，笔者分学院分别计算各学院涉

---

① 郭建如、刘彦林：《地方本科院校组织转型对校企合作影响的实证分析》，《江苏高教》2020年第11期；郭建如、刘彦林：《地方普通本科院校向应用型转型的进展及其效果——基于组织转型的视角》，《职业技术教育》2021年第9期；刘彦林、郭建如：《推动新建本科院校应用型科研发展的组织路径研究——基于2017年"地方高校转型发展"调查的实证分析》，《河北大学学报》（哲学社会科学版）2022年第1期；刘彦林、郭建如：《院校组织转型对"双师型"教师队伍建设的影响研究——基于地方新建本科院校调查数据的实证分析》，《湖南师范大学教育科学学报》2021年第5期；刘彦林、郭建如：《高校组织转型策略及类型对应用型教学的影响——基于地方本科院校的实证研究》，《河北师范大学学报》（教育科学版）2022年第2期。

及院系组织转型题项的均值，然后以院系转型题项均值的中位数为界，将各学院划分为院系组织转型深入与不深入两类。[①] 若该学院院系转型均值在中位数及以上，则认为该学院院系组织转型深入，若该学院院系转型均值在中位数以下，则认为该学院院系组织转型不深入。[②] 由于根据中位数进行深入程度的划分，因此院系组织转型深入与不深入的教师样本各占一半左右。

各学院的院系组织转型均值的中位数为 3.31，略低于学校组织转型均值的中位数。经过处理，共有 64 所学院的院系组织转型深入，院系组织转型深入的教师样本占比 51.12%，共有 72 所学院的院系组织转型不深入，院系组织转型不深入的教师样本占比 48.88%。

（二）分地区对比分析

分别计算不同地区新建本科院校院系组织转型深入与不深入的学院数量，以及院系组织转型深入的学院数占比，得到表4.2。

表4.2　　　**不同地区新建本科院校院系组织转型深入情况**　　　（单位：所，%）

	院系组织转型深入	院系组织转型不深入	院系组织转型深入比例
东部	23	18	56.10
中部	29	29	50.00
西部	12	25	32.43

资料来源：郭建如、刘彦林：《地方普通本科院校向应用型转型的进展及其效果——基于组织转型的视角》，《职业技术教育》2021 年第 9 期。

通过上表可以发现东部地区各学院的院系组织转型深入比例最高，达到 56.10%，中部地区次之，达到 50.00%，西部地区最低，仅为 32.43%，与东中部地区差距较大。

结合不同地区学校组织转型深入占比来看，中部地区新建本科院校更多处于学校自上而下推动阶段，学校组织转型深入的比例更高，而东部地

① 郭建如、刘彦林：《地方本科院校组织转型对校企合作影响的实证分析》，《江苏高教》2020 年第 11 期。

② 郭建如、刘彦林：《地方本科院校组织转型对校企合作影响的实证分析》，《江苏高教》2020 年第 11 期。

区新建本科院校更多处于院系自发或贯彻落实阶段，院系转型深入的比例更高。西部地区无论是学校还是院系，转型深入的都不多。

三　组织转型类型

前文分别呈现了学校组织转型深入情况、院系组织转型情况，笔者进一步将学校组织转型深入与院系转型深入联系起来，表4.3呈现了新建本科院校学校转型深入和院系转型深入的交叉表。

表4.3　　新建本科院校学校和院系的组织转型深入程度之间的关系（单位:%）

	学校组织转型不深入的学校	学校组织转型深入的学校
院系组织转型深入的学院占比	20.43	42.06

根据表4.3，在学校组织转型不深入的学校中，仅有20.43%的学院（按学院数而非教师数统计）院系组织转型深入，在学校组织转型深入的学校中，42.06%的学院（按学院数而非教师数统计）院系组织转型深入，可见院系组织转型深入程度与学校组织转型深入程度比较相关，在学校组织转型的推动和支持下，院系组织转型深入的比例更高。新建本科院校子样本学校组织转型深入与院系组织转型深入的Spearman相关系数为0.48，在0.01的显著性水平上显著。

从学校转型是否深入、院系转型是否深入两个维度衡量所有院系，可以将调查的院系分为学校院系均转型深入、仅学校转型深入、仅院系转型深入、学校院系均转型不深入四种类型。[①] 在新建本科样本中，四种转型类型的样本分布如表4.4所示。

---

① 郭建如、刘彦林：《地方本科院校组织转型对校企合作影响的实证分析》，《江苏高教》2020年第11期；郭建如、刘彦林：《地方普通本科院校向应用型转型的进展及其效果——基于组织转型的视角》，《职业技术教育》2021年第9期；刘彦林、郭建如：《推动新建本科院校应用型科研发展的组织路径研究——基于2017年"地方高校转型发展"调查的实证分析》，《河北大学学报》（哲学社会科学版）2022年第1期；刘彦林、郭建如：《院校组织转型对"双师型"教师队伍建设的影响研究——基于地方新建本科院校调查数据的实证分析》，《湖南师范大学教育科学学报》2021年第5期；刘彦林、郭建如：《高校组织转型策略及类型对应用型教学的影响——基于地方本科院校的实证研究》，《河北师范大学学报》（教育科学版）2022年第2期。

表 4.4　　　　　　　　　　　**转型类型分布**　　　　　　　　（单位：%）

	频数	占比
学校院系均转型深入	482	38.50
仅学校转型深入	166	13.26
仅院系转型深入	158	12.62
学校院系均转型不深入	446	35.62
总计	1252	100

资料来源：郭建如、刘彦林：《地方本科院校组织转型对校企合作影响的实证分析》，《江苏高教》2020年第11期；刘彦林、郭建如：《院校组织转型对"双师型"教师队伍建设的影响研究——基于地方新建本科院校调查数据的实证分析》，《湖南师范大学教育科学学报》2021年第5期；刘彦林、郭建如：《高校组织转型策略及类型对应用型教学的影响——基于地方本科院校的实证研究》，《河北师范大学学报》（教育科学版）2022年第2期。

根据表4.4，学校和院系的转型深入程度具有较高的一致性，调查样本中38.50%的教师位于学校院系均转型深入的学院，35.62%的教师位于学校院系均转型不深入的学院，位于学校院系转型不一致的学院的教师占比较小。

表4.5呈现了不同转型类型的学院数量。

表 4.5　　　　　　　　**不同转型类型学院数量**　　　　　　（单位：所）

	学院数量
学校院系均转型深入	45
仅学校转型深入	17
仅院系转型深入	19
学校院系均转型不深入	55
总计	136

从学院数量来看，同样呈现出学校院系均转型深入和学校院系均转型不深入的学院数量较多的趋势，学校和院系的组织转型深入程度具有较高的一致性。

第三节　学校组织转型维度对院系组织转型的影响

根据组织理论，学校层级高于院系，学校的规划、资源、制度等导向会影响院系的组织转型。本章笔者将采用多层线性模型检验学校组织转型各维度对院系组织转型各维度的影响。

学校组织转型的各个维度各有侧重，如果转型举措有效，会在院系有所体现。根据这样的思路，笔者提出以下三个子假设。

假设 1.1：学校组织转型各维度有助于促进院系各维度组织转型。

假设 1.2：学校的应用型定位对院系的应用型定位影响最大。

假设 1.3：学校的校企合作指导激励制度对院系考核管理影响最大。

在本书中，教师嵌套于学院，再嵌套于学校中。传统线性模型的基本假设是线性、正态、方差齐性和独立，在这样嵌套的情况下，方差齐性和独立两个基本假设受到挑战，因为同在一所学校的教师很可能比不在同一所学校的教师在很多情况下更加类似，即方差更小。多层线性模型可以对组内个体进行分析得到组内效应，通过平均或整合第一层中的个体数据，得到组间效应，并对所有数据进行分析得到总效应。

运用多层线性模型对样本容量有一定要求，Kreft 运用模拟技术进行分析后，建议采用30/30 准则，即 30 个组，每组 30 个观测值。[①] 张璇等利用数据模拟方法，提出多层线性模型参数估计的可靠性很大程度上依赖于组数和组内样本量，对于固定效应参数γ的估计，组数取 30 就可以得到可靠的参数估计。[②] 本书共有 32 所新建本科院校，每所院校平均37.7 位教师，符合 30/30 准则。调查数据中共有 136 个学院，每个学院平均8.9 位教师，组内样本量较少。为了得到稳定的估计结果，笔者仅对数据按学校进行多层线性模型分析，没有添加学院层。

根据分析需要，笔者首先对学校和院系的组织转型维度进行中心化处理，处理方法为原始值 – 该变量均值。在分析之前，首先进行了零模型检验，检验数据在学校层的差异是否足够大，适合采用多层线性模型。零模

①　I. G. G. Kreft，"Are Multilevel Techniques Necessary? An Overview, Including Simulation Studies"，Working Paper，1996，pp. 2 – 19.

②　张璇、王嘉宇：《关于分层线性模型样本容量问题的研究》，《统计与决策》2010 年第 15 期。

型公式如下：

$$Level1 \ Y_{ij} = \beta_{0j} + r_{ij} \qquad （式4.1）$$

$$Level2 \ \beta_{0j} = \gamma_{00} + \mu_{0j} \qquad （式4.2）$$

β_{0j} 表示第 j 个二层单位 Y 的平均值；r_{ij} 表示第 j 个二层单位 Y 的变异；γ_{00} 指所有二层单位 Y 的总体平均数；μ_{0j} 指第二层方程的残差。

表4.6 呈现了学校组织转型影响院系组织转型的零模型检验结果。根据表4.6 零模型结果，虽然所有零模型结果都显示 P 值很小，适合做多层线性模型，但是实践实训资源保障的跨级相关系数只有 3.03%，较小，不太适宜进行多层分析，因此下文仅对前三个变量进行多层线性模型分析。首先采用随机截距模型，公式如下：

$$Level1 \ Y_{ij} = \beta_{0j} + \beta_{1j} X_{ij} + r_{ij} \qquad （式4.3）$$

$$Level2 \ \beta_{0j} = \gamma_{00} + \mu_{0j} \qquad （式4.4）$$

$$\beta_{1j} = \gamma_{10} + \mu_{1j} \qquad （式4.5）$$

表4.6　　　　　　**学校组织转型影响院系组织转型零模型结果**

	稳健性标准误	p 值	跨级相关系数
院系——应用型定位	0.020	0.0000	5.83%
院系——学习型团队建设	0.017	0.0000	4.49%
院系——考核管理	0.024	0.0000	7.42%
院系——实践实训资源保障	0.014	0.0003	3.03%

随机截距模型第二层没有预测变量，但是和传统的多元线性回归分析相比，第一层的 β_{0j} 和 β_{1j} 随机不固定，旨在寻找第一层的截距和斜率在第二层单位上的变异。

笔者在第一层控制院校升本时长、学校性质、是否为转型试点院校以及院校所在省固定效应的基础上，加入学校组织转型维度。表4.7 呈现了学校组织转型维度影响院系组织转型的随机截距模型分析结果。随机截距模型分析结果与多元线性回归模型结果差异不大，根据结果可以发现：（1）学校组织转型各维度表现较好，有助于院系组织转型的应用型定位、学习型团队建设、考核管理，假设 1.1 得到检验；（2）学校组织转型维度对院系相应维度影响最大，学校应用型定位对院系应用型定位影响最大，学校重视实践教学与教学改革对院系学习型团队建设影响最大，学校校企合作指导激励制度对院系考核管理影响最大，假设1.2、假设1.3得到检验。

表4.7 学校组织转型维度影响院系组织转型的随机截距模型分析结果

	院系——应用型定位	院系——学习型团队建设	院系——考核管理
学校——理念规划与资源匹配	0.16 *** (0.02)	0.31 *** (0.03)	0.12 *** (0.03)
学校——应用型定位与专业设置	0.42 *** (0.02)	0.05 ** (0.03)	0.15 *** (0.03)
学校——重视实践教学与教学改革	0.10 *** (0.02)	0.43 *** (0.02)	0.22 *** (0.03)
学校——校企合作指导激励制度	0.34 *** (0.02)	0.06 ** (0.02)	0.31 *** (0.03)
学校——行政推动与严格考核	0.04 * (0.02)	0.08 *** (0.02)	0.08 *** (0.03)
升本时长	−0.02 (0.01)	0.01 (0.01)	0.01 (0.01)
私立院校（公办院校）	−0.08 (0.09)	0.06 (0.10)	0.09 (0.11)
转型试点院校（非试点院校）	−0.03 (0.09)	0.05 (0.10)	−0.10 (0.11)
院校所在省固定效应	是	是	是
截距	0.35 (0.21)	−0.28 (0.25)	−0.22 (0.27)
样本量	1158	1158	1158
组数	32	32	32

注：1. 样本限定在新建本科院校；2. 括号内为虚拟变量基准组和标准误；3. *** $p < 0.01$，** $p < 0.05$，* $p < 0.1$。

在随机截距模型之后，笔者进一步采用全模型进行分析，为简化公式，以第二层只加入一个预测变量为例，全模型公式如下：

$$Level\ 1\quad Y_{ij} = \beta_{0j} + \beta_{1j} X_{1ij} + r_{ij}\qquad\text{（式4.6）}$$

$$Level\ 2\quad \beta_{0j} = \gamma_{00} + \gamma_{01} W_{1j} + \mu_{0j}\qquad\text{（式4.7）}$$

$$\beta_{1j} = \gamma_{10} + \gamma_{11} W_{1j} + \mu_{1j}\qquad\text{（式4.8）}$$

β_{0j} 为与第二层单位 j 有关的第一层的截距，β_{1j} 为与第二层单位 j 有关的第一层的斜率，γ_{00} 为所有第二层单位的总体平均数，γ_{10} 为所有第二层单位在第一层的斜率的总体平均数，W_{1j} 为第二层预测变量，γ_{01} 与 γ_{11} 为相关回归斜率，μ_{0j} 和 μ_{1j} 为残差或随机项。

在全模型中，第一层加入院校所在省虚拟变量，第二层加入学校组织转型维度、学校性质、升本时长、是否为转型试点院校。表4.8呈现了学校组织转型维度影响院系组织转型的全模型分析结果，全模型分析结果与随机截距模型结果近似，除了学校行政推动与严格考核对院系学习型团队建设没有显著影响外，其他学校组织转型维度均对院系组织转型各维度有正向显著作用，而且学校组织转型维度对院系相应维度的影响最大，学校应用型定位与专业设置对院系应用型定位的影响最大，学校重视实践教学与教学改革对院系学习型团队建设影响最大，学校校企合作指导激励制度对院系考核管理制度影响最大。

表4.8   学校组织转型维度影响院系组织转型的全模型分析结果

	院系——应用型定位	院系——学习型团队建设	院系——考核管理
学校——理念规划与资源匹配	0.17 *** (0.03)	0.26 *** (0.04)	0.17 *** (0.05)
学校——应用型定位与专业设置	0.41 *** (0.03)	0.06 * (0.03)	0.14 *** (0.03)
学校——重视实践教学与教学改革	0.13 *** (0.03)	0.40 *** (0.04)	0.26 *** (0.04)
学校——校企合作指导激励制度	0.32 *** (0.03)	0.13 *** (0.04)	0.30 *** (0.03)
学校——行政推动与严格考核	0.05 * (0.03)	0.04 (0.04)	0.09 *** (0.03)

续表

	院系——应用型定位	院系——学习型团队建设	院系——考核管理
升本时长	-0.02 (0.01)	0.02 (0.01)	0.01 (0.02)
私立院校（公办院校）	0.03 (0.09)	0.05 (0.09)	-0.02 (0.12)
转型试点院校（非试点院校）	-0.03 (0.07)	0.09 (0.08)	-0.11 (0.10)
院校所在省固定效应	是	是	是
截距	0.22 (0.21)	-0.28 (0.23)	-0.11 (0.29)
样本量	1158	1158	1158
组数	32	32	32

注：1. 样本限定在新建本科院校；2. 括号内为虚拟变量基准组和标准误；3. *** p < 0.01，** p < 0.05，* p < 0.1。

第四节　学校和院系组织转型的内在影响机制

前文采用回归模型检验了学校组织转型各维度对院系组织转型的影响，为了进一步验证地方本科院校组织转型内部的影响机制，探索学校组织转型各维度对院系组织转型各维度的影响机制，笔者进一步采用结构方程模型进行分析。

根据高层级影响低层级，思想理念影响资源与制度等基本思想，本书将检验以下假设。

假设1.1：学校组织转型各维度有助于促进院系各维度组织转型。

假设1.4：[①]学校层面思想影响行动，定位与规划影响制度。

假设1.5：院系层面考核管理影响实践实训资源保障。

一　模型适配度

笔者根据以上假设绘制初始路径，根据软件汇报的调整参考逐步修改，最后删去不显著的路径及因素，得到最终的结构方程模型结果，模型

---

① 假设1.2、假设1.3已经在前文出现并检验过。

适配情况如表4.9所示。

值得注意的是，学校组织转型中的行政推动与严格考核，院系组织转型中的学习型团队建设由于与其他因素之间没有显著的路径关系，最终被删掉。

表4.9　　　　　　　　　组织转型内部影响机制拟合情况

	主要适配指标	指标值	适配标准	适配判断
其他适配度	适配度指标值 GFI	0.954	> = 0.95	优良
比较适配度	比较适配度指标 CFI	0.978	> = 0.95	优良
简约适配度	简约调整 GFI PGFI	0.659	> 0.5	优良

资料来源：郭建如、刘彦林：《地方高校向应用型转变中的校院关系与传导机制探析》，《国家教育行政学院学报》2021年第1期。

二　模型结果

表4.10和图4.5分别汇报、呈现了结构方程模型中学校和院系组织转型各因素之间的影响关系。

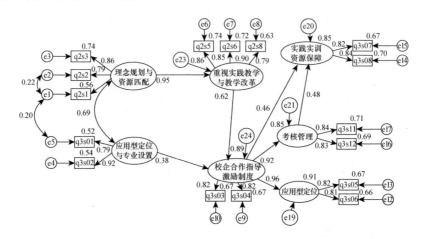

图4.5　组织转型内部影响机制路径

注：各转型维度对应的题项与前文回归分析时探索性因子分析、验证性因子分析结果一致。

资料来源：郭建如、刘彦林：《地方高校向应用型转变中的校院关系与传导机制探析》，《国家教育行政学院学报》2021年第1期。

表 4.10　　　　　　　　　　　组织转型内部影响路径及系数

影响路径			标准化系数	标准误	临界比值	p 值
重视实践教学与教学改革	←	理念规划与资源匹配	0.951	0.053	23.35	***
校企合作指导激励制度	←	应用型定位与专业设置	0.381	0.039	10.59	***
校企合作指导激励制度	←	重视实践教学与教学改革	0.624	0.035	17.18	***
考核管理	←	校企合作指导激励制度	0.923	0.037	25.89	***
应用型定位	←	校企合作指导激励制度	0.956	0.032	25.93	***
实践实训资源保障	←	考核管理	0.478	0.118	4.31	***
实践实训资源保障	←	校企合作指导激励制度	0.460	0.119	4.25	***

资料来源：郭建如、刘彦林：《地方高校向应用型转变中的校院关系与传导机制探析》,《国家教育行政学院学报》2021 年第 1 期。

根据图 4.5，在学校对院系组织转型的影响方面，学校的校企合作指导激励制度影响院系的实践实训资源保障、考核管理和应用型定位，而且对院系的应用型定位和考核管理影响更大，部分验证了假设 1.1，说明院系的应用型定位等方面主要受学校层面的制度影响，学校层面的理念规划、应用型定位、重视实践教学与教学改革对院系组织转型的影响有限。

在学校组织转型层面，理念规划与资源匹配影响重视实践教学与教学改革，应用型定位与专业设置和重视实践教学与教学改革影响校企合作指导激励制度，验证了学校组织转型层面存在理念思想影响实践行动的影响关系，部分验证了假设 1.4。

在院系组织转型层面，考核管理影响实践实训资源保障，假设 1.5 得到验证，说明实践实训资源保障的加强需要强有力的考核管理制度，监督与强制更能推动院系层面实践实训资源保障环节的加强。

表 4.11 呈现了组织转型内部影响机制的总效应。在学校组织转型内部影响中，重视实践教学与教学改革受到理念规划与资源匹配的影响系数为 0.951，校企合作指导激励制度受到应用型定位与专业设置的影响为 0.381，受到理念规划与资源匹配的影响为 0.594，受到重视实践教学与教学改革的影响为 0.624。校企合作指导激励制度作为推动应用型转型的重要指导性文件，受重视实践教学与教学改革的影响最大，说明应用型转型指导性文件的制定受

思想定位的影响有限，还需要匹配相应的资源，配合相应的实际举措。

在学校组织转型对院系组织转型的影响方面，学校层面应用型定位与专业设置、理念规划与资源匹配、重视实践教学与教学改革、校企合作指导激励制度对院系应用型定位的影响依次增大，分别为 0.364、0.568、0.597、0.956，说明学校层面提供的资源保障以及具体教改举措比定位的影响更大。学校层面组织转型各维度对考核管理和实践实训资源保障的影响同样呈现出学校定位对院系组织转型影响小，资源匹配、具体举措和实际的制度更能推动院系组织转型的规律。

学校层面校企合作指导激励制度对院系组织转型影响较大的原因还在于能够降低转型的不确定性，消除教师的顾虑，消除转型阻力。Dent 和 Goldberg 总结了组织变革的阻力，包括经验、惰性、误解、利益上的原因、缺少信任、害怕失败、个人冲突、贫乏的训练、对工作地位或安全性的威胁、工作团队的解散、害怕不好的结果、变革故障、不确定性等。[1] 常青将阻碍组织转型的阻力主要总结为组织惯性或路径依赖，心理接受和心理防卫的阻力，利益再分配的阻力，成本效益计算的阻力和传统继承与新观念认知的阻力。[2] 不能认知收益也是组织转型的阻力之一。[3] 校企合作指导激励制度中指导制度为教师行动指明了方向，激励制度明确了行动的积极后果，充分调动教师转型的积极性，引导和激励都用确定的制度形式固定下来，给组织成员稳定的预期，也为教师转型行为提供了合法性。

表4.11　　　　　　组织转型内部影响机制总效应（标准化）

	应用型定位与专业设置	理念规划与资源匹配	重视实践教学与教学改革	校企合作指导激励制度	考核管理
重视实践教学与教学改革	0.000	0.951	0.000	0.000	0.000
校企合作指导激励制度	0.381	0.594	0.624	0.000	0.000

---

① Eric B. Dent, Susan Galloway Goldberg, "Challenging 'Resistance to Change'", *The Journal of Applied Behavioral Science*, Vol. 35, No. 1, 1999, pp. 25 –41.

② 常青：《公共组织变革中的阻力分析》，《行政论坛》2006 年第 4 期。

③ 张柳梅、戴永秀：《企业组织变革阻力因素分析》，《科技广场》2007 年第 6 期。

续表

	应用型定位与 专业设置	理念规划与 资源匹配	重视实践教学 与教学改革	校企合作指导 激励制度	考核管理
应用型定位	0.364	0.568	0.597	0.956	0.000
考核管理	0.351	0.548	0.576	0.923	0.000
实践实训资源保障	0.343	0.535	0.562	0.901	0.478

　　表4.12呈现了标准化的组织转型内部影响机制直接效应。在学校层面，理念规划与资源匹配对重视实践教学与教学改革的直接影响最大，为0.951，应用型定位与专业设置、重视实践教学与教学改革对校企合作指导激励制度的直接影响分别为0.381和0.624。从学校组织转型对院系组织转型的影响来看，校企合作指导激励制度对院系的应用型定位和考核管理直接影响最大，分别为0.956和0.923，对实践实训资源保障的直接影响较小，为0.46。

表4.12　　　　　　　组织转型内部影响机制直接效应（标准化）

	应用型定位与 专业设置	理念规划与 资源匹配	重视实践教学 与教学改革	校企合作指导 激励制度	考核管理
重视实践教学 与教学改革	0.000	0.951	0.000	0.000	0.000
校企合作指导 激励制度	0.381	0.000	0.624	0.000	0.000
应用型定位	0.000	0.000	0.000	0.956	0.000
考核管理	0.000	0.000	0.000	0.923	0.000
实践实训 资源保障	0.000	0.000	0.000	0.46	0.478

　　表4.13呈现了标准化的组织转型内部影响机制间接效应。在学校层面，理念规划与资源匹配通过重视实践教学与教学改革对校企合作指导激励制度产生间接影响，影响大小为0.594。在学校对院系的影响方面，学校的应用型定位与专业设置、理念规划与资源匹配、重视实践教学与教学改革均对院系的应用型定位、考核管理、实践实训资源保障产生间接影

响，其中重视实践教学与教学改革对院系的应用型定位、考核管理、实践实训资源保障的间接影响较大，分别为 0.597、0.576、0.562。学校组织转型各维度对院系组织转型的间接影响依然呈现出理念规划与资源匹配影响较小，实际举措与具体制度影响较大的规律。

表4.13　　　　　　组织转型内部影响机制间接效应（标准化）

	应用型定位与专业设置	理念规划与资源匹配	重视实践教学与教学改革	校企合作指导激励制度	考核管理
重视实践教学与教学改革	0.000	0.000	0.000	0.000	0.000
校企合作指导激励制度	0.000	0.594	0.000	0.000	0.000
应用型定位	0.364	0.568	0.597	0.000	0.000
考核管理	0.351	0.548	0.576	0.000	0.000
实践实训资源保障	0.343	0.535	0.562	0.441	0.000

第五节　小结

本章首先分院校类型和地区对比分析了学校和院系的组织转型维度与深入程度现状，然后采用多层线性模型、结构方程模型检验了学校组织转型对院系组织转型的影响及机制。

从描述统计来看，在学校组织转型方面，新建本科院校在理念规划与资源匹配、应用型定位与专业设置和重视实践教学与教学改革三个维度表现相对更好，老本科院校在校企合作指导激励制度和行政推动与严格考核两个维度表现相对更好。东部地区新建本科院校在应用型定位与专业设置、重视实践教学与教学改革和校企合作指导激励制度三个维度表现最好，中部地区新建本科院校在理念规划与资源配置维度表现最好，西部地区新建本科院校在行政推动与严格考核维度表现最好。在院系组织转型方面，新建本科院校院系的应用型定位远远强于老本科院校，实践实训资源保障和学习型团队建设也比老本科院校做得更好。老本科院校的考核管理做得相对更好。东部地区院校新建本科院校在应用型定位、实践实训资源保障两方面表现相对最好。中部地区新建本科院校在学习型团队建设和考核管理制度方面表现相对最好。西部地区新建本科院校在院系组织转型的各个方面均表现相对最差，尤其在学习型团队建设和考核管理制度两方面与东中部地区相比劣势明显。在转型深入程度上，中部地区新建本科院校学校组织转型深入的比例最高，达到54.55%，西部地区最低，仅为33.33%，东部地区略高于西部地区；东部地区各学院的院系组织转型深入比例最高，达到56.10%，中部地区次之，达到50%，西部地区最低，仅为32.43%，与东中部地区差距较大；学校和院系的转型深入程度具有较高的一致性。

　　学校组织转型影响院系组织转型。采用多层线性模型发现学校组织转型各维度影响院系组织转型各维度，而且学校组织转型维度对院系相应维度影响最大。学校应用型定位与专业设置对院系的应用型定位的影响最大，学校校企合作指导激励制度对院系的考核管理的影响最大，学校重视实践教学与教学改革对院系的学习型团队建设的影响最大。

　　从学校组织转型对院系组织转型的影响机制来看，学校的校企合作指导激励制度影响院系的实践实训资源保障、考核管理和应用型定位，而且对院系的应用型定位和考核管理影响更大。在学校组织转型层面，理念规划与资源匹配影响重视实践教学与教学改革，应用型定位与专业设置和重视实践教学与教学改革影响校企合作指导激励制度。在院系组织转型层面，考核管理影响实践实训资源保障。

第五章

组织转型对应用型科研的影响

　　应用型科研既能提高教师应用技术能力，进而提升教学的应用性，又能帮助企业解决难题，加深与企业的合作。地方本科院校服务于地方主要体现在教师的科研服务能力和为行业企业输送应用型人才两方面，因此提高应用型科研能力是组织转型的核心目标之一。本书通过科研导向为应用型和应用型项目比例来反映院校应用型科研的情况，其中科研导向为应用型又分为教师认为学校科研导向为应用型和教师科研导向为应用型两方面。

　　本章主要验证假设2学校和院系的组织转型维度，组织转型类型直接影响应用型科研，也通过提高教师挂职与培训参与、时长和内容，以及校企合作质量促进应用型科研的开展。假设2可以细化为7个子假设，如图5.1所示。

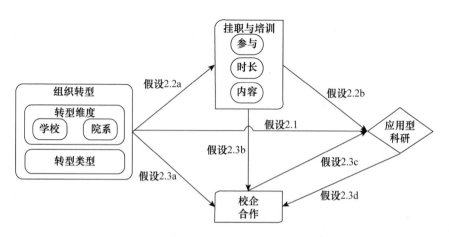

图 5.1　组织转型影响应用型科研研究假设

7 个子假设在本章不同小节进行验证，具体子假设和验证章节对应关系如下。

假设 2.1：学校和院系在定位、制度、资源保障等维度的较好表现有助于转变科研导向，有助于教师应用型科研项目的开展，学校院系均转型深入的学院科研导向更偏向应用型，教师应用型科研项目比例更高。[1]（本章第三节组织转型对应用型科研的影响）

假设 2.2a：学校和院系的组织转型维度得分高的学校及学院，学校院系均转型深入的学院教师挂职与培训参与率更高，挂职与培训时长更长，培训内容更偏向生产实践和课程教学。（本章第四节组织转型对教师挂职与培训的影响）

假设 2.2b：教师挂职与培训参与率、时间、内容质量的提升有助于学校和教师科研导向向应用型转变，提高教师应用型科研项目比例。（本章第四节教师挂职与培训对应用型科研的影响）

假设 2.3a：学校和院系的组织转型维度得分高的学校及学院，学校院系均转型深入的学院校企合作的紧密度、稳定性更高，专业主导权更大，企业态度更积极，校企合作更倾向于依赖正式的协议或平台。[2]（本章第五节组织转型对校企合作的影响）

假设 2.3b：教师挂职与培训参与率、时间、内容质量的提升有助于校企合作质量的提升。（本章第五节教师挂职与培训对校企合作的影响）

假设 2.3c：校企合作质量更高的，学校和教师科研导向更偏向应用型，教师应用型科研项目比例更高。（本章第五节校企合作对应用型科研的影响）

假设 2.3d：科研导向的转变与应用型科研的开展有助于提高校企合作质量。（本章第五节应用型科研对校企合作的影响）

本章首先介绍地方本科院校应用型科研现状，然后采用描述统计、相关系数、回归分析探寻组织转型维度与类型对应用型科研的影响，最后采用结构方程模型方法探究组织转型对应用型科研的影响机制，层层深入地分析组织转型对应用型科研的直接和间接影响。

---

　　[1]　刘彦林、郭建如：《推动新建本科院校应用型科研发展的组织路径研究——基于 2017 年"地方高校转型发展"调查的实证分析》，《河北大学学报》（哲学社会科学版）2022 年第 1 期。

　　[2]　郭建如、刘彦林：《地方本科院校组织转型对校企合作影响的实证分析》，《江苏高教》2020 年第 11 期。

第一节　　应用型科研现状

本节将采用对比的方法，呈现不同类型院校应用型科研情况和不同地区新建本科院校的应用型科研情况。

一　不同类型院校应用型科研情况

图 5.2 展现了不同类型院校应用型科研情况。根据图 5.2，新建本科院校中 57.2% 的教师认为学校的科研导向为应用型，而老本科院校该比例仅为 32.8%，新建本科院校中过半教师已经发生思想上的转变，认为学校的科研导向为应用型，而非理论性的科研。但是老本科院校中有 37.3% 的教师认为教师自身科研导向为应用型，新建本科院校仅有 25.2%。两类院校教师汇报的教师应用型科研项目占比非常接近，老本科院校略低于新建本科院校。虽然新建本科院校中很多教师已经转变观念，认为学校的科研导向为应用型，但是受合作机会、应用科研能力等影响，教师科研导向为应用型的比例不高，甚至低于老本科院校，实际开展的科研中应用型项目所占比例也不高，和老本科院校相比没有优势。

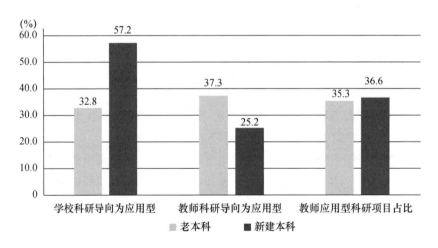

图 5.2　不同类型院校应用型科研情况

对不同类型院校的应用型科研进行独立样本 t 检验，结果显示老本科院校和新建本科院校在学校科研导向为应用型和教师科研导向为应用型两方面存在显著差异，但是教师应用型科研项目占比不存在显著差异。

图5.2仅呈现了教师应用型项目比例的均值，无法更细致观察到教师应用型项目比例的分布情况，本书进一步详细呈现了新建本科院校教师应用型项目比例的分布情况，如图5.3所示。

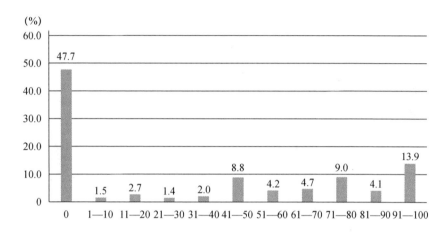

图5.3　新建本科院校教师应用型科研项目比例情况

本书重点关注新建本科院校，从图5.3中新建本科院校不同应用型科研项目比例的教师分布来看，近半数教师完全没有开展应用型科研，51.9%的教师应用型科研项目比例低于20%，应用型科研项目比例情况好于聂永成的调查结果。聂永成的调查发现超过70%的新建本科院校开展的科研工作以各级各类纵向科研项目为主，接近80%的新建本科院校开展的各种社会委托的横向科研项目占比不到20%。①

开展应用型科研的教师中，应用型科研项目比例分布也并不均衡，应用型科研比例为91%—100%、71%—80%、41%—50%的教师居多。13.9%的教师应用型科研比例高达91%—100%，9%的教师应用型科研比例为71%—80%，8.8%的教师应用型科研项目比例在41%—50%。新建本科院校教师应用型科研项目情况反映出新建本科院校教师整体应用型科研项目比例较低，教师群体内部应用型科研项目开展不均衡，差异较大。

①　聂永成：《实然与应然：新建本科院校转型分流的价值取向研究》，华中师范大学出版社2018年版，第68—69页。

二　不同地区新建本科院校应用型科研情况

前文对比了老本科院校和新建本科院校应用型科研的情况，接下来本书关注不同地区新建本科院校应用型科研情况。不同地区新建本科院校应用型科研情况如图5.4所示。

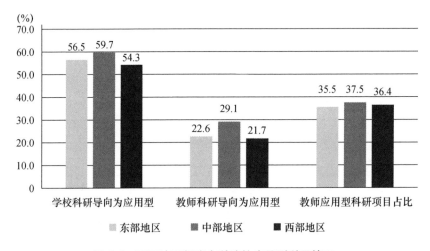

图5.4　不同地区新建本科院校应用型科研情况

分地区来看，认为学校和教师科研导向为应用型呈现出中部最高，东部次之，西部最低的趋势。在教师应用型科研项目占比方面，中部最高，西部次之，东部最低。不同地区新建本科院校的应用型科研情况差异不大。

对新建本科院校的应用型科研进行地区的单因素方差分析，结果显示不同地区在教师科研导向为应用型方面具有显著差异，其他两方面没有显著差异。不同地区新建本科院校应用型科研导向和开展情况较为均衡。

第二节　组织转型与应用型科研

上一节展现了不同院校类型、不同地区新建本科院校之间应用型科研情况的对比，本书重点关注组织转型对应用型科研的影响，接下来将采用描述统计方法检验组织转型维度及类型与应用型科研情况是否存在显著的相关性。

　　首先，本书采用相关系数检验组织转型各维度与应用型科研是否显著相关。每个教师认为学校或教师的科研导向是否为应用型是 0—1 二元分类变量，而非连续变量，如果按学院、学校计算认为学校或教师的科研导向为应用型的比例，再计算与转型维度的相关系数，将损失一定的变异性。因此下文仅呈现教师个体参与应用型科研项目比例与学校和院系的组织转型各维度之间的相关性。

一　学校和院系的组织转型维度与应用型科研

　　表 5.1 呈现了学校组织转型各维度得分与参与教师应用型科研项目比例的 Spearman 相关系数，括号内为相关系数的显著性。Spearman 相关系数对数据条件的要求没有 Pearson 相关系数严格，只要两个变量的观测值是成对的等级评定资料，或者是由连续变量观测资料转化得到的等级资料，不论两个变量的总体分布形态、样本容量的大小如何，都可以用 Spearman 等级相关系数来进行研究。[①] 根据表 5.1，学校组织转型的应用型定位与专业设置和教师实际应用型科研项目比例呈现显著的正向相关关系。

表 5.1　　　**学校组织转型与参与应用型科研项目比例的相关系数**

	理念规划与资源匹配	应用型定位与专业设置	重视实践教学与教学改革	校企合作指导激励制度	行政推动与严格考核
参与应用型科研项目比例	−0.047 (0.109)	0.079*** (0.007)	−0.014 (0.643)	−0.002 (0.940)	0.006 (0.839)

　　表 5.2 呈现了院系组织转型各维度得分与参与应用型科研项目比例的 Spearman 相关系数，括号内同样为相关系数的显著性。根据表 5.2，院系组织转型各维度与教师参与应用型项目比例没有显著的相关关系，而且系数均非常小。

---

　　① 《三大统计相关系数：Pearson、Spearman 秩相关系数、kendall 等级相关系数》，2017 年 10 月 30 日，CSDN 网站，https：//blog. csdn. net/zhaozhn5/article/details/78392220。

表5.2　　　　　　院系组织转型与参与应用型科研项目比例的相关系数

	应用型定位	实践实训资源保障	学习型团队建设	考核管理
参与应用型科研 项目比例	0.010 (0.734)	0.005 (0.866)	− 0.036 (0.219)	− 0.042 (0.147)

综合来看，在不考虑其他影响因素，单独看组织转型维度与教师参与应用型项目比例的简单相关系数的情况下，教师参与应用型科研项目比例只与学校组织转型的应用型定位与专业设置维度相关，与院系组织转型的各维度均不相关。

二　学校和院系的转型深入程度与应用型科研

除了转型维度，学校和院系的组织转型深入程度也可能影响应用型科研。接下来本书将呈现学校、院系转型深入程度与应用型科研之间的关系，以及不同转型类型的学院应用型科研开展情况。

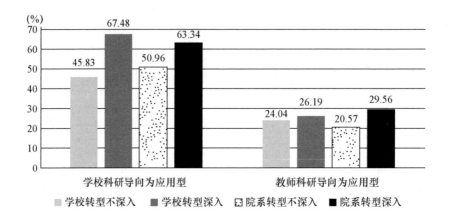

图5.5　新建本科院校学校及院系转型深入程度与应用型科研导向

图5.5呈现了学校及院系转型深入程度与应用型科研导向之间的关系。根据图5.5，学校科研导向为应用型呈现出明显的趋势，即转型深入的学校和学院更多教师认为学校科研导向为应用型。教师科研导向为应用型受学校组织转型的影响不大，主要受院系转型的影响，表现为学校转型深入与不深入的教师科研导向为应用型的比例接近，但是院系转型深入

的，教师科研导向为应用型的比例更高。

图5.6呈现了学校、院系转型深入程度与应用型科研项目比例之间的关系。根据图5.6，在应用型科研项目比例方面，学校转型深入的学校教师应用型科研项目比例高出1.84个百分点。但院系转型深入程度与应用型科研项目比例之间的关系有点令人不解，院系转型不深入的教师应用型科研项目比例更高，高于院系转型深入的2.67个百分点，具体原因有待进一步研究。

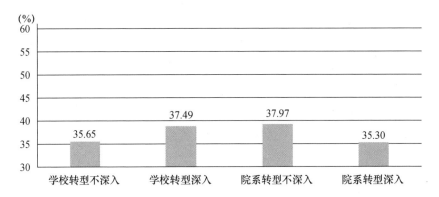

图5.6 新建本科院校组织转型深入程度与教师应用型科研项目比例

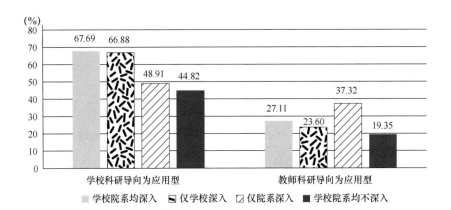

图5.7 不同转型类型的学院的应用型科研导向情况

除了学校、院系转型深入程度，不同转型类型也可能影响应用型科研的开展。因此本书进一步呈现了不同转型类型的学院应用型科研开展情况。

　　图5.7呈现了不同转型类型的学院的应用型科研导向情况。在学校科研导向方面，学校院系均转型深入和仅学校转型深入的教师认为学校科研导向为应用型的比例最高，说明教师对学校科研导向的认知主要受学校组织转型的影响。在教师科研导向方面，仅院系转型深入的学院教师科研导向为应用型的比例最高，教师的科研导向受院系组织转型深入程度的影响更大。仅院系转型深入的学院的转型动力并非来自学校的推动，可能属于自发转型，具有校企合作、应用型科研的传统，在应用型转型上具有一定优势，因此教师应用型科研积累较好，更多教师科研导向为应用型。

　　图5.8呈现了不同组织转型类型的学院教师应用型科研项目比例的均值。根据图5.8，仅学校组织转型深入的学院教师应用型科研项目比例最高，其次为学校院系均转型不深入的学院，但不同组织转型类型的学院教师应用型科研项目比例差别不大。一方面说明教师应用型科研项目的开展需要学校方面的支持予以保障，另一方面也说明学校和院系的转型对应用型科研项目的影响需要一定时间的积累才能发挥作用。

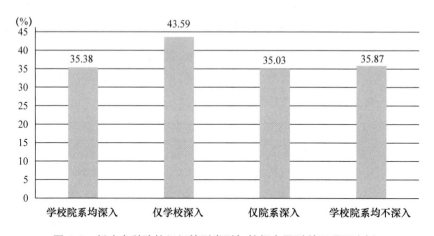

图5.8　新建本科院校组织转型类型与教师应用型科研项目比例

第三节　组织转型对应用型科研的影响

　　应用型科研是新建本科院校科研服务能力的重要体现，根据组织理论，组织的能力受到组织战略、资源、制度等方面转型的影响。前文组织转型与应用型科研的描述统计发现组织转型的某些维度、组织转型深入程度、组织转型类型与应用型科研存在一定的相关性，但是描述统计没有控制院校特征、院校所在省等因素的影响，本节将采用回归模型验证假设2.1 学校和院系在定位、制度、资源保障等维度的较好表现有助于转变科研导向，有助于教师应用型科研项目的开展，学校院系均转型深入的学院应用型科研做得更好。回归模型如式5.1 和式5.2 所示。

$$\text{logit}(P) = \ln\left(\frac{P}{1-P}\right) = \alpha + \sum \beta_i\, UT_i + \sum \beta_j\, ST_j + \beta_l\, C_l + \varepsilon$$

（式5.1）

$$\text{logit}(P) = \ln\left(\frac{P}{1-P}\right) = \alpha + \sum \beta_k\, Type_k + \beta_l\, C_l + \varepsilon \quad （式5.2）$$

$$Y = \alpha + \sum \beta_i\, UT_i + \sum \beta_j\, ST_j + \beta_l\, C_l + \varepsilon \quad （式5.3）$$

$$Y = \alpha + \sum \beta_k\, Type_k + \beta_l\, C_l + \varepsilon \quad （式5.4）$$

学校科研导向为应用型，教师科研导向为应用型为二元分类变量，因此对科研导向为应用型的回归为二元罗吉斯特回归，学校院系组织转型维度对科研导向的回归方程如式5.1 所示，组织转型类型对科研导向的回归方程如式5.2 所示。教师应用型科研项目比例为连续变量，对教师应用型科研项目比例的回归采用多元线性回归模型，学校和院系的组织转型维度对教师应用型科研项目比例的回归方程如式5.3 所示，组织转型类型对教师应用型科研项目比例的回归方程如式5.4 所示。式5.1 和式5.3 中 UT_i 指学校组织转型的五个维度，ST_j 指院系组织转型的四个维度，在回归过程中先加入学校组织转型各维度，再加入院系组织转型各维度，C_l 为控制变量。式5.2 和式5.4 中 $Type_k$ 为三类组织转型类型虚拟变量，以学校院系转型均不深入为基底，加入学校院系均转型深入、仅学校转型深入、仅院系转型深入三个虚拟变量，C_l 同样为控制变量。

一 组织转型维度对应用型科研的影响

（一）二元罗吉斯特与多元线性回归模型结果

为了考察组织转型对应用型科研的影响，以学校科研导向为应用型为因变量，加入学校组织转型各维度，控制学校基础相关变量，以及院校所在省的固定效应进行回归分析。再以教师科研导向为应用型和参与应用型科研项目比例为因变量，首先加入学校组织转型各维度，然后加入院系组织转型各维度，控制学校基础和教师能力与意愿相关变量，并控制院校所在省的固定效应，以控制不同省份政策推动力度及经济发展环境差异对应用型科研造成的影响。根据学校—院系—教师的上下层级关系，学校组织转型会影响院系转型，进而影响教师的科研导向，但是院系组织转型作为学校的较低层级，不能影响学校的科研导向，因此在对学校科研导向的回归中，没有加入院系组织转型维度和教师能力与意愿。在回归方程中加入稳健性标准差的选择项（robust），控制异方差对回归结果的影响，回归结果如表 5.3 所示。

表 5.3　　　　　　　　组织转型对应用型科研影响的回归结果

	（1）	（2）	（3）	（4）	（5）
	学校科研导向为应用型	教师科研导向为应用型	教师科研导向为应用型	应用型科研项目比例	应用型科研项目比例
学校——理念规划与资源匹配	0.23 *** (0.07)	0.30 *** (0.11)	0.25 * (0.14)	−0.04 (1.47)	0.01 (1.98)
学校——应用型定位与专业设置	0.23 *** (0.06)	−0.04 (0.11)	−0.12 (0.14)	0.07 * (1.51)	0.10 ** (1.92)
学校——重视实践教学与教学改革	0.24 *** (0.07)	0.39 *** (0.11)	0.31 ** (0.15)	0.04 (1.40)	0.10 * (2.24)
学校——校企合作指导激励制度	0.23 *** (0.07)	0.18 * (0.10)	0.06 (0.15)	0.02 (1.47)	0.06 (2.38)
学校——行政推动与严格考核	−0.10 (0.07)	0.27 ** (0.11)	0.19 * (0.11)	0.05 (1.38)	0.05 (1.48)
院系——应用型定位			0.06 (0.14)		−0.05 (2.31)
院系——实践实训资源保障			0.21 (0.14)		0.03 (2.07)
院系——学习型团队建设			−0.06 (0.14)		−0.13 *** (2.02)
院系——考核管理			0.23 * (0.13)		−0.04 (2.03)

续表

	（1）	（2）	（3）	（4）	（5）
	学校科研导向为应用型	教师科研导向为应用型	教师科研导向为应用型	应用型科研项目比例	应用型科研项目比例
与专业有关的行业企业经验（年）		0.04 ** (0.02)	0.04 ** (0.02)	-0.01 (0.32)	-0.02 (0.33)
工作年限		0.04 *** (0.01)	0.04 *** (0.01)	0.12 *** (0.16)	0.12 *** (0.17)
中级以上职称		-0.09 (0.20)	0.00 (0.21)	-0.06 * (3.25)	-0.06 (3.30)
教师个体挂职锻炼意愿度		0.04 (0.21)	0.06 (0.21)	0.07 ** (3.17)	0.08 ** (3.20)
每周教学工作量（小时）		0.04 ** (0.02)	0.04 ** (0.02)	0.04 (0.24)	0.04 (0.25)
升本时长	-0.05 * (0.03)	0.01 (0.04)	0.02 (0.04)	-0.14 *** (0.61)	-0.15 *** (0.62)
私立院校（公办院校）	0.02 (0.22)	-0.25 (0.32)	-0.30 (0.33)	-0.15 ** (4.97)	-0.15 ** (4.99)
转型试点院校（非试点院校）	-0.28 (0.23)	0.45 (0.32)	0.44 (0.32)	-0.12 ** (4.61)	-0.12 ** (4.64)
院校所在省固定效应	是	是	是	是	是
截距	1.36 ** (0.54)	-3.27 *** (0.93)	-3.23 *** (0.94)	62.90 *** (13.26)	62.23 *** (13.46)
样本量	1106	789	771	832	812
R^2				0.05	0.07
伪 R^2	0.049	0.101	0.110		

注：1. 样本限定在新建本科院校，回归（4）和回归（5）除截距外，展示的为标准化系数；2. 括号内为虚拟变量基准组和稳健标准误；3. *** $p < 0.01$，** $p < 0.05$，* $p < 0.1$。

资料来源：刘彦林、郭建如：《推动新建本科院校应用型科研发展的组织路径研究——基于2017年"地方高校转型发展"调查的实证分析》，《河北大学学报》（哲学社会科学版）2022年第1期。

回归（4）和回归（5）的方差膨胀因子（VIF）介于 1.05—7.3，小于临界值 10，说明回归不存在严重的多重共线性，回归结果可信。

根据表 5.3，学校组织转型的理念规划与资源匹配、应用型定位与专业设置、重视实践教学与教学改革、校企合作指导激励制度维度得分更高的，教师认为学校科研导向为应用型的比例更高，各维度对学校科研导向为应用型的影响大致相当。

在对教师科研导向为应用型的影响方面，加入院系组织转型各因素后，学校组织转型各因素对教师科研导向为应用型的影响系数变小，显著性降低，校企合作指导激励制度的影响由显著变得不显著。但院系层面只有考核管理对教师科研导向为应用型的影响显著。学校的理念规划与资源匹配、重视实践教学与教学改革、行政推动与严格考核得分高的，教师科研导向为应用型的比例更高。教师科研导向受学校组织转型各维度的影响更大，转变教师科研导向需要学校行政推动与院系的考核管理相辅相成。

在对参与应用型科研项目比例的影响方面，学校的应用型定位与专业设置和重视实践教学与教学改革得分高的，教师参与应用型科研项目比例更高，但是院系学习型团队建设得分高的，教师参与应用型科研项目的比例显著更低，可能与加强学习型团队建设会挤占教师参与应用型科研的时间与精力有关，也可能强调学习型团队建设的学院教师应用科研能力较低，科研基础较差，因此教师参与的应用型科研项目比例较低。

综合来看，学校的规划、资源配置、转型策略、制度建设等方面的加强有助于教师转变科研观念，认为学校的科研导向为应用型。教师的科研导向由理论型转向应用型需要学校对应用型转型进行资源匹配，重视教学改革，还需要学校行政推动与院系考核管理的互相配合。学校的应用型定位与专业设置、重视实践教学与教学改革对教师参与应用型科研项目的比例的影响较大，推动教师提高应用型科研项目比例更多需要学校搭建平台，提供资源，给予一定帮扶，目前院系组织转型发挥的作用有限。

对全样本（包括老本科和新建本科院校）进行上述回归，结果依然稳健。对新建本科院校中经济人文管理传媒类专业子样本进行上述回归，组织转型对应用型科研项目比例没有显著影响，学校组织转型对教师科研导向为应用型没有显著影响。对新建本科院校应用/机械/计算机/工程类专业子样本进行上述回归，学校组织转型各维度对学校科研导向为应用型没有显著影响，其他结果较为稳健，与对新建本科院校的回归结果差异不大。受篇幅限制，不在此一一呈现回归结果。

因变量学校科研导向为应用型的缺失值为97个，教师科研导向为应用型的缺失值为105个，参与应用型科研项目比例的缺失值为4个。为了检验和纠正院系组织转型情况缺失值导致的样本选择偏差，笔者采用 Heckman 两步法检验上述模型是否存在样本选择偏差，在上述模型中增加一个选择模型，即专业类型、是否为重点专业、教师的学历程度对是否填答应用型科研相关题项的估计。模型（1）—模型（5）的 Heckman 两步法结果中λ的回归系数分别为 −0.09、−0.32、−0.28、0.00、0.00，伴随概率分别为0.77、0.19、0.24、1.00、1.00，说明回归模型（1）—模型（5）不存在样本选择问题，采用上述回归方法得到的结果可信。

（二）多层线性模型结果

为了区分学校的组效应，笔者对组织转型影响应用型科研采用多层线性模型进行分析。考虑到调查数据中47.72%的教师应用型科研项目比例为0，为了避免对结果造成干扰，笔者将对教师应用型科研项目的回归限定在应用型科研项目不为0的样本中，然后进行中心化处理，零模型检验结果如表5.4所示。

表5.4　　　　　　　**组织转型影响应用型科研的零模型检验**

	稳健性标准误	p 值	跨级相关系数
学校科研导向为应用型	0.041	0.000	14.00%
教师科研导向为应用型	0.038	0.000	10.61%
教师应用型科研项目比例（限定在不为0）	0.022	0.042	2.88%

学校和教师科研导向为应用型的跨级相关系数均大于5%，显著性为0.000，适合采用多层线性模型进行分析，但教师应用型科研项目比例的跨级相关系数小于5%，显著性也接近5%，不适合采用多层线性模型。因此下文仅对科研导向采用多层线性模型进行分析。

随机截距模型公式与式4.4、式4.6近似，不再赘述。表5.5呈现了随机截距模型的分析结果。和二元罗吉斯特回归结果相比，随机截距模型中影响应用型科研的学校组织转型维度变少，院系组织转型维度变多。根据表5.5，学校的应用型定位与专业设置有助于教师认为学校科研导向为应用型，学院的应用型定位、考核管理、实践实训资源保障有助于教师科研导向向应用型转变，但是学校的应用型定位与专业设置不利于教师科研导向向应用型转变，有悖常理，具体原因需要进一步分析。

表5.5   组织转型影响应用型科研的随机截距模型

	学校科研导向为应用型	教师科研导向为应用型
学校——理念规划与资源匹配	0.15 (0.09)	−0.03 (0.11)
学校——应用型定位与专业设置	0.17* (0.09)	−0.28*** (0.11)
学校——重视实践教学与教学改革	0.15 (0.11)	0.12 (0.13)
学校——校企合作指导激励制度	0.11 (0.11)	−0.14 (0.13)
学校——行政推动与严格考核	−0.10 (0.07)	0.07 (0.08)
院系——应用型定位	0.06 (0.10)	0.21* (0.13)
院系——学习型团队建设	−0.00 (0.10)	0.16 (0.12)
院系——考核管理	0.05 (0.09)	0.34*** (0.12)
院系——实践实训资源保障	0.16 (0.10)	0.37*** (0.12)
升本时长	−0.09* (0.05)	−0.03 (0.05)
私立院校（公办院校）	−0.18 (0.39)	−0.58 (0.36)
转型试点院校（非试点院校）	−0.42 (0.38)	0.86** (0.37)

续表

	学校科研导向为应用型	教师科研导向为应用型
院校所在省固定效应	是	是
截距	1.95 ** (0.93)	− 1.30 (0.87)
样本量	1082	1072
组数	32	32

注: 1. 样本限定在新建本科院校; 2. 括号内为虚拟变量基准组和标准误; 3. *** p < 0.01, ** p < 0.05, * p < 0.1。

笔者尝试对组织转型对应用型科研的影响采用全模型进行分析,但由于过于复杂,未能得出分析结果,特此说明。

二　组织转型类型对应用型科研的影响

组织转型维度反映了组织的核心要素的作用,组织转型类型则能反映学校和院系的组织转型的相互配合,组织转型类型也可能对应用型科研的开展造成影响。前文进行了组织转型维度对应用型科研的影响,接下来本书进一步分析组织转型类型对应用型科研的影响。按照之前的分类方法,分为学校院系均转型深入、仅学校转型深入、仅院系转型深入和学校院系均转型不深入四类,以学校院系均转型不深入为参照,加入学校院系均转型深入、仅学校转型深入和仅院系转型深入三个虚拟变量,以学校、教师科研导向为应用型和参与应用型科研项目比例为因变量分别进行二元罗吉斯特和多元线性回归,结果如表5.6所示。回归3的方差膨胀因子小于临界值10,说明模型不存在严重的多重共线性问题,回归结果可信。

根据表5.6,教师对学校科研导向为应用型的感知主要受到学校转型深入程度的影响,学校院系均转型深入和仅学校转型深入的学院,教师认为学校科研导向为应用型的可能性显著更高,而仅在院系层面转型深入并不能显著改变教师对学校科研导向的认知。学校院系均转型深入的学院教师科研导向为应用型的比例显著更高,说明学校转型深入而且院系能够贯彻实施,才能实际影响到教师的科研导向,缺少了学校或院系任何一个层次的配合与落实,都很难影响到教师的科研导向。四种转型类型学院的教师在参与应用型科研项目比例方面没有显著差异,说明组织转型仅改变了教师对学校和自身科研导向，还没能影响到教师应用型科研项目的比例。从科研导向转为应用型到实际参与的应用型科研项目比例的提高，还有很长一段路要走。应用型科研项目比例的提升不仅需要组织转型予以推动，还需要教师应用科研能力的提升、更多校企合作的机会。

表5.6　　　　　　　　　**转型类型对应用型科研的影响回归结果**

	（1）	（2）	（3）
	学校科研导向为应用型	教师科研导向为应用型	参与应用型科研项目比例
学校院系均转型深入	1. 28 *** (0. 17)	0. 62 ** (0. 24)	1. 48 (3. 57)
仅学校转型深入	1. 21 *** (0. 21)	0. 03 (0. 32)	3. 18 (4. 41)
仅院系转型深入	0. 23 (0. 21)	0. 32 (0. 29)	5. 19 (4. 93)
与专业有关的行业 企业经验（年）		0. 05 *** (0. 02)	− 0. 09 (0. 32)
工作年限		0. 03 *** (0. 01)	0. 43 *** (0. 16)
中级以上职称		− 0. 07 (0. 20)	− 4. 30 (3. 15)
教师个体挂职 锻炼意愿度		0. 05 (0. 20)	6. 67 ** (3. 05)
每周教学工作量 （小时）		0. 04 ** (0. 02)	0. 22 (0. 25)
升本时长	− 0. 08 *** (0. 03)	0. 01 (0. 04)	− 1. 71 *** (0. 60)
私立院校（公办院校）	− 0. 49 ** (0. 23)	− 0. 29 (0. 35)	− 10. 52 ** (5. 12)
转型试点院校 （非试点院校）	− 0. 37 (0. 23)	0. 63 * (0. 35)	− 11. 59 ** (4. 58)
院校所在省固定效应	是	是	是
截距项1	− 1. 91 *** (0. 52)	3. 25 *** (0. 88)	

续表

	（1）	（2）	（3）
	学校科研导向为应用型	教师科研导向为应用型	参与应用型科研项目比例
截距			61.93*** （13.07）
样本量	1167	834	878
R²			0.04
伪 R²	0.0563	0.0711	

注：1. 样本限定在新建本科院校；2. 括号内为虚拟变量基准组和稳健标准误；3. ***p < 0.01，**p < 0.05，*p < 0.1。

资料来源：刘彦林、郭建如：《推动新建本科院校应用型科研发展的组织路径研究——基于 2017 年"地方高校转型发展"调查的实证分析》，《河北大学学报》（哲学社会科学版）2022 年第 1 期。

本书还对全样本（包括老本科院校和新建本科院校）、不同地区新建本科院校子样本分别进行上述回归，不同分样本的回归结果差异不大，组织转型类型对应用型科研的影响比较稳健。

三　组织转型对应用型科研的影响结果梳理

组织转型对应用型科研的影响可以分为组织转型维度和组织转型类型的影响。表 5.7 梳理了学校组织转型维度对应用型科研的影响的回归结果。为保持统一，进行结果梳理时均采用回归分析结果，多层线性模型分析结果与回归分析结果近似时不单独梳理多层线性模型分析结果，与回归分析结果差异较大时再进行单独梳理，特此说明。根据表 5.7，学校的重视实践教学与教学改革对应用型科研的影响最大且最全面，校企合作指导激励制度、行政推动与严格考核对应用型科研的影响最不全面。学校的理念规划与资源匹配、应用型定位与专业设置、重视实践教学与教学改革、校企合作指导激励制度均对学校科研导向为应用型有较大影响。学校的重视实践教学与教学改革对教师科研导向为应用型影响最大，学校的应用型定位与专业设置对教师参与应用型科研项目比例的影响最大。

表5.7 **学校组织转型维度对应用型科研的影响回归结果梳理**

	应用型科研
理念规划与资源匹配	• **学校科研导向为应用型** • 教师科研导向为应用型
应用型定位与专业设置	• **学校科研导向为应用型** • **参与应用型科研项目比例**
重视实践教学与教学改革	• **学校科研导向为应用型** • **教师科研导向为应用型** • 参与应用型科研项目比例
校企合作指导激励制度	• **学校科研导向为应用型**
行政推动与严格考核	• 教师科研导向为应用型

注：1. 左边学校组织转型维度右边对应的单元格中标注了受该维度显著影响的应用型科研相关变量，以加入院系组织转型后的回归结果为准；2. 加粗的变量表示在众多学校组织转型维度中，左边的维度对该变量影响最大；3. 若多个学校组织转型维度对某个变量的影响系数非常接近，仅相差0.1，则在多个维度右边对应的单元格中均将该变量加粗，如学校科研导向为应用型多次加粗，表示学校的理念规划与资源匹配、应用型定位与专业设置、重视实践教学与教学改革、校企合作指导激励制度四个方面对学校科研导向为应用型的影响均较大，系数非常接近。

表5.8梳理了院系组织转型维度对应用型科研的影响，可以发现院系组织转型对应用型科研的作用较小，仅考核管理方面有助于教师科研导向向应用型转变。但是院系学习型团队建设得分高的，教师参与应用型科研项目的比例显著更低，可能与加强学习型团队建设会挤占教师参与应用型科研的时间与精力有关。

表5.8 **院系组织转型维度对应用型科研的影响回归结果梳理**

院系组织转型维度	应用型科研
应用型定位	
学习型团队建设	• （应用型科研项目比例）
实践实训资源保障	
考核管理	• 教师科研导向为应用型

注：1. 同表5.7，左边院系组织转型维度右边单元格中列出了受该维度显著影响的应用型科研的某个方面；2. 加括号表示左边的院系组织转型维度对括号内变量的影响为负向。

采用随机截距模型检验组织转型对学校和教师科研导向的影响，结果与回归分析结果有较大差异，结果显示院系组织转型对教师科研导向的影响更大，学校层面只有应用型定位与专业设置有助于教师认为学校科研导向为应用型，院系层面的应用型定位、考核管理、实践实训资源保障均有助于教师科研导向向应用型转变。

在组织转型类型的影响方面，图5.9呈现了不同组织转型类型的学院（以学校院系均转型不深入为基底）应用型科研方面的表现，每种转型类型的框中列明了该类院校具有显著优势的某些方面。如学校院系均转型深入框中标注了学校科研导向为应用型和教师科研导向为应用型两个变量，说明和学校院系均转型不深入的学院相比，学校院系均转型深入的学院的教师认为学校科研导向为应用型和自身科研导向为应用型的比例显著更高。

根据图5.9，教师对学校科研导向为应用型的感知主要受到学校转型深入程度的影响，学校院系均转型深入和仅学校转型深入的学院更多教师认为学校的科研导向为应用型。学校院系均转型深入的，教师科研导向为应用型的比例显著更高，说明学校转型深入而且院系能够贯彻实施，才能实际影响到教师的科研导向。组织转型类型仅对教师对学校和自身科研导向的感知产生影响，还没能影响教师应用型科研项目的比例，教师应用型科研项目比例的提升是一项任重道远的任务，很难一蹴而就，需要一定时间的积累，不仅需要教师应用科研能力的提升，也需要在与企业合作的过程中不断建立信任，加强合作。

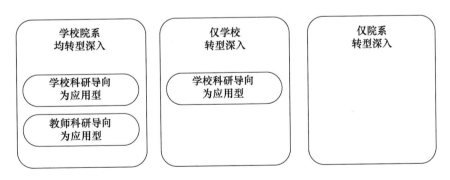

图5.9　不同组织转型类型学院的应用型科研情况

综上所述，本节检验了学校及院系组织转型维度、组织转型类型对应用型科研的影响，验证了假设2.1学校和院系在定位、制度、资源保障等维度的较好表现有助于转变科研导向，有助于教师应用型科研项目的开展，学校院系均转型深入的学院应用型科研做得更好。研究发现对原假设进行了一定的修正，研究发现院系组织转型维度对应用型科研影响较小，组织转型类型对教师应用型科研项目比例没有影响。

第四节　组织转型通过教师挂职与
培训影响应用型科研

应用型科研对教师应用科研能力提出了较高的要求，在目前新建本科院校教师科研能力不强的情况下，新建本科院校可以通过挂职与培训加深教师对生产实践的了解，提升应用科研能力，转变科研导向，推动应用型科研的开展。因此本书假设组织转型通过挂职与培训影响应用型科研。本书主要从挂职与培训参与率、挂职与培训时长、培训内容三个方面来考察组织转型通过挂职与培训对应用型科研的影响。本节首先介绍新建本科院校教师挂职与培训现状，然后考察组织转型对教师挂职与培训的影响，最后考察教师挂职与培训对应用型科研的影响。

一　新建本科院校教师挂职与培训现状

图 5.10 呈现了新建本科院校教师挂职锻炼的情况。从图 5.10 可以看出，55.4% 的教师没有挂职锻炼过，35.6% 的教师挂职锻炼时间在 6 个月及以下，挂职锻炼时间超过半年的教师不到 10%。整体来看，新建本科院校挂职锻炼参与率不高，挂职锻炼不够长期、深入，挂职锻炼环节较弱。该发现与聂永成的发现一致，聂永成的调查发现，被调查者（管理者、教师等）对教师挂职锻炼的满意度仅为 15.4%，2/3 的被调查者对教师挂职锻炼不满意，新建本科院校自身也意识到了挂职锻炼方面存在的问题。①

挂职锻炼是提升教师应用技术能力的主要方法，进修培训则侧重教师课程开发能力，丰富的培训内容有助于教师加深理论基础，了解企业生产实践，提升课程研发能力，更好地结合应用型人才培养要求改进课程设置

①　聂永成：《实然与应然：新建本科院校转型分流的价值取向研究》，华中师范大学出版社 2018 年版，第 76—77 页。

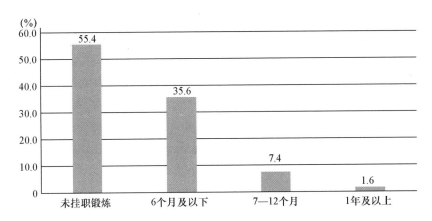

图 5.10 新建本科院校教师挂职锻炼情况

与教学行为。图 5.11 呈现了新建本科院校教师进修培训情况。从参与率来看，10.6%的教师没有参加过进修培训，近 9 成教师都接受过进修培训，进修培训参与率很高。从时间来看，61.7%的教师进修培训时间在 1 个月及以下。新建本科院校中绝大多数教师都参与了进修培训，培训时长多在 1 个月及以下。

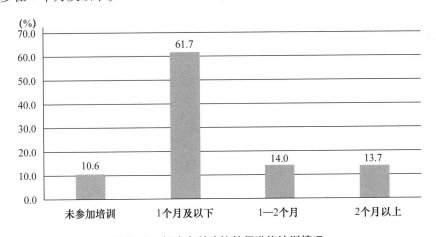

图 5.11 新建本科院校教师进修培训情况

除了进修培训的参与，进修培训的内容是否实用也非常关键。图 5.12 呈现了新建本科院校培训内容情况。培训内容题目为多选题，所以四类培训内容占比的总和超过了 100%，特此说明。培训内容为课程教学、相关会议和本专业理论的比例较高，与应用型转型密切相关的企业生产实践方面的培训则占比最低，仅为 23.4%。新建本科院校培训内容偏课程教学，最急需也最关键的企业生产实践方面的培训不足。

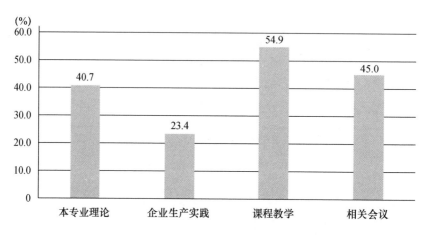

图 5.12　新建本科院校教师培训内容

二　组织转型对教师挂职与培训的影响

应用型转型的难点在于师资队伍建设，新建本科院校实现应用型转型需要一支应用型师资队伍，应用型师资队伍建设主要有两个途径，"引进来"和"走出去"，一方面引入有丰富行业企业经验的教师，另一方面主要通过教师挂职锻炼推动教师走出去了解生产实践，并搭配应用技术技能培训。从组织的角度来看，教师作为组织核心成员，教师挂职与培训的行为会受到学校及院系组织转型的影响。本部分将验证假设 2.2a：学校和院系的组织转型维度得分高的学校及学院，学校院系均转型深入的学院教师挂职与培训参与率更高，挂职与培训时长更长，培训内容更偏向生产实践和课程教学。参与率、培训内容为二元分类变量，参与时间为连续变量，因此组织转型对挂职与培训参与率、培训内容的影响为二元罗吉斯特回归，对参与时长的影响为多元线性回归模型，回归公式与公式 5.1—公式 5.4 类似，不再一一赘述。

（一）组织转型对教师挂职与培训参与率的影响

首先，转型类型与是否参与挂职锻炼均为分类变量，本书采用卡方检验探究转型类型对教师挂职与培训参与率是否显著相关。

表 5.9 呈现了转型类型与挂职锻炼参与率的交叉情况。学校院系转型

均不深入的学院教师挂职锻炼参与率最低，仅为34.47%，仅院系转型深入的学院教师挂职锻炼参与率最高，达到54.76%，高于学校院系均转型深入与仅学校转型深入的学院。该交叉表的 Pearson chi2 为23.70，在1%的显著性水平上显著，说明转型类型与教师挂职锻炼参与率有显著的相关关系。仅院系转型深入的学院可能为自下而上的自发型转型，教师与学院的应用水平较高，与行业企业合作紧密，有更多挂职锻炼机会或教师更认可挂职锻炼这种形式，因而挂职锻炼参与率最高。

表5.9　　　　　　　**不同转型类型的学院挂职锻炼参与情况**　　　（单位:%）

	挂职锻炼参与情况	
	未挂职锻炼	参加挂职锻炼
学校院系均转型深入	50.74	49.26
仅学校转型深入	53.24	46.76
仅院系转型深入	45.24	54.76
学校院系均转型不深入	65.53	34.47
总计	55.47	44.53

表5.10 呈现了转型类型与进修培训参与率的交叉情况。学校和院系均转型深入的学院教师参与进修培训的比率最高，高达95.06%。仅院系转型深入的学院教师参与进修培训的比率次高，为88.81%。仅学校转型深入和学校院系转型均不深入的学院进修培训参与率最低，在84%左右。学校院系均转型深入的学院更好地贯彻落实了学校的政策，既有学校的大力支持，又有学院的积极响应，因此进修培训参与情况最好。仅院系转型深入的学院可能为自下而上自发转型的学院，应用基础较好，可能有较好的进修培训资源或传统。交叉表的 Pearson chi2 为26.05，在1%的显著性水平上显著，说明转型类型与进修培训参与情况显著相关。

表5.10　　　　　　　**转型类型与进修培训参与情况**　　　（单位:%）

	进修培训参与情况	
	未进修培训	参加进修培训
学校院系均转型深入	4.94	95.06

续表

	进修培训参与情况	
	未进修培训	参加进修培训
仅学校转型深入	16.88	83.12
仅院系转型深入	11.19	88.81
学校院系均转型不深入	14.25	85.75
总计	10.60	89.40

　　卡方检验发现转型类型与挂职锻炼和进修培训参与情况显著相关，但简单的描述统计没有控制其他变量的影响。接下来本书分别以参与挂职锻炼、参与进修培训为因变量，以学校院系均转型不深入为基底，加入学校院系均转型深入、仅学校转型深入、仅院系转型深入三个自变量，控制院校和教师基本情况与院校所在省的固定效应，在回归方程中加入稳健性标准差的选择项（robust），进行二元罗吉斯特回归，回归结果如表 5.11 所示。

表 5.11　　　　　组织转型类型对教师挂职与培训参与率的影响

	(1)	(2)
	参与挂职锻炼	参与进修培训
学校院系均转型深入	0.75 *** (0.20)	0.66 * (0.36)
仅学校转型深入	0.56 ** (0.26)	-0.21 (0.37)
仅院系转型深入	0.64 ** (0.29)	0.09 (0.39)
与专业有关的行业企业经验（年）	0.07 *** (0.02)	0.00 (0.03)
工作年限	0.00 (0.01)	0.02 (0.01)
中级以上职称	-0.06 (0.20)	-0.41 (0.30)
教师个体挂职锻炼意愿度	0.45 ** (0.17)	0.35 (0.27)

续表

	（1）	（2）
	参与挂职锻炼	参与进修培训
每周教学工作量（小时）	0.04 *** (0.01)	0.06 * (0.04)
升本时长	−0.13 *** (0.03)	−0.11 * (0.06)
私立院校（公办院校）	−0.04 (0.28)	0.21 (0.54)
转型试点院校（非试点院校）	−0.45 * (0.27)	1.01 *** (0.37)
院校所在省固定效应	是	是
截距	0.55 (0.68)	2.46 * (1.40)
样本量	805	830
伪 R^2	0.100	0.135

注：1. 样本限定在新建本科院校；2. 括号内为虚拟变量基准组和稳健标准误；3. *** $p < 0.01$，** $p < 0.05$，* $p < 0.1$。

学校院系均转型深入、仅学校转型深入和仅院系转型深入的学院的挂职锻炼参与率都显著高于学校院系转型均不深入的学院。学校院系均转型深入的学院教师进修培训参与率显著高于学校院系均转型不深入的学院。整体而言，学校和院系互相配合，均转型深入有助于提高教师挂职锻炼和进修培训参与率，与预期一致。学校和院系任何一个层面转型深入都可以显著提高教师挂职锻炼参与率，而只有学校院系均转型深入才能显著提高进修培训参与率，与新建本科院校挂职锻炼参与率和进修培训参与率的提升空间有关。新建本科院校挂职锻炼平均参与率仅为44.53%，有很大提升空间，而进修培训参与率高达89.40%，因此只有学校院系均转型深入才能和其他类型院校拉开显著的差距。

（二）组织转型对教师挂职与培训时长的影响

除了是否参与挂职与培训，挂职与培训的时长也能一定程度上反映挂职与培训的开展是否深入有效。上一部分已经发现了组织转型对教师挂职与培训参与率的影响，为了进一步探索组织转型对教师挂职与培训时长的影响，笔者选定新建本科院校样本，分别以教师挂职锻炼月数以及进修和培训周数为因变量（两个因变量均为连续变量），逐步加入学校和学院组织转型的各因素进行多元线性回归，并控制学校升本时长、院校性质和是否为转型试点院校，以及教师自身企业经验、工作经验和职称的影响，在回归方程中加入稳健性标准差的选择项（robust）。四组模型的方差膨胀因子（VIF）介于 1.06—7.40，小于临界值 10，说明不存在严重的多重共线性，回归结果可信。回归结果如表 5.12 所示。

表 5.12　　　　　　　　　组织转型对培训时间影响的回归结果

	（1）	（2）	（3）	（4）
	挂职锻炼月数	挂职锻炼月数	进修和培训周数	进修和培训周数
学校——理念规划与资源匹配	0.04 (0.15)	-0.03 (0.19)	-0.01 (0.30)	-0.04 (0.41)
学校——应用型定位与专业设置	0.02 (0.16)	-0.04 (0.19)	0.03 (0.31)	0.03 (0.47)
学校——重视实践教学与教学改革	0.00 (0.15)	-0.10 * (0.22)	-0.02 (0.31)	-0.04 (0.44)
学校——校企合作指导激励制度	0.08 ** (0.15)	-0.02 (0.23)	-0.03 (0.36)	-0.06 (0.45)
学校——行政推动与严格考核	0.07 * (0.14)	0.04 (0.15)	-0.04 (0.29)	-0.06 (0.30)
院系——应用型定位		0.11 ** (0.21)		0.01 (0.49)
院系——实践实训资源保障		0.09 * (0.20)		0.01 (0.38)
院系——学习型团队建设		0.08 ** (0.19)		0.06 (0.39)
院系——考核管理		0.11 ** (0.19)		0.07 (0.32)
与专业有关的行业企业经验（年）	0.12 *** (0.04)	0.11 ** (0.04)	0.01 (0.06)	0.02 (0.06)

续表

	（1）	（2）	（3）	（4）
	挂职锻炼月数	挂职锻炼月数	进修和培训周数	进修和培训周数
工作年限	0.06 (0.02)	0.05 (0.02)	0.08 ** (0.03)	0.07 * (0.03)
中级以上职称	−0.05 (0.36)	−0.05 (0.37)	−0.05 (0.60)	−0.05 (0.61)
教师个体挂职锻炼意愿度	0.05 (0.35)	0.05 (0.36)	0.05 (0.50)	0.04 (0.50)
每周教学工作量（小时）	0.12 ** (0.04)	0.12 ** (0.04)	0.03 (0.04)	0.03 (0.04)
升本时长	−0.05 (0.06)	−0.05 (0.06)	−0.06 (0.11)	−0.08 (0.12)
私立院校（公办院校）	−0.09 * (0.48)	−0.09 * (0.49)	0.06 (0.99)	0.07 (1.01)
转型试点院校（非试点院校）	−0.03 (0.51)	−0.03 (0.52)	−0.12 * (1.17)	−0.08 (0.97)
院校所在省固定效应	是	是	是	是
截距	2.76 ** (1.34)	2.79 ** (1.34)	8.39 *** (2.52)	8.87 *** (2.57)
样本量	766	750	786	767
R^2	0.08	0.09	0.05	0.06

注：1. 样本限定在新建本科院校；2. 括号内为虚拟变量基准组和稳健标准误；3. ***p < 0.01，**p < 0.05，*p < 0.1。

资料来源：学校和院系组织转型维度对挂职锻炼月数的影响引自刘彦林、郭建如《院校组织转型对"双师型"教师队伍建设的影响研究——基于地方新建本科院校调查数据的实证分析》，《湖南师范大学教育科学学报》2021 年第 5 期。

从组织转型对挂职锻炼的影响来看，组织转型主要通过院系转型影响教师挂职锻炼时长，体现在加入院系组织转型各因子后，学校组织转型因素的影响系数大幅变小，显著性降低，由显著变为不显著。在只加入学校组织转型各维度的回归中，学校的校企合作指导激励制度和行政推动与严格考核能够显著提高教师挂职锻炼月数，加入院系组织转型因素后，挂职锻炼时长主要受到院系的应用型定位、实践实训资源保障、学习型团队建设、考核管理四个因素的影响，学校组织转型因素中的重视实践教学与教学改革对挂职锻炼月数有显著的负向影响，可能由于重视实践教学与教学改革会使教师花更多精力在课程开发、教学研讨中，挤占了教师挂职锻炼的时间与精力。挂职锻炼时间的长短主要受到院系组织转型各维度的影响，说明学校组织转型需要院系的贯彻落实才能影响到教师的实际行动，教师参与挂职锻炼耗时较长，需要联系相应的行业企业，更多需要所在院系提供更多挂职锻炼机会上的便利，帮助分担教师的教学任务，解决教师挂职锻炼的后顾之忧。

无论是只加入学校组织转型各因素还是同时加入学校及院系组织转型各因素，组织转型对进修培训的时间均没有显著影响。组织转型对挂职锻炼和进修培训的影响不同，与两者的性质有很大关系。进修培训大多关于学科理论，与应用型转型关系不大，教师主要通过挂职锻炼提高应用实践能力，因此侧重应用型转型的组织转型对挂职锻炼时长有显著影响，而对进修培训时长没有显著影响。

本书还进一步考察了转型类型对挂职与培训时长的影响。表 5.13 呈现了组织转型类型对教师挂职与培训时长的影响。根据表 5.13，和学校院系均转型不深入的学院相比，学校院系均转型深入和仅学校转型深入的学院教师挂职锻炼月数更长。整体而言，学校转型深入的，挂职锻炼时间更长，可能与挂职锻炼需要长时间脱离学校教学科研工作，需要学校层面较大的制度支持有关。四种转型类型的学院在进修培训周数上没有显著差异。值得注意的是，仅学校转型深入的学院教师挂职锻炼月数比学校院系均转型深入的学院更长，可能与这两种转型类型的学院所处的转型阶段不同，推动教师挂职锻炼的力度不同有关。仅学校转型深入的学院转型还停留在学校大力推动的转型初期，可能需要大力推动教师参与挂职锻炼，处于不断提升教师实践经验阶段。而学校院系均转型深入的学院已经度过学校动员学院的阶段，能够发动学院深入转型，可能已经由提升教师实践经验转向大力推动实践教学改革，因此呈现出仅学校转型深入的学院教师挂职锻炼月数显著更高的结果。从不同组织转型类型的学院学校转型时长来看，学校院系均转型深入的学院平均学校转型时长为 5.4 年，而仅学校转型深入的学院平均学校转型时长为 4.9 年，能够一定程度上验证笔者关于转型阶段对挂职锻炼时长的影响的猜测。

表 5.13　　　　　　　　**组织转型类型对教师挂职与培训时长的影响**

	（1）	（2）
	挂职锻炼月数	进修和培训周数
学校院系均转型深入	0.99*** (0.36)	-0.50 (0.64)
仅学校转型深入	1.57*** (0.52)	-0.48 (0.84)
仅院系转型深入	0.56 (0.52)	0.15 (0.92)
与专业有关的行业 企业经验（年）	0.11*** (0.04)	0.00 (0.06)
工作年限	0.02 (0.02)	0.07** (0.03)
中级以上职称	-0.37 (0.36)	-0.83 (0.57)
教师个体挂职锻炼意愿度	0.51 (0.33)	0.81 (0.49)
每周教学工作量（小时）	0.09*** (0.04)	0.04 (0.04)
升本时长	-0.10 (0.06)	-0.08 (0.11)
私立院校（公办院校）	-1.10** (0.50)	1.31 (0.97)
转型试点院校（非试点院校）	-0.38 (0.50)	-2.10* (1.13)
院校所在省固定效应	是	是
截距	3.02** (1.32)	7.80*** (2.39)
样本量	805	830
R^2	0.08	0.05

注：1. 样本限定在新建本科院校；2. 括号内为虚拟变量基准组和稳健标准误；3. *** $p <$ 0.01，** $p < 0.05$，* $p < 0.1$。

资料来源：组织转型类型对挂职锻炼月数的影响引自刘彦林、郭建如《院校组织转型对"双师型"教师队伍建设的影响研究——基于地方新建本科院校调查数据的实证分析》，《湖南师范大学教育科学学报》2021 年第 5 期。

（三）组织转型对教师挂职与培训内容的影响

挂职与培训参与率反映了学校教师挂职与培训的开展情况，挂职与培训时长能够反映教师挂职与培训的数量，培训内容则能反映教师挂职与培训的质量。除了从挂职与培训参与率、时长上把握教师挂职与培训的参与及数量情况外，本书还从培训内容角度入手，考察组织转型对与应用型转型相关的企业生产实践类培训和课程教学类培训的影响。表 5.14 呈现了组织转型维度对教师挂职与培训内容的影响回归结果。

表 5.14　　　　组织转型对教师挂职与培训内容的影响回归结果

	(1)	(2)	(3)	(4)
	企业生产实践	企业生产实践	课程教学	课程教学
学校——理念规划与资源匹配	0.22 ** (0.10)	0.01 (0.14)	0.04 (0.08)	0.04 (0.11)
学校——应用型定位与专业设置	0.21 * (0.11)	0.03 (0.14)	0.07 (0.09)	0.05 (0.11)
学校——重视实践教学与教学改革	0.30 *** (0.10)	0.03 (0.16)	−0.03 (0.08)	−0.07 (0.12)
学校——校企合作指导激励制度	0.16 (0.10)	−0.14 (0.19)	0.10 (0.08)	0.08 (0.13)
学校——行政推动与严格考核	−0.18 ** (0.09)	−0.27 *** (0.10)	−0.12 (0.08)	−0.13 (0.08)
院系——应用型定位		0.31 * (0.17)		0.04 (0.12)
院系——实践实训资源保障		0.35 ** (0.18)		0.04 (0.11)
院系——学习型团队建设		0.24 (0.15)		0.14 (0.11)
院系——考核管理		0.22 (0.15)		−0.07 (0.11)
与专业有关的行业企业经验（年）	0.04 ** (0.02)	0.04 ** (0.02)	−0.00 (0.02)	−0.01 (0.02)

续表

	（1）	（2）	（3）	（4）
	企业生产实践	企业生产实践	课程教学	课程教学
工作年限	0.01 (0.01)	0.01 (0.01)	−0.01 (0.01)	−0.01 (0.01)
中级以上职称	0.19 (0.23)	0.16 (0.24)	−0.09 (0.18)	−0.12 (0.19)
教师个体挂职锻炼 意愿度	0.62*** (0.24)	0.65*** (0.25)	0.36** (0.18)	0.37** (0.18)
每周教学工作量 （小时）	0.02 (0.02)	0.02 (0.02)	0.00 (0.01)	0.01 (0.01)
升本时长	−0.08** (0.04)	−0.08* (0.04)	0.03 (0.03)	0.04 (0.03)
私立院校 （公办院校）	−0.47 (0.33)	−0.48 (0.33)	0.16 (0.28)	0.20 (0.28)
转型试点院校 （非试点院校）	−0.53 (0.33)	−0.51 (0.33)	−1.07*** (0.30)	−1.08*** (0.31)
院校所在省固定 效应	是	是	是	是
截距	−0.78 (0.88)	−0.75 (0.89)	1.12 (0.74)	1.06 (0.76)
样本量	734	717	734	717
伪 R^2	0.074	0.084	0.045	0.050

注：1. 样本限定在新建本科院校；2. 括号内为虚拟变量基准组和稳健标准误；3. *** $p <$ 0.01，** $p < 0.05$，* $p < 0.1$。

资料来源：学校和院系组织转型维度对企业生产实践的影响引自刘彦林、郭建如《院校组织转型对"双师型"教师队伍建设的影响研究——基于地方新建本科院校调查数据的实证分析》，《湖南师范大学教育科学学报》2021 年第 5 期。

综合来看，院系组织转型对培训内容为企业生产实践的影响更大，组织转型对课程教学类培训没有显著影响。具体来看，学校行政推动与严格考核更强的培训内容更少为企业生产实践，院系的应用型定位、实践实训资源保障做得更好的培训内容更多为企业生产实践，而且院系的实践实训资源保障和应用型定位对培训内容为企业生产实践的影响最大。

教师挂职与培训内容体现了教师挂职与培训的质量，对企业生产实践和课程教学的培训更有助于提高教师应用实践能力、应用型课程教学能力。但目前学校和院系组织转型各维度均不能显著提高课程教学类培训的开展，学校和院系还需要进一步努力，对症下药，加强课程教学类的培训。院系认可学校的应用型定位，并对实践实训给予充分的资源保障才能真正对教师进行更多企业生产实践类培训，学校层面严格的考核与行政推动不利于企业生产实践类培训的开展。

组织转型类型也可能对培训内容产生影响。以培训内容为因变量，以学校院系均转型不深入为基底，加入学校院系均转型深入、仅学校转型深入、仅院系转型深入三个虚拟变量，并控制院校特征、教师能力与意愿及院校所在省的固定效应，加入稳健性标准差的选择项（robust），得到回归结果如表 5.15 所示。

表 5.15　　　组织转型类型对教师挂职与培训内容的影响

	(1)	(2)
	培训内容——企业生产实践	培训内容——课程教学
学校院系均转型深入	0.69 *** (0.26)	0.42 ** (0.20)
仅学校转型深入	0.75 ** (0.31)	0.43 * (0.26)
仅院系转型深入	−0.29 (0.33)	0.01 (0.26)
与专业有关的行业企业经验（年）	0.04 ** (0.02)	−0.01 (0.02)
工作年限	0.01 (0.01)	−0.00 (0.01)
中级以上职称	0.09 (0.23)	−0.07 (0.18)
教师个体挂职锻炼意愿度	0.49 ** (0.22)	0.33 * (0.18)

续表

	（1）	（2）
	培训内容——企业生产实践	培训内容——课程教学
每周教学工作量（小时）	0.03 * (0.02)	0.00 (0.01)
升本时长	− 0.10 ** (0.04)	0.02 (0.03)
私立院校（公办院校）	− 0.71 ** (0.35)	− 0.05 (0.29)
转型试点院校（非试点院校）	− 0.42 (0.32)	− 1.09 *** (0.29)
院校所在省固定效应	是	是
截距	− 0.40 (0.87)	1.46 ** (0.73)
样本量	774	774
伪 R^2	0.054	0.044

注：1. 样本限定在新建本科院校；2. 括号内为虚拟变量基准组和稳健标准误；3. *** $p <$ 0.01，** $p < 0.05$，* $p < 0.1$。

资料来源：组织转型类型对企业生产实践类培训的影响引自刘彦林、郭建如《院校组织转型对"双师型"教师队伍建设的影响研究——基于地方新建本科院校调查数据的实证分析》，《湖南师范大学教育科学学报》2021 年第 5 期。

学校院系均转型深入和仅学校转型深入的学院培训内容为企业生产实践和课程教学的可能性更高，说明开展有利于应用型转型的高质量培训需要学校组织转型的大力配合。

企业生产实践方面的培训需要与企业积极配合，聘请企业专家，或者安排教师到企业考察，需要学校层面制度、资金的大力支持。课程教学类培训是应用型转型过程中全校教师共同的需求，可以从方法论角度在全校范围内开展较为统一的培训，达成教学改革共识，形成应用型人才培养标准，因此学校转型深入的学院培训内容为企业生产实践和课程教学的可能性更高。

本部分验证了假设 2.2a：学校和院系的组织转型维度得分高的学校及学院，学校院系均转型深入的学院教师挂职与培训参与率更高，挂职与培训时长更长，培训内容更偏向生产实践和课程教学。研究发现还对假设

2.2a 进行了一定补充，发现除了学校院系均转型深入的学院外，仅学校转型深入的学院在教师挂职与培训方面也存在一定优势。

三　教师挂职与培训对应用型科研的影响

学校通过教师挂职与培训改变教师对应用型转型的认知，加深教师对企业生产实践的了解，提高教师应用技术水平，为教师与企业开展合作提供了更多机会与平台，因此本书认为教师挂职与培训有助于应用型科研的开展。本部分主要验证假设 2.2b：教师挂职与培训参与率、时间、内容质量的提升有助于学校和教师科研导向向应用型转变，提高教师应用型科研项目比例。

为和前文保持一致，本书在教师挂职与培训对应用型科研的影响部分同样依次检验教师挂职与培训参与、时长与内容对应用型科研的影响。学校和教师科研导向为应用型为二元分类变量，教师应用型科研项目比例为连续变量，因此教师挂职与培训对学校和教师科研导向为应用型的回归为二元罗吉斯特回归，对教师应用型科研项目比例的回归为多元线性回归，具体回归方程与式 5.1—式 5.4 类似，不再赘述。教师挂职与培训的参与，以及应用型科研的开展可能受到教师能力、意愿、工作压力的影响，因此在教师挂职与培训对应用型科研的影响回归中，不仅控制学校特征相关变量，也控制了教师能力、经验、挂职锻炼意愿、每周教学工作量等因素。

（一）教师挂职与培训参与对应用型科研的影响

本书首先检验教师挂职与培训参与情况对应用型科研的影响。分别以科研导向和应用型科研项目比例为因变量，加入参与挂职锻炼、参与进修培训两个自变量，控制院校特征、教师能力与意愿、院校所在省固定效应，加入稳健性标准差的选择项（robust），得到回归结果如表 5.16 所示。

表 5.16　　　　　　　**教师挂职与培训参与对应用型科研的影响**

	(1)	(2)	(3)
	学校科研导向 为应用型	教师科研导向 为应用型	参与应用型科研 项目比例
参与挂职锻炼	0.41 ** (0.17)	1.25 *** (0.22)	0.16 *** (3.13)

续表

	（1）	（2）	（3）
	学校科研导向 为应用型	教师科研导向 为应用型	参与应用型科研 项目比例
参与进修培训	0.12 （0.27）	0.14 （0.40）	0.01 （4.98）
与专业有关的行业 企业经验（年）	0.02 （0.02）	0.05 ** （0.02）	− 0.04 （0.34）
工作年限	− 0.00 （0.01）	0.03 *** （0.01）	0.11 *** （0.16）
中级以上职称	0.15 （0.18）	− 0.03 （0.21）	− 0.02 （3.36）
教师个体挂职 锻炼意愿度	0.21 （0.17）	− 0.15 （0.22）	0.08 ** （3.23）
每周教学工作量 （小时）	− 0.00 （0.01）	0.02 （0.02）	0.02 （0.25）
升本时长	− 0.01 （0.03）	0.07 * （0.04）	− 0.15 *** （0.63）
私立院校 （公办院校）	0.21 （0.31）	0.22 （0.35）	− 0.13 ** （5.17）
转型试点院校 （非试点院校）	− 0.56 * （0.31）	0.81 ** （0.37）	− 0.09 * （4.76）
院校所在省固定效应	是	是	是
截距	0.39 （0.76）	− 4.73 *** （0.99）	64.69 *** （14.65）
样本量	729	732	765
R^2			0.07
伪 R^2	0.035	0.129	

注：1. 样本限定在新建本科院校，回归（3）除截距项外展示的为标准化系数；2. 括号内为虚拟变量基准组和稳健标准误；3. ***p < 0.01，**p < 0.05，*p < 0.1。

回归（3）的方差膨胀因子（VIF）介于 1.05—8.18，小于临界值 10，说明不存在严重的多重共线性，回归结果可信。

根据表 5.16，参与挂职锻炼的教师认为学校科研导向为应用型，自身科研导向为应用型的可能性更高，参与应用型科研项目的比例显著更高，比没有参与挂职锻炼的教师高 0.16 个百分点。参与挂职锻炼的教师科研导向发生了转变，实际开展的应用型科研比例也更高，说明挂职锻炼起到了很好地推动应用型科研的作用。但是与没有参与进修培训的教师相比，参与进修培训的教师在应用型科研导向和应用型项目比例方面没有显著差异。

　　这样的结果与挂职锻炼和进修培训的性质与参与率有一定的关系。在性质上，和进修培训相比，挂职锻炼是实际到行业企业参与生产实践，对企业生产实践的深入学习感知、应用实践能力的提升作用更加明显，也很大程度上增进了教师与企业的接触，为横向课题的开展提供了更多便利条件，可以从思想认知、科研合作机会、应用科研能力三个方面促进教师应用型科研的开展。但是进修培训内容很多样，可以是本专业理论的培训，也可以是课程教学方面的培训，与企业生产实践结合紧密度大大降低，也没有很大程度上提高教师与行业企业深度接触的机会，因此对应用型科研的影响有限。在参与率上，仅有 44.5% 的教师参与过挂职锻炼，而89.4% 的教师均参与过进修培训，挂职锻炼和进修培训的参与率差异也可能一定程度上影响回归结果。

　　（二）教师挂职与培训时长与内容对应用型科研的影响

　　前文已经验证了教师挂职与培训参与对应用型科研的影响，为了进一步检验教师挂职与培训时长、内容对应用型科研的影响，笔者以学校科研导向为应用型、教师科研导向为应用型、参与应用型科研项目比例为因变量，以教师挂职与培训时长和培训内容为自变量进行回归，在回归方程中加入稳健性标准差的选择项（robust）。模型（3）的方差膨胀因子（VIF）介于 1.07—8.68，小于临界值 10，表明不存在严重的多重共线性，回归结果可信。回归结果如表 5.17 所示。

表 5.17　　**教师挂职与培训时长与内容对应用型科研的影响回归结果**

	（1） 学校科研导向 为应用型	（2） 教师科研导向 为应用型	（3） 参与应用型科研 项目比例
挂职锻炼月数	0.00 (0.02)	0.09 *** (0.02)	0.37 (0.38)

续表

	（1）	（2）	（3）
	学校科研导向 为应用型	教师科研导向 为应用型	参与应用型科研 项目比例
进修和培训周数	0.02 （0.01）	−0.01 （0.02）	0.36* （0.22）
培训内容——企业 生产实践	0.06 （0.21）	0.05 （0.25）	−1.61 （3.85）
培训内容——课程 教学	0.54*** （0.17）	0.41* （0.21）	2.70 （3.16）
与专业有关的行业 企业经验（年）	0.02 （0.02）	0.04** （0.02）	−0.25 （0.35）
工作年限	−0.01 （0.01）	0.04*** （0.01）	0.39* （0.20）
中级以上职称	0.31 （0.20）	−0.09 （0.24）	−0.90 （3.75）
教师个体挂职锻炼 意愿度	0.22 （0.19）	−0.02 （0.25）	8.29** （3.62）
每周教学工作量 （小时）	−0.00 （0.02）	0.04** （0.02）	0.23 （0.29）
升本时长	−0.03 （0.04）	0.03 （0.04）	−1.48** （0.65）
私立院校（公办院校）	0.13 （0.31）	0.45 （0.36）	−5.33 （5.74）
转型试点院校 （非试点院校）	−0.32 （0.34）	1.21*** （0.45）	−5.10 （6.09）
院校所在省固定效应	是	是	是
截距	0.19 （0.77）	−4.10*** （0.95）	56.21*** （14.38）
样本量	642	645	674
R^2			0.04
伪 R^2	0.0390	0.115	

注：1. 样本限定在新建本科院校；2. 括号内为虚拟变量基准组和稳健标准误；3. ***p < 0.01，**p < 0.05，*p < 0.1。

挂职锻炼时间越长，教师自身科研导向为应用型的比例显著更高，进修培训周数增加一周，教师应用型科研项目比例显著提高 0.36 个百分点。课程教学类培训越多，教师认为学校和自身科研导向为应用型的可能性越高。

围绕培养应用型人才的目标重新进行课程设置，加强课程设置与教学的应用实践性是应用型转型的重要内容，因此进行课程教学方面的培训能够传递出应用型转型的信号，坚定教师对学校真正进行应用型转型的信心，有助于教师认为学校科研导向为应用型，并转变自身科研导向。

挂职锻炼时间长也有助于教师转变观念，把科研导向转为应用型。长时间的挂职锻炼有助于教师深刻把握生产实践过程，提高应用科研能力，加深教师对应用型转型的感知，加强应用型科研能力。进行课程教学方面的培训往往伴随着最根本的课程设置与教学行为的转变，让教师真切感受到了学校推行应用型转型的力度，同样有助于教师转变科研导向，认为自己的科研导向为应用型。

教师挂职与培训时长和内容对教师实际参与应用型科研项目的比例的影响较小，只有进修培训时长增加能略微提升教师参与应用型科研项目的比例。教师实际参与应用型科研项目的比例需要一定时间的积累，不仅需要教师应用实践能力的提升，还需要很多校企合作、产教融合的机会，也需要不断建立企业对教师应用科研能力的信任。新建本科院校应该继续提升挂职锻炼参与率和深入程度，充分发挥挂职锻炼对教师应用科研能力的提升作用，挖掘挂职锻炼提供应用科研合作机会的功能。

企业生产实践类培训对于转变科研导向，提升应用型科研比例没有显著作用，新建本科院校需要调整企业生产实践类培训的培训质量和培训内容，在了解企业生产实践的基础上捕捉企业技术难点，结合应用科研组织讨论研究，发挥企业生产实践类培训对应用型科研的促进作用。

对全样本（包含老本科和新建本科院校）进行培训时长与内容对应用型科研影响的回归，课程教学类培训对教师科研导向为应用型的影响由正显著变为不显著，其他方面结果比较稳健。由于再按专业或地区进行分样本回归样本量较小，影响回归分析结果的有效性，因此未进行其他分样本回归的稳健性检验。

本部分验证并细化了假设 2.2b：教师挂职与培训参与率、时间、内容质量的提升有助于学校和教师科研导向向应用型转变，提高教师应用型科研项目比例。根据研究发现，参与挂职锻炼、课程教学类培训有助于教师认为学校的科研导向为应用型，参与挂职锻炼、挂职锻炼月数的提高、课程教学类培训有助于教师科研导向转变为应用型，参与挂职锻炼、进修培训周数的增加有助于增加教师应用型科研项目比例。

四　组织转型通过教师挂职与培训影响应用型科研回归结果梳理

组织转型通过教师挂职与培训间接影响应用型科研。组织转型影响教师挂职与培训的参与、时长与内容，教师挂职与培训又对应用型科研产生影响。表5.18和表5.19分别梳理了学校和院系的组织转型维度对教师挂职与培训的影响，制表规则同表5.7和表5.8，不再赘述。

根据表5.18，学校组织转型维度对教师挂职与培训的影响较小，学校的重视实践教学与教学改革反而不利于提高教师挂职锻炼时间，可能与教学改革占用了教师较多时间和精力有关。学校的行政推动与严格考核不利于企业生产实践类培训，在诸多培训内容类型中，企业生产实践类培训与应用型转型相关性最大，资源调动与协调难度也相应最大，因此在学校的行政推动下可能更多开展较简单的会议、本专业理论等类型的培训，而不是开展难度较大的企业生产实践培训。

表5.18　　学校组织转型维度对教师挂职与培训的影响回归结果梳理

	挂职与培训
理念规划与资源匹配	
应用型定位与专业设置	
重视实践教学与教学改革	●（挂职锻炼月数）
校企合作指导激励制度	
行政推动与严格考核	●（企业生产实践）

根据表5.19，院系组织转型维度对教师挂职与培训的影响更为全面，共识（应用型定位）、学习型团队建设、实践实训资源保障和考核管理均有助于促进教师挂职与培训。其中应用型定位和实践实训资源保障对挂职与培训的影响最全面，影响到了挂职与培训的两个方面。应用型定位与考核管理对提高教师挂职锻炼月数的作用最大，实践实训资源保障对增加企业生产实践类培训的作用最大。

表 5.19　　院系组织转型维度对教师挂职与培训的影响回归结果梳理

	挂职与培训
应用型定位	• **挂职锻炼月数** • 企业生产实践
学习型团队建设	• 挂职锻炼月数
实践实训资源保障	• 挂职锻炼月数 • **企业生产实践**
考核管理	• **挂职锻炼月数**

　　图 5.13 梳理了不同组织转型类型学院的挂职与培训情况，绘图规则与图 5.9 相同。和学校院系均转型不深入的学院相比，学校、院系任何一个层面转型深入的学院都会在教师挂职与培训方面有较好的表现。学校和院系对挂职与培训的影响各有侧重。学校转型深入有助于教师参与挂职锻炼与进修培训，增加挂职锻炼时间，也有助于开展企业生产实践、课程教学类培训。院系转型深入有助于教师更多地参与挂职锻炼。学校院系均转型深入还能有效提高教师进修培训参与率。

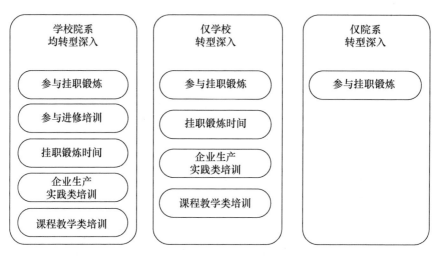

图 5.13　不同组织转型类型学院的挂职与培训情况

　　表 5.20 呈现了挂职与培训对应用型科研的影响结果的梳理，由于挂职与培训各变量类型有别，影响系数大小不具有可比性，因此不再进行加

粗表示某因素对应用型科研的某个方面影响最大。根据表 5. 20，参与挂职锻炼能够全面影响应用型科研导向和教师应用型科研项目比例。挂职锻炼月数的提高有助于提升教师科研导向为应用型的可能，进修培训周数的增加有助于提高教师应用型科研项目比例。课程教学类培训有助于教师认为学校科研导向为应用型，有助于自身科研导向向应用型转变。

表 5. 20　　　　　挂职与培训对应用型科研的影响回归结果梳理

	应用型科研
参与挂职锻炼	● 学校科研导向为应用型 ● 教师科研导向为应用型 ● 应用型科研项目比例
挂职锻炼月数	● 教师科研导向为应用型
参与进修培训	
进修培训周数	● 应用型科研项目比例
课程教学类培训	● 学校科研导向为应用型 ● 教师科研导向为应用型

第五节　组织转型通过校企合作影响应用型科研

校企合作是应用型人才培养的重要特色，是培养学生应用型能力的重要载体。从组织的角度来看，校企合作是组织的核心技术之一，战略规划、资源配置、制度建设等方面的组织转型会影响到校企合作。教师通过挂职与培训能够加深教师对企业的了解，加强与行业企业的联系与合作，提升教师应用技术水平，从而提高校企合作质量，因此挂职与培训也可能促进校企合作质量的提升。校企合作不但能够加强教师与企业的接触，为教师开展应用型科研提供更多机会，帮助教师转变科研观念，而且能够加深教师对企业生产实践的理解和把握，提高教师应用实践能力和应用科研能力，因此校企合作可能促进应用型科研的开展。此外，应用型科研的开展也有助于加强教师与行业企业的了解与联系，提高教师应用实践技能，从而促进校企合作质量的提升，因此应用型科研也可能反过来促进校企合作质量的提升。

基于以上分析，本节主要通过四个部分验证以下四个子假设：

假设 2.3a：学校和院系的组织转型维度得分高的学校及学院，学校院系均转型深入的学院校企合作的紧密度、稳定性更高，专业主导权更大，企业态度更积极，校企合作更倾向于依赖正式的协议或平台。

假设 2.3b：教师挂职与培训参与率、时间、内容质量的提升有助于校企合作质量的提升。

假设 2.3c：校企合作质量更高的，学校和教师科研导向更偏向应用型，教师应用型科研项目比例更高。

假设 2.3d：科研导向的转变与应用型科研的开展有助于提高校企合作质量。

一　组织转型对校企合作的影响

本部分首先检验组织转型维度对校企合作的影响，然后检验组织转型类型对校企合作的影响。校企合作的紧密度、稳定性、专业主导权和企业态度积极四个变量为取值在 1—4 的定序变量，校企合作主要依赖协议或平台二元分类变量，因此对校企合作的紧密度、稳定性、专业主导权和企业态度积极的回归为定序罗吉斯特回归，对校企合作主要依赖协议或平台的回归为二元罗吉斯特回归。回归均以学校和院系的组织转型各维度为自变量，首先加入学校组织转型各维度，然后加入院系组织转型各维度，控制院校特征与院校所在省固定效应，在回归方程中加入稳健性标准差的选择项（robust）。回归结果如表 5.21 和表 5.22 所示。

表 5.21　　　　　　　组织转型对校企合作的影响回归结果 1

	(1)	(2)	(3)	(4)	(5)	(6)
	紧密度	紧密度	稳定性	稳定性	专业主导权	专业主导权
学校——理念规划与资源匹配	0.54 *** (0.07)	0.19 ** (0.09)	0.52 *** (0.07)	0.25 *** (0.09)	0.43 *** (0.07)	0.11 (0.09)
学校——应用型定位与专业设置	0.58 *** (0.07)	0.30 *** (0.10)	0.34 *** (0.07)	0.09 (0.09)	0.24 *** (0.07)	−0.03 (0.09)
学校——重视实践教学与教学改革	0.56 *** (0.07)	0.06 (0.11)	0.63 *** (0.07)	0.23 ** (0.10)	0.68 *** (0.07)	0.16 (0.10)

续表

	（1）	（2）	（3）	（4）	（5）	（6）
	紧密度	紧密度	稳定性	稳定性	专业主导权	专业主导权
学校——校企合作指导激励制度	0.75 *** (0.07)	0.29 *** (0.11)	0.73 *** (0.07)	0.30 *** (0.10)	0.75 *** (0.07)	0.26 ** (0.10)
学校——行政推动与严格考核	0.23 *** (0.07)	0.09 (0.08)	0.17 ** (0.07)	0.03 (0.07)	0.25 *** (0.07)	0.12 * (0.07)
院系——应用型定位		0.50 *** (0.11)		0.48 *** (0.10)		0.49 *** (0.10)
院系——实践实训资源保障		0.51 *** (0.10)		0.42 *** (0.08)		0.61 *** (0.10)
院系——学习型团队建设		0.49 *** (0.10)		0.27 *** (0.09)		0.42 *** (0.09)
院系——考核管理		0.42 *** (0.09)		0.44 *** (0.09)		0.43 *** (0.09)
升本时长	− 0.06 ** (0.03)	− 0.06 ** (0.03)	− 0.08 *** (0.03)	− 0.08 *** (0.03)	− 0.05 * (0.03)	− 0.05 * (0.03)
私立院校（公办院校）	− 0.16 (0.21)	− 0.17 (0.22)	− 0.06 (0.21)	− 0.04 (0.21)	− 0.08 (0.21)	− 0.07 (0.21)
转型试点院校（非试点院校）	0.06 (0.23)	0.04 (0.23)	0.26 (0.22)	0.26 (0.22)	0.03 (0.22)	0.00 (0.21)
院校所在省固定效应	是	是	是	是	是	是
截距项1	− 4.72 *** (0.58)	− 4.90 *** (0.60)	− 5.37 *** (0.58)	− 5.43 *** (0.60)	− 4.00 *** (0.54)	− 4.25 *** (0.55)
截距项2	− 2.36 *** (0.54)	− 2.49 *** (0.55)	− 2.66 *** (0.52)	− 2.74 *** (0.54)	− 1.58 *** (0.50)	− 1.76 *** (0.51)
截距项3	0.90 * (0.53)	0.89 (0.55)	0.56 (0.52)	0.60 (0.53)	1.32 *** (0.50)	1.25 ** (0.51)
样本量	1079	1054	1079	1054	1078	1053
伪 R^2	0.149	0.168	0.144	0.158	0.134	0.154

注：1. 样本限定在新建本科院校；2. 括号内为虚拟变量基准组和稳健标准误；3. *** $p < 0.01$，** $p < 0.05$，* $p < 0.1$。

资料来源：郭建如、刘彦林：《地方本科院校组织转型对校企合作影响的实证分析》，《江苏高教》2020 年第 11 期。

表 5.22　　　　　　　　　　**组织转型对校企合作的影响回归结果 2**

	（1）	（2）	（3）	（4）
	企业态度积极	企业态度积极	校企合作依赖协议或平台	校企合作依赖协议或平台
学校——理念规划与资源匹配	0.46 *** (0.07)	0.07 (0.09)	0.14 ** (0.07)	0.01 (0.09)
学校——应用型定位与专业设置	0.28 *** (0.07)	− 0.04 (0.09)	0.18 *** (0.07)	0.09 (0.08)
学校——重视实践教学与教学改革	0.68 *** (0.06)	0.13 (0.10)	0.24 *** (0.07)	0.06 (0.10)
学校——校企合作指导激励制度	0.67 *** (0.07)	0.11 (0.10)	0.38 *** (0.07)	0.21 ** (0.10)
学校——行政推动与严格考核	0.18 *** (0.07)	0.01 (0.07)	− 0.03 (0.07)	− 0.08 (0.07)
院系——应用型定位		0.58 *** (0.11)		0.19 * (0.10)
院系——实践实训资源保障		0.68 *** (0.10)		0.17 * (0.10)
院系——学习型团队建设		0.44 *** (0.08)		0.11 (0.09)
院系——考核管理		0.44 *** (0.09)		0.18 ** (0.09)
升本时长	− 0.02 (0.03)	− 0.02 (0.03)	− 0.01 (0.03)	− 0.01 (0.03)
私立院校（公办院校）	0.24 (0.21)	0.23 (0.22)	0.15 (0.21)	0.16 (0.21)
转型试点院校（非试点院校）	0.21 (0.21)	0.15 (0.20)	− 0.09 (0.22)	− 0.08 (0.22)
院校所在省固定效应	是	是	是	是
截距项	略	略	略	略
样本量	1076	1051	1117	1092
伪 R^2	0.128	0.150	0.062	0.066

注：1. 样本限定在新建本科院校；2. 括号内为虚拟变量基准组和稳健标准误；3. *** p < 0.01，** p < 0.05，* p < 0.1。

资料来源：郭建如、刘彦林：《地方本科院校组织转型对校企合作影响的实证分析》，《江苏高教》2020 年第 11 期。

整体来看，校企合作的质量主要受院系组织转型的影响，表现为加入院系组织转型各因素后，学校组织转型各因素的系数变小，有些变量由显著变得不显著。

具体来看，在学校组织转型的影响方面，加入院系组织转型各因素后，学校的理念规划与资源匹配、应用型定位与专业配置、校企合作指导激励制度对校企合作的紧密度有显著影响，其中应用型定位与专业配置和校企合作指导激励制度影响最大；学校的理念规划与资源匹配、重视实践教学与教学改革和校企合作指导激励制度对校企合作的稳定性有显著影响，其中校企合作指导激励制度的影响最大；学校组织转型的校企合作指导激励制度和行政推动与严格考核对校企合作中专业主导权有显著影响，其中校企合作指导激励制度影响最大；学校组织转型各维度均对校企合作中企业态度积极没有显著影响；学校组织转型中的校企合作指导激励制度对校企合作依赖协议或平台有显著正向影响。整体而言，校企合作指导激励制度对校企合作质量的影响最大，指导激励制度明确了具体做法，以确定的激励激发教师进行转型，以制度的方式改变了原有的导向，从而影响了教师与学校在校企合作中的表现，与 Peter J. Robertson 等干预组织工作设定能够改变个人行为与组织产出，推动组织变革的发现一致。①

在院系组织转型的影响方面，院系的应用型定位、实践实训资源保障、学习型团队建设、考核管理均对校企合作的紧密度、稳定性、专业主导权和企业态度积极影响显著。院系的应用型定位、实践实训资源保障、考核管理对校企合作依赖协议或平台影响显著。几乎每个院系组织转型的维度都能显著提高校企合作的质量，与校企合作的开展具有鲜明的专业特点有关。不同专业对接的校企合作单位、行业有一定的差异，学校只能采用统一的制度、资源的倾斜予以推动，真正提高校企合作质量需要院系的贯彻实施，将实践实训的资源保障落到实处。

上述回归模型已经发现学校和院系的组织转型维度能够显著提高校企合作的质量，接下来本书将采用模型检验不同转型类型对校企合作质量的

---

① P. J. Robertson, D. R. Roberts, J. I. Porras, "Dynamics of Planned Organizational Change: Assessing Empirical Support for a Theoretical Model", *The Academy of Management Journal*, Vol. 36, No. 3, 1993, pp. 619 – 634.

影响。在转型类型对校企合作质量影响的模型中，分别以校企合作的紧密度、稳定性、专业主导权、企业态度积极、主要依赖协议或平台为因变量，加入学校院系均转型深入、仅学校转型深入、仅院系转型深入三个转型类型的虚拟变量，以学校院系均转型不深入为基底，控制院校特征和院校所在省固定效应，加入稳健性标准差的选择项（robust）。校企合作的紧密度、稳定性、专业主导权、企业态度积极为定序变量，主要依赖协议或平台为二元分类变量，因此分别进行定序罗吉斯特和二元罗吉斯特回归。回归结果如表 5.23 所示。

表 5.23　　　　　　　　　　**组织转型类型对校企合作的影响**

	（1）	（2）	（3）	（4）	（5）
	紧密度	稳定性	专业主导权	企业态度积极	校企合作依赖协议或平台
学校院系均转型深入	1.67 *** (0.17)	1.45 *** (0.16)	1.40 *** (0.16)	1.43 *** (0.16)	0.92 *** (0.17)
仅学校转型深入	0.57 *** (0.20)	0.68 *** (0.20)	0.42 ** (0.19)	0.37 * (0.20)	0.18 (0.20)
仅院系转型深入	1.19 *** (0.21)	1.46 *** (0.21)	1.37 *** (0.20)	1.49 *** (0.21)	0.65 *** (0.21)
升本时长	-0.08 *** (0.03)	-0.10 *** (0.03)	-0.07 *** (0.02)	-0.04 (0.03)	-0.03 (0.03)
私立院校（公办院校）	-0.39 * (0.22)	-0.23 (0.22)	-0.16 (0.21)	0.03 (0.21)	-0.02 (0.22)
转型试点院校（非试点院校）	0.01 (0.22)	0.18 (0.22)	0.01 (0.21)	0.11 (0.21)	-0.11 (0.21)
院校所在省固定效应	是	是	是	是	是
截距项	略	略	略	略	略
样本量	1135	1135	1134	1132	1178
伪 R^2	0.062	0.062	0.053	0.057	0.046

注：1. 样本限定在新建本科院校；2. 括号内为虚拟变量基准组和稳健标准误；3. $***p < 0.01$，$**p < 0.05$，$*p < 0.1$。

资料来源：郭建如、刘彦林：《地方本科院校组织转型对校企合作影响的实证分析》，《江苏高教》2020 年第 11 期。

和学校院系转型均不深入的学院相比,学校院系转型深入和仅院系转型深入的学院在校企合作的五个方面均表现显著更好,仅学校转型深入的学院在校企合作的紧密度、稳定性、专业主导权、企业的态度积极四个方面均表现显著更好。回归结果说明校企合作一方面需要学校和院系的协作配合,也需要院系长期的积累。整体而言,学校的转型需要院系的贯彻落实才能真正提高校企合作的质量,院系长期开展校企合作的积累对于提高校企合作质量,夯实实践实训环节也非常重要。

学校院系均转型深入的学院在校企合作的紧密度、专业主导权和主要依赖协议或平台三方面表现相对最好,仅院系转型深入的学院在校企合作的稳定性和企业态度积极两方面表现相对最好,说明学院长期在校企合作方面的积累非常重要。和一般的预想不同,学校院系均转型深入的学院并没有在校企合作的所有方面表现最好,反而缺少学校支持的仅院系转型深入的学院在校企合作的稳定性和企业态度积极两方面表现相对最好。仅院系转型深入的学院的转型动力并非来自学校层面的大力推动,可能属于自发转型。这类学院很可能具有更好的校企合作传统或优势,有一定的校企合作基础,综合分析后认为进行应用型转型更适合学院发展,因而从校企合作等方面入手自发进行应用型转型。学校院系均转型深入的学院可能在近几年才开始着手加强校企合作环节,虽然既有学校的支持,又有院系的贯彻实施,但是校企合作质量的全面提升需要一定时间的积累,因此学校院系均转型深入的学院虽然在校企合作的各个方面均比学校院系均转型不深入的学院更好,但是在校企合作的稳定性、企业态度积极性等方面没有仅院系转型深入的学院表现好。经过数据分析,仅院系转型深入的学院比学校院系均转型深入的学院专业转型时间更长,也从侧面印证了以上推测。

综上所述,本部分验证了假设2.3a:学校和院系的组织转型维度得分高的学校及学院,学校院系均转型深入的学院校企合作的紧密度、稳定性更高,专业主导权更大,企业态度更积极,校企合作更倾向于依赖正式的协议或平台。研究发现还对假设有所补充,学校和院系任何一个层面转型深入都能显著提高校企合作质量。

二 教师挂职与培训对校企合作的影响

除了组织转型,教师挂职与培训也可以通过提高应用实践能力促进校企合作质量的提升。和前文一样，本书同样从参与、时长、内容三个方面检验教师挂职与培训对校企合作的影响。教师挂职与培训对校企合作的影响模型设定与组织转型对校企合作的影响模型设定一致，因变量、控制变量、标准差处理方法和回归方法相同，仅把自变量替换为教师挂职与培训参与、时长和内容，在此不赘述。

表 5.24 和表 5.25 分别呈现了教师挂职与培训参与、时长、内容对校企合作的影响。

表5.24　　　　　　　　**教师挂职与培训参与对校企合作的影响**

	紧密度	稳定性	专业主导权	企业态度积极	校企合作依赖协议或平台
参与挂职锻炼	0.67 *** (0.14)	0.87 *** (0.14)	0.86 *** (0.13)	0.78 *** (0.14)	0.63 *** (0.15)
参与进修培训	0.29 (0.29)	0.07 (0.28)	0.38 (0.28)	−0.08 (0.27)	0.46 * (0.23)
升本时长	−0.02 (0.03)	−0.05 * (0.03)	−0.01 (0.03)	0.02 (0.03)	0.03 (0.03)
私立院校（公办院校）	0.28 (0.25)	0.26 (0.24)	0.41 * (0.23)	0.50 ** (0.24)	0.30 (0.24)
转型试点院校（非试点院校）	0.04 (0.27)	0.24 (0.26)	0.05 (0.26)	0.21 (0.25)	−0.03 (0.25)
院校所在省固定效应	是	是	是	是	是
截距项	略	略	略	略	略
样本量	876	876	874	873	911
伪 R^2	0.028	0.041	0.037	0.029	0.047

注：1. 样本限定在新建本科院校；2. 括号内为虚拟变量基准组和稳健标准误；3. *** p < 0.01，** p < 0.05，* p < 0.1。

表 5.25　　　　　　　**教师挂职与培训时长、内容对校企合作的影响**

	紧密度	稳定性	专业主导权	企业态度积极	校企合作依赖协议或平台
挂职锻炼月数	0.03 * (0.02)	0.05 *** (0.02)	0.05 *** (0.02)	0.03 * (0.02)	0.03 * (0.02)
进修和培训周数	0.00 (0.01)	0.00 (0.01)	0.00 (0.01)	−0.01 (0.01)	0.02 (0.01)
培训内容——企业 生产实践	0.61 *** (0.18)	0.70 *** (0.18)	0.81 *** (0.18)	0.60 *** (0.18)	0.25 (0.19)
培训内容——课程 教学	0.23 (0.14)	0.09 (0.15)	0.17 (0.14)	0.12 (0.14)	0.27 * (0.15)
升本时长	−0.02 (0.03)	−0.05 * (0.03)	−0.01 (0.03)	0.03 (0.03)	0.04 (0.03)
私立院校 （公办院校）	0.45 * (0.25)	0.45 * (0.25)	0.60 ** (0.24)	0.79 *** (0.25)	0.55 ** (0.25)
转型试点院校 （非试点院校）	0.07 (0.27)	0.31 (0.27)	0.07 (0.27)	0.37 (0.27)	0.19 (0.28)
院校所在省 固定效应	是	是	是	是	是
截距项	略	略	略	略	略
样本量	770	770	768	769	800
伪 R^2	0.0237	0.0373	0.0343	0.0255	0.0395

注：1. 样本限定在新建本科院校；2. 括号内为虚拟变量基准组和稳健标准误；3. ***p < 0.01, **p < 0.05, *p < 0.1。

　　由表 5.24 和表 5.25 可以发现，参与挂职锻炼能够显著提高校企合作质量，而且挂职锻炼时间每增加一个月，校企合作各方面质量均会有显著的提高。但是参与进修培训仅有助于学校校企合作更多依赖协议或平台。从培训内容来看，企业生产实践类培训能够比较全面地提高校企合作的紧密度、稳定性、专业主导权，改善企业的态度。课程教学类培训能够促进校企合作正规化，依赖协议或平台。

　　综合来看，挂职锻炼和企业生产实践方面的培训对校企合作质量的提升最大，但是新建本科院校教师挂职与培训中恰恰在挂职锻炼和企业生产实践方面的培训不足，仅有一半教师参与过挂职锻炼，培训内容为企业生产实践的比例仅为 23.4%，也较低，需要从制度、激励等多方面着力加强，推动教师深入行业企业，加强对行业企业生产实践的认知与掌握。

本部分验证了假设 2.3b：教师挂职与培训参与率、时间、内容质量的提升有助于校企合作质量的提升。

三　校企合作对应用型科研的影响

教师通过高质量的校企合作能够转变科研导向，提升应用实践能力，与行业企业深入的接触能够为教师开展应用型科研提供更多机会，校企合作能够从合作机会、观念转变、科研能力三方面促进教师应用型科研的开展。

为了检验校企合作质量对应用型科研的影响，笔者以学校、教师的应用型科研导向、教师参与应用型科研项目的比例为因变量，将校企合作的紧密度、稳定性、专业主导权、企业态度积极、校企合作是否依赖协议或平台作为自变量，在回归方程中加入稳健性标准差的选择项（robust），控制升本时长、院校性质（公私立）、是否转型试点等反映院校特征的变量以及院校所在省固定效应，控制教师的行业企业经验，工作年限，是否具有中级以上职称，是否愿意参加进修培训等反映教师能力、经验与转型意愿的变量。该组回归中将校企合作的紧密度、稳定性、专业主导权、企业态度积极四个原本取值范围在 1—4 的定序分类变量处理为 0—1 二元分类变量，处理方法：将选择 1 很不同意、2 较不同意的处理为 0，将选择 3 比较同意、4 非常同意的处理为 1。

回归结果如表 5.26 所示。回归（3）的方差膨胀因子介于 1.07—7.27，小于临界值 10，说明不存在严重的多重共线性，回归结果可信。

表5.26　　　　　　校企合作对应用型科研的影响回归结果

	（1）	（2）	（3）
	学校科研导向为应用型	教师科研导向为应用型	参与应用型科研项目比例
校企合作紧密度高	−0.15 （0.25）	0.70 （0.47）	0.05 （6.31）

续表

	(1)	(2)	(3)
	学校科研导向为应用型	教师科研导向为应用型	参与应用型科研项目比例
校企合作稳定性强	0.06 (0.25)	0.41 (0.45)	0.03 (6.15)
校企合作专业主导权大	0.66*** (0.22)	0.72** (0.32)	-0.03 (4.90)
校企合作企业态度积极	0.27 (0.23)	0.20 (0.39)	0.05 (5.29)
校企合作依赖协议或平台	0.28** (0.14)	-0.35* (0.19)	0.03 (3.11)
与专业有关的行业企业经验（年）		0.04** (0.02)	-0.01 (0.35)
工作年限		0.03*** (0.01)	0.10*** (0.16)
中级以上职称		-0.04 (0.20)	-0.04 (3.31)
教师个体挂职锻炼意愿度		0.09 (0.21)	0.08** (3.31)
每周教学工作量（小时）		0.02 (0.02)	0.04 (0.27)
升本时长	-0.03 (0.03)	0.05 (0.04)	-0.10** (0.63)
私立院校（公办院校）	0.04 (0.22)	-0.02 (0.33)	-0.13** (5.09)
转型试点院校（非试点院校）	-0.39 (0.24)	0.42 (0.36)	-0.10* (4.92)
院校所在省固定效应	是	是	是
截距	0.30 (0.57)	-4.89*** (1.01)	48.92*** (14.24)
样本量	1043	756	790
R^2			0.04
伪 R^2	0.037	0.097	

注：1. 样本限定在新建本科院校，回归（3）除了截距项呈现的为标准化系数；2. 括号内为虚拟变量基准组和稳健标准误；3. ***$p < 0.01$，**$p < 0.05$，*$p < 0.1$。

校企合作中专业掌握更多主导权有助于教师认为学校及教师自身科研导向为应用型，专业掌握主导权体现了教师的专业水平和权威，一定程度上反映了教师的应用技术水平。校企合作依赖协议或平台有助于教师认为学校的科研导向为应用型，但是不利于教师认为自己的科研导向应用型，可能更正式的校企合作平台推动的是学校层面的应用型科研合作，而非教师层面个体性的应用型科研合作。校企合作对教师参与应用型科研项目的比例没有显著影响。教师参与应用型科研项目比例的提升需要长期的积累，不仅对教师科研水平有较高要求，还需要更多合作的机会以及企业对教师应用科研能力的认可。

对于全样本进行上述回归分析，结果稳定，依然呈现校企合作对应用型科研导向有显著的正向影响，但对教师应用型科研项目比例没有显著影响的结果，校企合作依赖平台和协议对教师科研导向为应用型的影响不再显著。

对新建本科院校中经济人文管理传媒类专业子样本进行上述回归，结果较为稳定，呈现出校企合作对学校科研导向为应用型和教师应用型科研项目比例有正向显著影响的结果。对新建本科院校中应用/机械/计算机/工程类专业子样本进行上述回归，除专业主导权对教师应用型科研项目比例有负向显著影响外，其他结果与新建本科样本回归结果接近，呈现校企合作对应用型科研导向有显著的正向影响的结果。

综上所述，本部分基本验证了假设2.3c：校企合作质量更高的，学校和教师科研导向更偏向应用型，教师应用型科研项目比例更高。研究结果发现校企合作质量高的学院学校和教师科研导向更偏向应用型，但教师应用型科研项目比例并没有显著更高。

四　应用型科研对校企合作的影响

应用型科研和校企合作可以互相影响。一方面，深入开展校企合作可以为教师提供更多与企业共同开展应用科研的机会，加强教师对企业生产实践的感知，提升教师应用技术水平，从而改变教师科研导向，提高教师应用科研能力；另一方面，教师通过应用型科研可以提高应用科研能力，更好地帮助企业解决实际难题，促进校企合作的深入开展，提高校企合作中学校、专业方面的主导权。前文检验了校企合作对应用型科研的促进作用，接下来本书将检验应用型科研对校企合作的影响。

在应用型科研对校企合作的影响模型中，分别以校企合作的紧密度、稳定性等为因变量，以学校、教师科研导向为应用型、教师参与应用型科研项目比例为自变量，控制院校特征、院校所在省固定效应，加入稳健性标准差的选择项（robust）。紧密度、稳定性、专业主导权、企业态度积极为定序分类变量，校企合作依赖协议或平台为二元分类变量，因此分别采用定序罗吉斯特和二元罗吉斯特回归方法。回归结果如表 5.27 所示。

表 5.27　　　　　　　　　　**应用型科研对校企合作的影响**

	（1）	（2）	（3）	（4）	（5）
	紧密度	稳定性	专业主导权	企业态度积极	校企合作依赖协议或平台
学校科研导向为应用型	0.60 *** (0.13)	0.59 *** (0.12)	0.58 *** (0.12)	0.60 *** (0.13)	0.51 *** (0.13)
教师科研导向为应用型	0.81 *** (0.14)	0.91 *** (0.14)	0.99 *** (0.14)	0.98 *** (0.15)	-0.10 (0.15)
参与应用型科研项目比例	0.00 (0.00)	0.00 ** (0.00)	0.00 * (0.00)	0.00 (0.00)	0.00 * (0.00)
升本时长	-0.03 (0.03)	-0.06 ** (0.03)	-0.02 (0.03)	0.01 (0.03)	-0.00 (0.03)
私立院校（公办院校）	0.37 * (0.22)	0.38 * (0.21)	0.49 *** (0.21)	0.69 *** (0.21)	0.32 (0.21)
转型试点院校（非试点院校）	0.08 (0.25)	0.23 (0.23)	0.04 (0.23)	0.17 (0.22)	0.05 (0.22)
院校所在省固定效应	是	是	是	是	是
截距项	略	略	略	略	略
样本量	1043	1043	1041	1041	1076
伪 R^2	0.041	0.052	0.047	0.048	0.042

注：1. 样本限定在新建本科院校；2. 括号内为虚拟变量基准组和稳健标准误；3. *** $p < 0.01$，** $p < 0.05$，* $p < 0.1$。

对学校科研导向为应用型的感知有助于提高校企合作紧密度、稳定性等各方面质量。对教师自身科研导向为应用型的感知能显著提高校企合作的紧密度、稳定性、专业主导权，企业在校企合作中态度也更加积极，而且教师科研导向为应用型比学校科研导向为应用型对校企合作的影响更大。教师参与应用型科研项目的比例每提高 1 个百分点，校企合作的稳定性和专业主导权均会有显著的提高，校企合作更加正式，但是提高的量较小，四舍五入后接近于 0。应用型科研项目比例的影响系数很小，接近于 0，与教师应用型科研项目比例的分布有关。近半数教师应用型科研项目比例为 0，开展应用型科研的教师中，应用型科研项目比例分布也并不均衡，应用型科研项目比例为 91%—100%、71%—80%、41%—50% 的教师较多，但占比均在 10% 左右。

　　综上所述，本部分验证了假设 2.3d：科研导向的转变与应用型科研的开展有助于提高校企合作质量。

五　组织转型通过校企合作影响应用型科研回归结果梳理

　　组织转型通过提高校企合作质量影响应用型科研。学校和院系的组织转型维度与组织转型类型均对校企合作质量产生一定影响。

　　表 5.28 和表 5.29 分别呈现了学校和院系的组织转型维度对校企合作的影响回归结果。对比表 5.28 和表 5.29，学校层面只有校企合作指导激励制度对校企合作的影响较全面，院系组织转型各维度对校企合作的影响均很全面。从影响力度来看，学校层面校企合作指导激励制度对校企合作的影响最大，院系层面应用型定位和实践实训资源保障对校企合作的影响最大。

表 5.28　　　　　学校组织转型维度对校企合作的影响回归结果梳理

	校企合作
理念规划与资源匹配	• 紧密度 • 稳定性
应用型定位与专业设置	• **紧密度**
重视实践教学与教学改革	• 稳定性
校企合作指导激励制度	• **紧密度** • **稳定性** • **专业主导权** • 主要依赖协议或平台
行政推动与严格考核	• 专业主导权

表 5.29　　　　　院系组织转型维度对校企合作的影响回归结果梳理

	校企合作
应用型定位	• **紧密度** • **稳定性** • 专业主导权 • 企业态度积极 • **主要依赖协议或平台**
学习型团队建设	• 紧密度 • 稳定性 • 专业主导权 • 企业态度积极
实践实训资源保障	• **紧密度** • 稳定性 • **专业主导权** • **企业态度积极** • 主要依赖协议或平台
考核管理	• 紧密度 • 稳定性 • 专业主导权 • 企业态度积极 • **主要依赖协议或平台**

图 5.14 呈现了不同组织转型类型的学院在校企合作各方面的表现。和学校院系均转型不深入的学院相比,学校院系均转型深入与仅院系转型深入的学院校企合作各方面均表现相对更好,仅学校转型深入的学院在校企合作的紧密度、稳定性、专业主导权和企业态度积极四个方面也表现显著更好。学校和院系的深入转型有效提高了校企合作的质量。

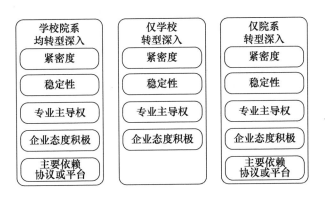

图 5.14　不同组织转型类型学院校企合作情况

　　表5.30梳理了校企合作对应用型科研影响的结果。根据表5.30，校企合作对应用型科研的影响较小，只有专业主导权和主要依赖协议或平台对科研导向有一定的影响。在校企合作中专业占有主导权有助于教师认为学校科研导向为应用型，教师自身科研导向为应用型的可能性也更高。专业主导权一定程度上反映了该专业的应用实践实力，应用实践实力强的学院更多教师认为学校和自身的科研导向为应用型。校企合作主要依赖协议或平台有助于教师认为学校的科研导向为应用型，但反而不利于教师科研导向向应用型转变，具体原因值得进一步研究。

表5.30　　　　　　　　**校企合作对应用型科研的影响回归结果梳理**

	应用型科研
紧密度	
稳定性	
专业主导权	● 学校科研导向为应用型 ● 教师科研导向为应用型
企业态度积极	
主要依赖协议或平台	● 学校科研导向为应用型 ● （教师科研导向为应用型）

　　校企合作和应用型科研相辅相成，互相促进。表5.31梳理了应用型科研对校企合作影响的回归结果。学校科研导向为应用型有助于校企合作各方面质量的提升，教师科研导向为应用型有助于校企合作紧密度、稳定性、专业主导权、企业态度积极四个方面的提升，教师参与应用型科研项目比例更高有助于提高校企合作的稳定性、专业主导权，也有助于主要依赖协议或平台开展校企合作。

表5.31　　　　　　　　**应用型科研对校企合作影响的回归结果梳理**

	校企合作
学校科研导向为应用型	● 紧密度 ● 稳定性 ● 专业主导权 ● 企业态度积极 ● 主要依赖协议或平台

续表

	校企合作
教师科研导向为应用型	• 紧密度 • 稳定性 • 专业主导权 • 企业态度积极
教师参与应用型科研项目比例	• 稳定性 • 专业主导权 • 主要依赖协议或平台

至此，本章通过第三至五节，采用回归分析的方法验证了组织转型对应用型科研的直接影响，以及通过教师挂职与培训、校企合作对应用型科研的影响，验证了假设 2.1、假设 2.2a、假设 2.2b、假设 2.3a、假设 2.3b、假设 2.3c、假设 2.3d，完成了回归模型对"假设 2：学校和院系的组织转型维度，组织转型类型直接影响应用型科研，也通过提高教师挂职与培训参与、时长和内容，以及校企合作质量促进应用型科研的开展"的完整检验。

笔者将上述各组回归分组计算显著比 = 正向显著的自变量/加入的自变量，得到取值范围为 0—1 的显著比，然后按照 0.33、0.67 两个节点将显著比分为影响较小、一般、较大三类，由于影响多为正向，影响较小的在图中标"＋"，线条最细，影响一般的在图中标"＋＋"，线条中等粗细，影响较大的在图中标"＋＋＋"，线条最粗。最终结果如图 5.15 所示。

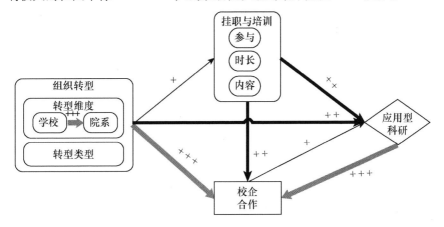

图 5.15　组织转型对应用型科研影响的回归结果梳理

根据图5.15，组织转型对应用型科研的直接影响一般，通过教师挂职与培训对应用型科研产生的影响较小。组织转型通过校企合作对应用型科研影响略显复杂，虽然组织转型对校企合作有较大影响，但校企合作对应用型科研的影响较小。应用型科研与校企合作的开展相辅相成，应用型科研的提升对校企合作质量提升有较大的促进作用。

第六节　组织转型对应用型科研的影响机制研究

为了进一步检验组织转型对应用型科研的影响机制，笔者采用结构方程模型，构造组织转型通过教师挂职与培训、校企合作影响应用型科研的初始模型，观察模型拟合度和影响系数大小及显著性。

一　组织转型通过教师挂职与培训影响应用型科研

根据组织转型直接影响应用型科研，并通过影响教师挂职与培训间接影响应用型科研的思路，笔者最初构建了学校和院系的组织转型分别影响应用型科研和教师挂职与培训，教师挂职与培训影响应用型科研的原始模型。但结果显示模型拟合度不高，而且院系组织转型对教师挂职与培训的影响不显著，因此笔者删去了院系组织转型对教师挂职与培训的影响，发现拟合较好。图5.16呈现了组织转型通过教师挂职与培训对应用型科研

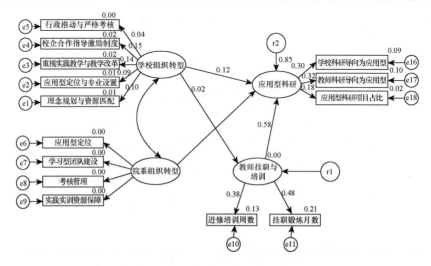

图5.16　组织转型通过教师挂职与培训影响应用型科研路径

的影响。可以发现学校组织转型和院系组织转型直接影响应用型科研，学校组织转型还通过影响教师挂职与培训间接影响教师的应用型科研导向及开展情况。

表5.32呈现了该模型的拟合指数。结构方程模型的拟合指数很多，为了节省篇幅，笔者分别选择其他适配度、比较适配度、简约适配度类指标中的一个指标进行呈现，比较适配度和简约适配度指标都显示模型拟合优良，比较适配度指标显示模型拟合一般，模型整体拟合良好。

表5.32 组织转型通过教师挂职与培训影响应用型科研拟合指数

	主要适配指标	指标值	适配标准	适配判断
其他适配度	适配度指标值 GFI	0.952	>0.9	优良
比较适配度	比较适配度指标 CFI	0.858	>0.9	一般
简约适配度	简约调整 GFI PGFI	0.653	>0.5	优良

表5.33呈现了组织转型通过教师挂职与培训影响应用型科研的影响路径及标准化系数。根据表5.33，学校和院系组织转型均对应用型科研产生显著正向影响，其中学校组织转型的影响更大，院系组织转型对应用型科研的影响标准化系数接近于0。组织转型除了直接影响应用型科研，学校组织转型还通过显著影响教师挂职与培训来间接影响应用型科研。教师挂职与培训对应用型科研的影响为0.577，远高于学校组织转型对应用型科研的影响。但学校组织转型对教师挂职与培训的影响系数较小，显著性较低。

表5.33 组织转型通过教师挂职与培训影响应用型科研的影响路径及系数

影响路径			标准化系数	标准误	临界比值	p 值
教师挂职与培训	←	学校组织转型	0.017	0.229	2.062	0.039
应用型科研	←	教师挂职与培训	0.577	0.011	3.063	0.002
应用型科研	←	院系组织转型	0.000	0.030	4.970	***
应用型科研	←	学校组织转型	0.122	0.042	4.653	***

表5.34呈现了组织转型通过教师挂职与培训影响应用型科研的总效应（标准化）。可以看出主要是学校组织转型显著正向影响应用型科研，

院系组织转型发挥的作用非常小，标准化系数接近于 0。教师挂职与培训对应用型科研影响的总效应为 0.577。学校组织转型对教师挂职与培训的影响较小，总效应仅为 0.017。

表 5.34　　　　　　组织转型通过教师挂职与培训对应用型
科研影响的总效应（标准化）

	学校组织转型	院系组织转型	教师挂职与培训
教师挂职与培训	0.017	0.000	0.000
应用型科研	0.132	0.000	0.577

表 5.35 呈现了组织转型通过教师挂职与培训影响应用型科研的直接效应（标准化）。学校组织转型和教师挂职与培训对应用型科研影响的直接效应分别为 0.122 和 0.577，教师挂职与培训对应用型科研影响的直接效应更大。

表 5.35　　　　　　组织转型通过教师挂职与培训对应用型科研
影响的直接效应（标准化）

	院系组织转型	学校组织转型	教师挂职与培训
教师挂职与培训	0.000	0.017	0.000
应用型科研	0.000	0.122	0.577

表 5.36 呈现了模型中的间接效应（标准化）。学校组织转型除了对应用型科研有 0.122 的直接效应，还通过教师挂职与培训对应用型科研有 0.010 的间接效应。

表 5.36　　　　　　组织转型通过教师挂职与培训对应用型科研
影响的间接效应（标准化）

	院系组织转型	学校组织转型	教师挂职与培训
教师挂职与培训	0.000	0.000	0.000
应用型科研	0.000	0.010	0.000

　　整体而言，结构方程模型验证了组织转型通过教师挂职与培训对应用型科研的影响机制。组织转型不但直接影响应用型科研，还通过影响教师挂职与培训间接影响应用型科研。从影响大小来看，教师挂职与培训对应用型科研的影响大于组织转型，组织转型对应用型科研的影响主要在于学校组织转型。

二　组织转型通过校企合作影响应用型科研

　　笔者最初按照学校及院系组织转型直接影响应用型科研，并通过影响依赖协议或平台间接影响应用型科研的思路设立模型，发现拟合效果不理想。经过不断调试，发现去掉学校组织转型对应用型转型的直接影响后，模型拟合较为理想。

　　图 5.17 呈现了组织转型通过校企合作影响应用型科研的影响路径。通过多种尝试，采用依赖协议或平台这一体现校企合作正式与规范性的指标代表校企合作质量纳入模型，模型的拟合度较高。通过图 5.17 可以看出，组织转型不但直接影响应用型科研，还通过促进校企合作正式化规范化，间接影响应用型科研。

　　表 5.37 呈现了模型拟合指数，同样每类适配度指标仅选择一个进行呈现。除比较适配度指标拟合一般外，其他适配度和简约适配度均拟合优良。

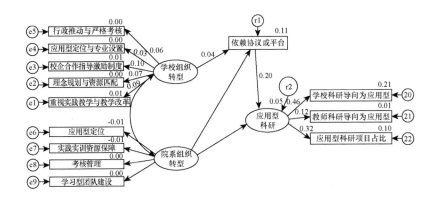

图 5.17　组织转型通过校企合作影响应用型科研影响路径

表 5.37　　　　　组织转型通过校企合作影响应用型科研拟合指数

	主要适配指标	指标值	适配标准	适配判断
其他适配度	适配度指标值 GFI	0.947	>0.9	优良
比较适配度	比较适配度指标 CFI	0.847	>0.9	一般
简约适配度	简约调整 GFI PGFI	0.635	>0.5	优良

　　表 5.38 呈现了模型的影响路径及系数。虽然院系组织转型对应用型科研的影响在 5% 的显著性水平上显著，但是标准化系数后系数较小，接近 0.000。组织转型通过影响校企合作依赖协议或平台对应用型科研产生影响，具体表现为学校组织转型对依赖协议或平台的影响为 0.043，依赖协议或平台对应用型科研的影响为 0.198，均在统计上显著。

表 5.38　　　组织转型通过校企合作影响应用型科研的影响路径及系数

影响路径			系数	标准化系数	标准误	临界比值	p 值
依赖协议或平台	←	学校组织转型	0.248	0.043	0.038	6.564	***
依赖协议或平台	←	院系组织转型	0.310	0.000	0.053	5.854	***
应用型科研	←	院系组织转型	0.042	0.000	0.019	2.242	0.025
应用型科研	←	依赖协议或平台	0.090	0.198	0.030	2.988	0.003

　　表 5.39 呈现了模型的总效应（标准化）。学校组织转型对应用型科研影响的总效应为 0.009，依赖协议或平台对应用型科研影响的总效应为 0.198，远远高于学校组织转型的影响。

表 5.39　　　组织转型通过校企合作对应用型科研影响的总效应（标准化）

	学校组织转型	院系组织转型	依赖协议或平台
依赖协议或平台	0.043	0.000	0.000
应用型科研	0.009	0.000	0.198

　　表 5.40 呈现了模型中的直接效应（标准化）。标准化后，组织转型对应用型科研的直接效应为 0，依赖协议或平台对应用型科研的直接效应为 0.198。

表5.40　　组织转型通过校企合作对应用型科研影响的直接效应（标准化）

	院系组织转型	学校组织转型	依赖协议或平台
依赖协议或平台	0.000	0.043	0.000
应用型科研	0.000	0.000	0.198

表5.41 呈现了模型中的间接效应（标准化）。学校组织转型对应用型科研的间接效应为0.009，除此之外，模型中不存在其他的间接效应。

表5.41　　组织转型通过校企合作对应用型科研影响的间接效应（标准化）

	院系组织转型	学校组织转型	依赖协议或平台
依赖协议或平台	0.000	0.000	0.000
应用型科研	0.000	0.009	0.000

整体来看，模型细致呈现了组织转型通过校企合作对应用型科研产生影响的机制。组织转型能够通过影响校企合作来对应用型科研产生显著的正向影响。和预期不一致的是，组织转型对应用型科研的直接影响几乎可以忽略不计，而主要通过影响校企合作来影响应用型科研。依赖协议或平台对应用型科研的影响远大于组织转型对应用型科研的影响。

本节采用结构方程模型分别验证了组织转型通过教师挂职与培训、校企合作对应用型科研的影响，教师挂职与培训、校企合作对应用型科研的影响均比学校组织转型对应用型科研的直接影响更大。

第七节　小结

本章首先分院校类型和地区对比分析了新建本科院校应用型科研的开展现状，然后运用相关系数、多元线性回归模型、二元罗吉斯特模型、多层线性模型、结构方程模型等方法检验了学校和院系的组织转型维度与转型类型对应用型科研的影响及作用路径。

在应用型科研的描述统计方面，分院校类型来看，老本科院校教师科研导向为应用型的更高，但是新建本科院校认为学校科研导向为应用型的比例更高，两类院校在教师应用型科研项目比例上没有显著差异。从不同地区的新建本科院校对比情况来看，学校和教师科研导向为应用型呈现出中部最高、东部次之、西部最低的趋势，地区之间教师应用型科研项目比例差异不大。在不考虑其他影响因素，单独看组织转型与教师参与应用型项目比例的简单相关系数的情况下，教师参与应用型科研项目比例只与学校组织转型的应用型定位与专业设置维度相关，与院系组织转型的各维度均不相关。分转型类型来看，学校院系均转型深入和仅学校转型深入的学院教师认为学校科研导向为应用型的比例更高，仅院系转型深入的学院教师科研导向为应用型的比例更高，仅学校转型深入的学院教师参与应用型科研项目比例更高。

组织转型维度与类型直接影响应用型科研，回归分析结果显示，学校组织转型维度对应用型科研影响较大，其中重视实践教学与教学改革对应用型科研的影响最大且最全面，院系组织转型维度对应用型科研的影响较小，仅考核管理方面有助于教师科研导向向应用型转变。学校院系均转型深入和仅学校转型深入的，教师认为学校科研导向为应用型的比例更高。只有学校院系均转型深入的学院教师科研导向为应用型的比例显著更高，说明学校转型深入而且院系能够贯彻实施，才能实际影响到教师的科研导向。多层线性模型分析结果显示院系组织转型维度对应用型科研影响更大，院系的应用型定位、考核管理、实践实训资源保障均对教师科研导向为应用型有显著正向影响，学校层面只有应用型定位与专业设置有助于教师认为学校科研导向为应用型。

组织转型维度与类型通过影响教师挂职与培训参与、时长、内容来影响应用型科研。学校和院系的组织转型维度与组织转型类型影响教师挂职与培训。学校组织转型维度对挂职与培训的影响较小，院系组织转型维度对教师挂职与培训的影响更为全面，其中应用型定位和实践实训资源保障对挂职与培训的影响更全面。学校、院系任何一个层面转型深入的学院都会在教师挂职与培训方面有较好的表现。学校转型深入有助于教师参与挂职锻炼，增加挂职锻炼时间，也有助于开展企业生产实践、课程教学类培训。院系转型深入有助于教师更多地参与挂职。在挂职与培训影响应用型科研方面，参与挂职锻炼能够全面影响应用型科研导向和教师应用型科研项目比例。挂职锻炼时长的增加有助于教师转变自身科研导向，进修培训时长的增加有助于提高教师应用型科研项目比例。课程教学类培训有助于教师认为学校科研导向为应用型，有助于自身科研导向向应用型转变。结构方程模型验证了组织转型通过教师挂职与培训（以进修培训周数和挂职锻炼月数为测量变量）影响应用型科研，而且教师挂职与培训对应用型科研影响的总效应更大，为 0.577，学校组织转型对应用型科研的影响仅为 0.132，学校组织转型对教师挂职与培训的影响很小，仅为 0.017，新建本科院校需要对症下药，以教师挂职与培训为抓手推动应用型科研的开展。

组织转型通过提高校企合作质量影响应用型科研。组织转型维度与类型影响校企合作质量。学校层面只有校企合作指导激励制度对校企合作的影响较全面，院系组织转型各维度对校企合作的影响均很全面。学校层面校企合作指导激励制度对校企合作的影响最大，院系层面应用型定位和实践实训资源保障对校企合作的影响最大。学校院系均转型深入与仅院系转型深入的学院校企合作各方面均表现相对更好，仅学校转型深入的学院在校企合作的紧密度、稳定性、专业主导权、企业态度积极四个方面表现显著更好。校企合作和应用型科研相辅相成，互相促进。应用型科研对校企合作质量的提升影响更全面更大，但校企合作对应用型科研的影响较小，只有专业主导权和主要依赖协议或平台对科研导向有一定的正向影响。结构方程模型验证了组织转型通过校企合作（以依赖协议或平台为测量变量）影响应用型科研，而且校企合作对应用型科研的影响更大，为 0.198，学校组织转型对应用型科研的影响仅为 0.009。

第六章

组织转型对应用型教学的影响

教学和科研是高校的核心职能，地方本科院校的教学和科研均具有应用型的特点，以服务当地行业企业为导向。应用型教学能够很大程度上体现地方本科院校的人才培养服务能力，是组织转型的核心目标之一。应用型教学是人才培养模式的核心环节，主要体现在课程设置、教学行为上，教师的技术水平和教师对本专业教学质量的满意度也能从侧面反映应用型教学水平，因此本书采用课程设置的职业就业性、应用复合性，教学行为的学以致用性，教师技术水平和教学质量满意度作为应用型教学的测量变量。

本章主要验证假设 3：组织转型直接影响应用型教学，也通过教师挂职与培训、校企合作、应用型科研间接影响应用型教学。为了更好地验证假设 3，本章将假设 3 分解为 4 个子假设，第五章已经完成组织转型影响挂职与培训、校企合作、应用型科研的检验，本章不再重复检验。本章假设及各要素之间相应关系如图 6.1 所示。

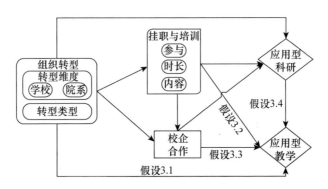

图 6.1　组织转型对应用型教学的影响假设

子假设如下。

假设 3.1：学校和院系在定位、制度、资源配置等维度的较好表现有助于提高应用型教学，其中院系组织转型各维度对应用型教学的促进更大，学校院系均转型深入的学院应用型教学的五个维度表现更好。[①]

假设 3.2：教师挂职与培训参与率高，参与时间长，内容更偏向企业生产实践和课程教学，有助于提高应用型教学水平。

假设 3.3：校企合作质量高有助于提高应用型教学水平。

假设 3.4：学校和教师科研导向转向应用型，教师应用型科研项目比例高有助于提高应用型教学水平。

本章首先介绍地方本科院校应用型教学现状，然后探寻组织转型维度与类型对应用型教学的影响大小，以及组织转型维度与类型通过教师挂职与培训、校企合作、应用型科研对应用型教学的影响，最后采用结构方程模型方法探究组织转型对应用型教学的影响机制，分别采用描述统计、相关系数、回归分析、结构方程模型等方法，层层深入，分析组织转型对应用型教学的影响。

第一节　应用型教学现状

本书采用不同类型院校、不同地区新建本科院校对比的方式呈现应用型教学的情况。由于课程设置与教学行为的三个维度为因子得分，而教师技术水平和教学质量满意度是 1—5 的定序分类变量，因此分开进行呈现。

一　不同类型院校应用型教学情况

根据图 6.2，新建本科院校课程设置的职业就业性、应用复合性高于老本科院校，老本科院校的学以致用性略高于新建本科院校。两类院校在职业就业性方面差异最大，在学以致用性方面差异最小。

对两类院校的教学行为进行独立样本 t 检验，结果显示两类院校在课程设置的职业就业性上存在显著差异，在其他两方面没有显著差异。

图 6.3 呈现了不同类型院校教师技术水平与教学质量满意度的情况。

---

① 刘彦林、郭建如：《高校组织转型策略及类型对应用型教学的影响——基于地方本科院校的实证研究》，《河北师范大学学报》（教育科学版）2022 年第 2 期。

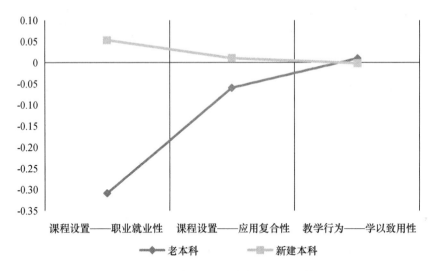

图 6.2　不同类型院校课程设置与教学行为情况对比

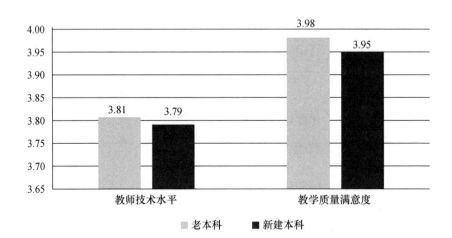

图 6.3　不同类型院校教师技术水平与教学质量满意度

老本科院校与新建本科院校的教师技术水平和教学质量满意度差异很小，分别只相差 0.02 和 0.03，独立样本 t 检验结果显示差异不显著。

二　不同地区新建本科院校应用型教学情况

本书重点关注新建本科院校，不同地区的经济发展水平、高等教育发展水平存在较大差异，不同地区新建本科院校应用型教学可能存在不同的特点。接下来笔者对不同地区新建本科院校的应用型教学情况进行对比分析。

图 6.4 呈现了不同地区新建本科院校课程设置与教学行为情况。整体而言，新建本科院校课程设置与教学行为呈现出东部地区表现最好，中部地区次之，西部地区最差的趋势。中部地区在职业就业性方面甚至优于东部地区。三类地区在学以致用性、应用复合性方面差异较大，在职业就业性方面差异较小。

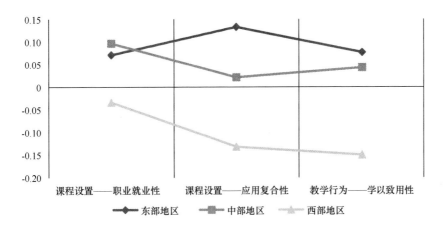

图 6.4　不同地区新建本科院校课程设置与教学行为情况

对新建本科院校的教学行为进行地区的单因素方差分析，结果显示不同地区新建本科院校教学行为的学以致用性、课程设置的应用复合性存在显著差异，但在课程设置的职业就业性方面没有显著差异。

按照同样的方法，笔者进一步做了不同地区新建本科院校教师技术水平和教学质量满意度的对比。图 6.5 呈现了不同地区新建本科院校教师技术水平与教学质量满意度的情况。东部地区教师技术水平最高，西部地区教师技术水平次高，非常接近东部地区，中部地区教师技术水平最低。东中西部地区教师的教学质量满意度依次递减，东部最高，西部最低。

对不同地区新建本科院校的教师技术水平和教学质量满意度进行单因素方差分析，结果显示地区间教师技术水平不存在显著差异，但是教学质量满意度存在显著差异。

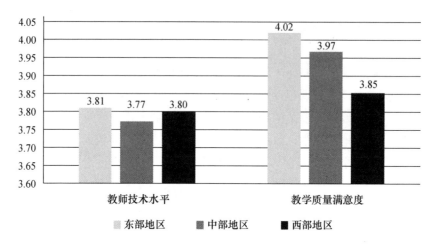

图 6.5　不同地区新建本科院校教师技术水平与教学质量满意度

第二节　组织转型与应用型教学

应用型教学是新建本科院校的核心技术，根据组织理论，核心技术会受到组织战略规划、资源配置、制度等方面的影响。为了检验组织转型与应用型教学之间的关系，本书首先采用相关系数检验学校和院系的组织转型维度与课程设置及教学行为之间是否显著相关。教师技术水平和教学质量满意度为定序分类变量，而非连续变量，因此没有做学校和院系的组织转型维度与教师技术水平和教学质量满意度的相关系数分析。

一　组织转型维度与课程设置及教学行为的相关系数

（一）学校组织转型维度与课程设置及教学行为

表 6.1 呈现了学校组织转型维度与课程设置及教学行为三个因子之间的 Spearman 相关系数与显著性，括号内为 p 值。根据表 6.1，课程设置的职业就业性、应用复合性，教学行为的学以致用性均和学校转型的各个方面呈现显著正向相关关系，而且课程设置与教学行为各维度均与学校的校企合作指导激励制度相关系数最大。从相关系数及显著性来看，学校组织转型各维度对应用型教学产生了一定的影响。

表6.1　　　　　学校组织转型维度与课程设置及教学行为的相关系数

	理念规划与资源匹配	应用型定位专业设置	重视实践教学与教学改革	校企合作指导激励制度	行政推动与严格考核
课程设置——职业就业性	0.250 *** (0.000)	0.122 *** (0.000)	0.300 *** (0.000)	0.394 *** (0.000)	0.127 *** (0.000)
课程设置——应用复合性	0.195 *** (0.000)	0.201 *** (0.000)	0.245 *** (0.000)	0.270 *** (0.000)	0.063 ** (0.032)
教学行为——学以致用性	0.203 *** (0.000)	0.238 *** (0.000)	0.214 *** (0.000)	0.240 *** (0.000)	0.146 *** (0.000)

（二）院系组织转型维度与课程设置及教学行为

表6.2呈现了院系组织转型维度与课程设置及教学行为的 Spearman 相关系数及显著性，括号内为 p 值。从表6.2来看，课程设置的职业就业性、应用复合性及教学行为的学以致用性均与院系组织转型的四个维度显著相关。课程设置的职业就业性与院系的实践实训资源保障相关性最大，课程设置的应用复合性与院系的考核管理相关性最大，教学行为的学以致用性与院系的应用型定位相关性最大。院系组织转型维度也对应用型教学产生了一定影响。

表6.2　　　　　院系组织转型维度与课程设置及教学行为的相关系数

	应用型定位	实践实训资源保障	学习型团队建设	考核管理
课程设置——职业就业性	0.317 *** (0.000)	0.365 *** (0.000)	0.199 *** (0.000)	0.363 *** (0.000)
课程设置——应用复合性	0.219 *** (0.000)	0.243 *** (0.000)	0.177 *** (0.000)	0.262 *** (0.000)
教学行为——学以致用性	0.330 *** (0.000)	0.178 *** (0.000)	0.126 *** (0.000)	0.278 *** (0.000)

综合学校和院系的组织转型维度与课程设置及教学行为的相关系数来看，学校组织转型维度与课程设置的相关性最大，院系组织转型维度与教学行为的相关性最高。

二 组织转型深入程度与应用型教学

组织转型维度反映了组织转型核心要素与课程设置及教学行为的关系，组织转型深入程度、学校和院系转型程度的不同组合也可能与课程设置及教学行为相关。

图 6.6 呈现了学校和学院两个层级不同转型深入程度的学院在课程设置的职业就业性、应用复合性和教学行为的学以致用性方面的平均因子得分。可以发现，学校转型深入的在课程设置与教学行为的三个方面因子得分均显著高于学校转型不深入的。院系转型深入的在课程设置与教学行为的三个方面因子得分均显著高于院系转型不深入的，而且差异大于不同学校转型深入程度之间的差异。学校和院系组织转型深入程度与课程设置及教学行为息息相关。

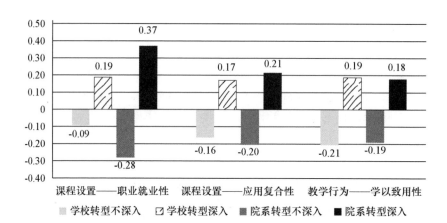

图 6.6 新建本科院校组织转型深入程度与课程设置和教学行为

图 6.7 呈现了不同学校、院系转型深入程度的教师技术水平和教学质量满意度均值。无论是对于学校转型还是对于院系转型，转型深入的学校及学院教师技术水平和教学质量满意度均高于不深入的学校及学院。在教师技术水平方面，不同学校转型深入程度之间的差异，与不同院系转型深入程度之间的差异非常接近。在教学质量满意度方面，不同院系转型深入程度之间的差异更大。

除了分开看学校和院系的组织转型深入程度与应用型教学之间的关系，还可以将学校与院系转型深入程度结合起来，分为不同组织转型类型

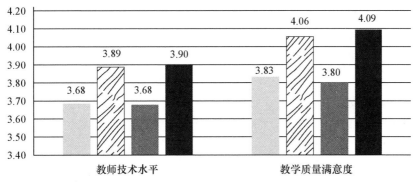

图 6.7 新建本科院校组织转型深入程度与教师技术水平、教学质量满意度

进行对比。图 6.8 呈现了不同组织转型类型的学院课程设置和教学行为的均值。可以看出学校院系均转型深入的，课程设置的应用复合性和教学行为的学以致用性平均因子得分最高，仅院系转型深入的课程设置的职业就业性平均因子得分最高。有效提升课程设置与教学行为的应用实践性既需要学校的战略规划与政策支持，也需要院系的落实与贯彻。仅院系转型深入的课程设置的职业就业性平均因子得分最高，可能与仅院系转型深入的多为自发转型，应用实践基础较好有关。

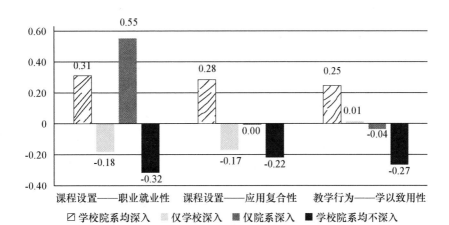

图 6.8 新建本科院校组织转型类型与课程设置及教学行为

资料来源：郭建如、刘彦林：《地方普通本科院校向应用型转型的进展及其效果——基于组织转型的视角》，《职业技术教育》2021 年第 9 期。

　　图 6.9 呈现了不同组织转型类型的学院教师技术水平和教学质量满意度均值。根据图 6.9，学校院系均转型深入、仅学校转型深入、仅院系转型深入三类专业的教师技术水平均较高，且均值非常接近。学校院系均转型深入和仅院系转型深入的，教学质量满意度更高。学校院系转型均不深入的，教师技术水平和教学质量满意度均最低，说明学校组织转型与院系组织转型的确推动了教师技术水平和教学质量的提升。

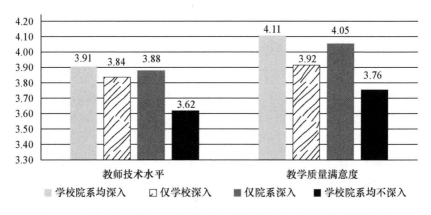

图 6.9　新建本科院校组织转型类型与教师技术水平及教学质量满意度

第三节　组织转型对应用型教学的直接影响

　　上一节采用相关系数和不同转型类型学院的应用型教学表现展示了组织转型与应用型教学之间存在一定的相关关系，但是描述性统计没有控制其他因素的影响，还需要进一步采用回归模型进行更科学的回归分析，检验组织转型对应用型教学的影响。本节首先检验组织转型维度对应用型教学的影响，然后检验组织转型类型对应用型教学的影响。

一　组织转型维度对应用型教学的影响

（一）多元线性回归与定序罗吉斯特回归结果

　　在组织转型维度对应用型教学的影响回归中，分别以课程设置和教学行为的三个维度，以及教师技术水平、教学质量满意度为因变量，先加入学校组织转型各维度，然后加入院系组织转型各维度，在回归方程中加入稳健性标准差的选择项（robust），控制升本时长、院校性质（公私立）、是否转型试点等反映院校特征的变量，以及教师的行业企业经验、工作年限，是否具有中级以上职称，是否愿意参加进修培训等反映教师能力、经验与转型意愿的变量，得到回归结果如表6.3与表6.4所示。回归（1）—回归（6）的方差膨胀因子（VIF）介于1.08—7.14，小于临界值10，说明回归不存在严重的多重共线性，回归结果可信。

表6.3　　　　　　　　组织转型对应用型教学的影响回归结果1

	（1）	（2）	（3）	（4）	（5）	（6）
	课程设置——职业就业性	课程设置——职业就业性	课程设置——应用复合性	课程设置——应用复合性	教学行为——学以致用性	教学行为——学以致用性
学校——理念规划与资源匹配	0.26 *** (0.03)	0.12 *** (0.04)	0.15 *** (0.05)	0.05 (0.06)	0.18 *** (0.04)	0.13 ** (0.06)
学校——应用型定位与专业设置	0.17 *** (0.03)	0.06 (0.04)	0.20 *** (0.04)	0.12 ** (0.06)	0.24 *** (0.05)	0.15 *** (0.06)
学校——重视实践教学与教学改革	0.33 *** (0.03)	0.12 ** (0.05)	0.16 *** (0.03)	0.03 (0.06)	0.16 *** (0.04)	0.10 (0.06)
学校——校企合作指导激励制度	0.39 *** (0.03)	0.17 *** (0.05)	0.23 *** (0.04)	0.07 (0.06)	0.17 *** (0.04)	0.06 (0.06)
学校——行政推动与严格考核	0.10 *** (0.03)	0.03 (0.03)	0.07 * (0.04)	0.02 (0.04)	0.12 *** (0.04)	0.08 ** (0.04)
院系——应用型定位		0.19 *** (0.05)		0.14 ** (0.06)		0.17 *** (0.06)
院系——实践实训资源保障		0.23 *** (0.05)		0.18 *** (0.05)		0.03 (0.05)
院系——学习型团队建设		0.17 *** (0.05)		0.06 (0.06)		0.01 (0.06)
院系——考核管理		0.22 *** (0.05)		0.20 *** (0.05)		0.16 *** (0.05)

续表

	(1)	(2)	(3)	(4)	(5)	(6)
	课程设置——职业就业性	课程设置——职业就业性	课程设置——应用复合性	课程设置——应用复合性	教学行为——学以致用性	教学行为——学以致用性
与专业有关的行业企业经验（年）	0.01 (0.01)	0.00 (0.01)	0.01 (0.01)	−0.01 (0.01)	−0.05 (0.01)	−0.04 (0.01)
工作年限	−0.01 (0.00)	−0.02 (0.00)	0.01 (0.00)	−0.01 (0.00)	0.06 * (0.00)	0.04 (0.00)
中级以上职称	−0.09 *** (0.07)	−0.08 ** (0.07)	0.07 * (0.07)	0.08 ** (0.07)	0.07 ** (0.07)	0.08 ** (0.07)
教师个体挂职锻炼意愿度	−0.03 (0.07)	−0.03 (0.07)	−0.00 (0.07)	0.01 (0.07)	0.09 *** (0.08)	0.08 ** (0.08)
每周教学工作量（小时）	0.07 ** (0.01)	0.06 * (0.01)	0.03 (0.01)	0.03 (0.01)	−0.10 ** (0.01)	−0.11 *** (0.01)
升本时长	−0.11 *** (0.01)	−0.12 *** (0.01)	0.05 (0.01)	0.02 (0.01)	0.11 ** (0.01)	0.11 ** (0.01)
私立院校（公办院校）	−0.08 * (0.10)	−0.09 ** (0.10)	0.05 (0.11)	0.01 (0.11)	0.19 *** (0.12)	0.18 *** (0.12)
转型试点院校（非试点院校）	−0.07 ** (0.08)	−0.06 * (0.08)	0.02 (0.10)	0.03 (0.10)	0.00 (0.11)	0.01 (0.10)
院校所在省固定效应	是	是	是	是	是	是
截距	0.61 ** (0.26)	0.74 *** (0.26)	−0.29 (0.27)	−0.11 (0.27)	−0.55 * (0.30)	−0.51 * (0.31)
样本量	817	800	817	800	817	800
R^2	0.40	0.43	0.18	0.20	0.21	0.24

注：1. 样本限定在新建本科院校，表中呈现的是标准化系数；2. 括号内为虚拟变量基准组和稳健标准误；3. ***$p<0.01$，**$p<0.05$，*$p<0.1$。

资料来源：刘彦林、郭建如：《高校组织转型策略及类型对应用型教学的影响——基于地方本科院校的实证研究》，《河北师范大学学报》（教育科学版）2022 年第 2 期。

表 6.4 组织转型对应用型教学的影响回归结果 2

	(1) 教师技术水平	(2) 教师技术水平	(3) 教学质量 满意度	(4) 教学质量 满意度
学校——理念 规划与资源匹配	0.24 *** (0.07)	0.08 (0.09)	0.36 *** (0.08)	0.14 (0.11)
学校——应用型定位与专业设置	0.26 *** (0.08)	0.09 (0.11)	0.35 *** (0.09)	0.13 (0.12)
学校——重视实践教学与 教学改革	0.59 *** (0.07)	0.36 *** (0.11)	0.68 *** (0.08)	0.39 *** (0.11)
学校——校企合作指导激励制度	0.54 *** (0.07)	0.30 *** (0.11)	0.59 *** (0.07)	0.23 ** (0.11)
学校——行政推动与严格考核	0.32 *** (0.07)	0.24 *** (0.07)	0.27 *** (0.07)	0.16 ** (0.07)
院系——应用型定位		0.34 *** (0.11)		0.42 *** (0.12)
院系——实践实训资源保障		0.23 ** (0.10)		0.36 *** (0.10)
院系——学习型团队建设		0.17 (0.10)		0.12 (0.11)
院系—考核管理		0.23 ** (0.10)		0.46 *** (0.10)
与专业有关的行业企业 经验（年）	0.02 (0.01)	0.02 (0.02)	0.02 (0.01)	0.02 (0.01)
工作年限	−0.01 (0.01)	−0.01 (0.01)	−0.00 (0.01)	−0.01 (0.01)
中级以上职称	0.08 (0.16)	0.10 (0.16)	0.13 (0.16)	0.16 (0.16)
教师个体挂职锻炼意愿度	0.49 *** (0.15)	0.49 *** (0.15)	0.97 *** (0.15)	0.99 *** (0.16)
升本时长	−0.09 *** (0.03)	−0.08 ** (0.03)	−0.02 (0.03)	−0.01 (0.03)

续表

	（1）	（2）	（3）	（4）
	教师技术水平	教师技术水平	教学质量满意度	教学质量满意度
私立院校（公办院校）	−0.15 （0.29）	−0.08 （0.30）	−0.06 （0.27）	−0.08 （0.28）
转型试点院校（非试点院校）	0.02 （0.25）	0.03 （0.25）	−0.55 ** （0.23）	−0.51 ** （0.24）
院校所在省固定效应	是	是	是	是
截距项	略	略	略	略
样本量	956	936	943	924
伪 R^2	0.105	0.111	0.135	0.155

注：1. 样本限定在新建本科院校；2. 括号内为虚拟变量基准组和稳健标准误；3. $***p < 0.01$，$**p < 0.05$，$*p < 0.1$。

资料来源：刘彦林、郭建如：《高校组织转型策略及类型对应用型教学的影响——基于地方本科院校的实证研究》，《河北师范大学学报》（教育科学版）2022 年第 2 期。

　　根据回归结果，院系组织转型的影响更大，体现在加入院系组织转型各维度后，学校组织转型各维度的影响系数显著变小，显著性降低，有些维度的影响由显著变得不显著。

　　具体来看，在课程设置的职业就业性方面，学校的理念规划与资源匹配、重视实践教学与教学改革、校企合作指导激励制度以及院系的应用型定位、实践实训资源保障、学习型团队建设、考核管理均对课程设置的职业就业性影响显著，其中院系的实践实训资源保障及考核管理影响最大；在课程设置的应用复合性方面，学校的应用型定位与专业设置和院系的应用型定位、实践实训资源保障、考核管理均对课程设置的应用复合性有显著影响，而且院系的考核管理影响最大；在教学行为的学以致用性方面，学校的理念规划与资源匹配、应用型定位与专业设置、行政推动与严格考核和院系的应用型定位、考核管理均对教学行为的学以致用性有显著的正向影响，其中院系的应用型定位和考核管理影响最大。

　　教师技术水平受到学校重视实践教学与教学改革、校企合作指导激励制度、行政推动与严格考核和院系的应用型定位、实践实训资源保障、考核管理的显著正向影响，其中受到学校重视实践教学与教学改革和院系应用型定位的影响最大。教学质量满意度受到学校重视实践教学与教学改革、校企合作指导激励制度、行政推动与严格考核和院系应用型定位、实践实训资源保障、考核管理的显著正向影响，其中受院系考核管理的影响最大。

综合来看，应用型教学受到学校重视实践教学与教学改革，以及学院考核管理的影响较大，学校的重视引导教师课程设置与教学向应用型转变，院系以考核管理制度对学校的导向加以落实，明确要求和标准，又进一步督促教师提高课程设置与教学行为的应用性。

对全样本（包括老本科院校和新建本科院校）、新建本科院校经济人文管理传媒类专业子样本、新建本科院校应用/机械/计算机/工程类专业子样本分别进行上述回归，结果依然稳健，结果显示组织转型对课程设置与教学行为、教师技术水平、教学质量满意度有显著的正向影响，受篇幅限制，不在此一一呈现回归结果。

课程设置与教学行为各维度只有37个缺失值，教师技术水平只有28个缺失值，教学质量满意度只有47个缺失值，缺失值占比较少，不再进行样本选择纠正。

（二）多层线性模型结果

为了检验学校的组效应，笔者进一步对组织转型影响应用型教学采用多层线性模型进行分析。首先对课程设置与教学行为的三个方面进行中心化处理。由于在 Stata 中对定序变量做零模型检验无法呈现跨级相关系数，笔者将教师技术水平和教学质量满意度处理为二元分类变量，处理方法为将教师技术水平一题中选择"1很低2较低3一般"的处理为0，将选择"4较高5很高"的处理为1，将教学质量满意度一题中选择"1不满意2不太满意3一般"的处理为0，将选择"4较满意5很满意"的处理为1。相应处理后，进行零模型检验，公式如式4.2和式4.3所示，在此不再赘述。表6.5呈现了应用型教学各变量的零模型检验结果，跨级相关系数均大于5%，p值均小于1%，可以采用多层线性模型进行分析。

表6.5 应用型教学的零模型检验

	稳健性标准误	p 值	跨级相关系数
课程设置——职业就业性	0.024	0.000	7.51%
课程设置——应用复合性	0.021	0.000	5.74%

续表

	稳健性标准误	p 值	跨级相关系数
教学行为——学以致用性	0.020	0.000	5.47%
教师技术水平	0.036	0.000	10.59%
教学质量满意度	0.038	0.000	10.88%

通过零模型检验后，笔者首先对组织转型维度对应用型教学的影响采用随机截距模型进行分析，添加学校的随机截距，在第一层加入升本时长、院校性质、转型试点院校、院校所在省份等控制变量，以及学校和院系的组织转型维度等自变量，结果如表6.6所示。

表6.6　　　组织转型维度对应用型教学的影响随机截距模型结果

	课程设置——职业就业性	课程设置——应用复合性	教学行为——学以致用性	教师技术水平	教学质量满意度
学校——理念规划与资源匹配	0.09 *** (0.03)	0.07 * (0.04)	0.15 *** (0.04)	−0.03 (0.10)	0.25 ** (0.11)
学校——应用型定位与专业设置	0.07 ** (0.03)	0.17 *** (0.04)	0.17 *** (0.04)	0.02 (0.10)	0.21 ** (0.10)
学校——重视实践教学与教学改革	0.08 ** (0.04)	0.05 (0.04)	0.11 *** (0.04)	0.24 ** (0.12)	0.33 ** (0.13)
学校——校企合作指导激励制度	0.17 *** (0.04)	0.10 ** (0.04)	0.07 * (0.04)	0.26 ** (0.12)	0.33 *** (0.13)
学校——行政推动与严格考核	0.04 * (0.02)	0.02 (0.03)	0.08 *** (0.03)	0.08 (0.08)	−0.04 (0.10)
院系——应用型定位	0.17 *** (0.04)	0.11 *** (0.04)	0.20 *** (0.04)	0.44 *** (0.11)	0.35 *** (0.12)
院系——学习型团队建设	0.13 *** (0.03)	0.07 * (0.04)	0.03 (0.04)	0.32 *** (0.11)	0.13 (0.11)
院系——考核管理	0.24 *** (0.03)	0.18 *** (0.04)	0.13 *** (0.04)	0.33 *** (0.10)	0.44 *** (0.12)
院系——实践实训资源保障	0.24 *** (0.03)	0.16 *** (0.04)	0.04 (0.04)	0.39 *** (0.11)	0.26 ** (0.12)

续表

	课程设置——职业就业性	课程设置——应用复合性	教学行为——学以致用性	教师技术水平	教学质量满意度
升本时长	-0.03 *** (0.01)	-0.01 (0.01)	0.03 ** (0.01)	-0.13 *** (0.05)	-0.00 (0.05)
私立院校 (公办院校)	-0.11 (0.09)	-0.01 (0.09)	0.19 ** (0.09)	-0.19 (0.37)	-0.15 (0.38)
转型试点院校 (非试点院校)	-0.10 (0.09)	0.09 (0.10)	-0.04 (0.10)	-0.33 (0.37)	-0.80 * (0.42)
院校所在省固定效应	是	是	是	是	是
截距	0.54 ** (0.22)	0.16 (0.22)	-0.31 (0.22)	3.33 *** (0.90)	2.46 *** (0.91)
样本量	1140	1140	1140	1134	1120
组数	32	32	32	32	32

注：1. 样本限定在新建本科院校；2. 括号内为虚拟变量基准组和标准误；3. ***p < 0.01，**p < 0.05，* p < 0.1。

根据表 6.6，随机截距模型与多元线性回归和定序罗吉斯特回归结果近似，整体来看，学校和院系组织转型有助于提高应用型教学水平，院系组织转型各维度对应用型教学的影响更大，其中院系的应用型定位对教学行为的学以致用性、教师技术水平的正向影响最大，院系的考核管理和实践实训资源保障对课程设置的职业就业性正向影响最大，院系的考核管理对课程设置的应用复合性、教学质量满意度的正向影响最大。

笔者进一步对组织转型对应用型教学的影响采用了全模型进行分析，公式和式 4.7、式 4.9 近似，不再赘述。在全模型公式中，层一加入院校所在省以及院系组织转型维度，层二加入学校组织转型维度、学校性质、升本时长、是否为转型试点院校，表 6.7 呈现了组织转型维度对应用型教学影响的全模型分析结果。进行全模型分析时，以教师技术水平和教学质量满意度为因变量进行分析，由于模型过于复杂，Stata 13 经过很长时间没有汇报结果，因此表 6.7 中没有进行呈现。根据表 6.7，全模型分析结果与随机截距模型结果近似，结果显示，学校和院系组织转型有助于应用型教学水平的提高，院系组织转型对应用型教学的影响更大，院系的考核管理与实践实训资源保障对课程设置的职业就业性正向影响最大，院系的考核管理对课程设置的应用复合性的正向影响最大，院系的应用型定位对教学行为的学以致用性的正向影响最大。整体来看，推动课程设置和教学行为向应用型转变需要明确的考核管理制度打破教师教学惯性，参照工作岗位、工作过程设计课程，开展应用实践性强的人才培养需要做好实践实训资源保障。

表6.7　　组织转型维度对应用型教学影响的全模型分析结果

	课程设置——职业就业性	课程设置——应用复合性	教学行为——学以致用性
学校——理念规划与资源匹配	0.11 *** (0.04)	0.09 * (0.05)	0.13 *** (0.04)
学校——应用型定位与专业设置	0.07 * (0.04)	0.15 *** (0.05)	0.15 *** (0.05)
学校——重视实践教学与教学改革	0.09 ** (0.04)	0.09 * (0.05)	0.09 (0.05)
学校——校企合作指导激励制度	0.17 *** (0.04)	0.10 ** (0.04)	0.08 (0.05)
学校——行政推动与严格考核	0.04 (0.03)	0.03 (0.03)	0.09 *** (0.03)
院系——应用型定位	0.16 *** (0.04)	0.10 ** (0.04)	0.20 *** (0.04)
院系——学习型团队建设	0.14 *** (0.03)	0.08 ** (0.04)	0.03 (0.04)
院系——考核管理	0.23 *** (0.03)	0.17 *** (0.04)	0.13 *** (0.04)
院系——实践实训资源保障	0.23 *** (0.03)	0.14 *** (0.04)	0.04 (0.04)
升本时长	−0.03 *** (0.01)	−0.01 (0.01)	0.03 *** (0.01)
私立院校（公办院校）	−0.13 (0.09)	−0.02 (0.11)	0.22 ** (0.09)
转型试点院校（非试点院校）	−0.10 (0.09)	0.08 (0.10)	−0.01 (0.10)

续表

	课程设置—— 职业就业性	课程设置—— 应用复合性	教学行为—— 学以致用性
院校所在省固定效应	是	是	是
截距	0.58*** (0.21)	0.17 (0.26)	-0.42* (0.23)
样本量	1140	1140	1140
组数	32	32	32

注：1. 样本限定在新建本科院校；2. 括号内为虚拟变量基准组和标准误；3. ***p<0.01，**p<0.05，*p<0.1。

二 组织转型类型对应用型教学的影响

组织转型类型反映了学校与院系的配合情况，也可能对应用型教学造成一定影响。本书进一步检验了组织转型类型对应用型教学的影响，因变量、控制变量与组织转型维度对应用型教学的影响回归模型一致。课程设置与教学行为的三个维度为连续变量，教师技术水平和教学质量满意度为定序变量，因此对课程设置与教学行为采用多元线性回归模型，对教师技术水平和教学质量满意度采用定序罗吉斯特模型。回归（1）—回归（3）的方差膨胀因子均未超过10，不存在严重的多重共线性，回归结果可信。回归模型同样控制院校所在省固定效应和异方差的影响，结果如表6.8所示。

表6.8 　　　　　　　**组织转型类型对应用型教学的影响回归结果**

	(1) 课程设置—— 职业就业性	(2) 课程设置—— 应用复合性	(3) 教学行为—— 学以致用性	(4) 教师技术水平	(5) 教学质量 满意度
学校院系均 转型深入	0.69*** (0.09)	0.44*** (0.09)	0.43*** (0.09)	0.89*** (0.20)	0.66*** (0.20)
仅学校转型深入	0.19 (0.12)	0.05 (0.11)	0.20 (0.12)	0.82*** (0.22)	0.03 (0.24)
仅院系转型深入	0.82*** (0.11)	0.22* (0.13)	0.20 (0.12)	0.75*** (0.26)	0.87*** (0.27)

续表

	（1）	（2）	（3）	（4）	（5）
	课程设置——职业就业性	课程设置——应用复合性	教学行为——学以致用性	教师技术水平	教学质量满意度
与专业有关的行业企业经验（年）	0.01 (0.01)	0.00 (0.01)	−0.00 (0.01)	0.04 ** (0.02)	0.04 ** (0.02)
工作年限	−0.01 (0.00)	−0.00 (0.00)	0.00 (0.00)	−0.01 (0.01)	−0.00 (0.01)
中级以上职称	−0.16 ** (0.07)	0.17 ** (0.08)	0.16 ** (0.07)	0.07 (0.16)	0.00 (0.16)
教师个体挂职锻炼意愿度	0.03 (0.07)	0.02 (0.07)	0.25 *** (0.08)	0.48 *** (0.15)	0.97 *** (0.16)
每周教学工作量（小时）	0.01 * (0.01)	0.00 (0.01)	−0.02 ** (0.01)	−0.00 (0.01)	−0.02 (0.02)
升本时长	−0.04 *** (0.01)	0.01 (0.02)	0.03 ** (0.02)	−0.07 ** (0.03)	0.02 (0.03)
私立院校（公办院校）	−0.09 (0.12)	0.12 (0.12)	0.43 *** (0.13)	0.09 (0.32)	0.63 ** (0.32)
转型试点院校（非试点院校）	−0.20 ** (0.10)	0.03 (0.11)	0.01 (0.10)	−0.15 (0.25)	−0.51 ** (0.22)
院校所在省固定效应	是	是	是	是	是
截距项	略	略	略	略	略
样本量	857	857	857	878	868
R^2	0.16	0.08	0.10		
伪 R^2				0.0438	0.0610

注：1. 样本限定在新建本科院校；2. 括号内为虚拟变量基准组和稳健标准误差；3. ***p < 0.01，**p < 0.05，*p < 0.1。

资料来源：刘彦林、郭建如：《高校组织转型策略及类型对应用型教学的影响——基于地方本科院校的实证研究》，《河北师范大学学报》（教育科学版）2022 年第 2 期。

　　根据表 6.8，学校院系均转型深入和仅院系转型深入的学院课程设置的职业就业性、应用复合性显著更高，教师技术水平和教学质量满意度显著更高，说明课程设置的职业就业性和应用复合性，教师技术水平和教学质量满意度受院系组织转型程度的影响更大。

教学行为的学以致用性的提高需要学校和院系组织转型的相互配合，仅有学校或院系组织转型深入并不能显著提高教学行为的学以致用性。

学校和院系任何一个层面转型深入都有助于显著提高教师技术水平，而且学校和院系协调系统转型时对教师技术水平的提升效果最好。

和预期不同的是，仅院系转型深入的学院虽然没有学校的大力支持，但在课程设置的职业就业性和应用复合性、教师技术水平和教学质量满意度四个方面均表现更好，而且在课程设置的职业就业性、教学质量满意度方面表现相对最好，可能与这类学院属于自发转型，有一定应用实践、校企合作传统或优势有关。仅院系转型深入的学院专业转型时长比学校院系均转型深入的学院更长，也从侧面印证了这类学院是自发转型的推测。

本书还对全样本（包括老本科院校和新建本科院校）、不同地区新建本科院校子样本分别进行上述回归，回归结果差异不大，比较稳健。

本节检验了学校和院系的组织转型维度，以及组织转型类型对应用型教学的影响，验证了假设3.1：学校和院系在定位、制度、资源配置等维度的较好表现有助于提高应用型教学，其中院系组织转型各维度对应用型教学的促进更大，学校院系均转型深入的学院应用型教学的五个维度表现更好。

三　组织转型对应用型教学直接影响回归结果梳理

前文回归分析结果已经发现学校和院系的组织转型维度与组织转型类型均对应用型教学有显著的正向影响。表6.9梳理了学校组织转型维度对应用型教学的影响回归结果，同样每个维度右边填写了该维度正向影响的应用型教学的特定方面，加粗表示左边的维度在学校组织转型五个维度中对该方面影响最大，如应用型定位与专业设置右边单元格中教学行为——学以致用性进行了加粗处理，表示应用型定位与专业设置对教学行为——学以致用性的影响最大。根据表6.9，可以发现一些规律。

（1）学校组织转型各维度均对应用型教学有一定的显著正向影响，其中落实到具体行动的转型维度——战略导向（重视实践教学与教学改革）、制度（校企合作指导激励制度）、行政推动（行政推动与严格考核）

三个方面对应用型教学的影响更加全面，均影响到了应用型教学的三个方面。

（2）学校组织转型的一些举措在应用型教学上得到了相应体现，重视实践教学与教学改革对教师技术水平和教学质量满意度的提高影响最大，应用型定位与专业设置对教学行为的学以致用性影响最大，校企合作指导激励制度对课程设置的职业就业性影响最大。

（3）课程设置的应用复合性是应用型教学的深层难题，在学校层面仅有应用型定位与专业设置一个维度能够有效提高课程设置的应用复合性。

表6.9　　　学校组织转型维度对应用型教学的影响回归结果梳理

	应用型教学
理念规划与资源匹配	● 课程设置——职业就业性 ● 教学行为——学以致用性
应用型定位与专业设置	● 课程设置——应用复合性 ● **教学行为——学以致用性**
重视实践教学与教学改革	● 课程设置——职业就业性 ● **教师技术水平** ● **教学质量满意度**
校企合作指导激励制度	● **课程设置——职业就业性** ● 教师技术水平 ● 教学质量满意度
行政推动与严格考核	● 教学行为——学以致用性 ● 教师技术水平 ● 教学质量满意度

表6.10梳理了院系组织转型维度对应用型教学的影响回归结果。和表6.9对比可以发现：院系组织转型维度对应用型教学的影响更加全面深入，有两个维度对应用型教学的五个方面有显著影响，一个维度对应用型教学的四个方面有显著影响。此外，梳理回归结果可以发现：共识（应用型定位）、资源（实践实训资源保障）、制度（考核管理）均对应用型教学有较全面较大影响，院系贯彻落实学校的应用型

定位，能够从思想上促进教师认同应用型转型，达成转型共识，形成教学改革内在动力，应用型教学改革对教师提出了较高的要求，还需要院系提供充足的资源保障为教师提供素材和机会，出台明确的制度对教师进行鞭策推动，多管齐下，内在驱动、资源保障、外部考核鞭策三方面共同作用，完成应用型教学改革任务；学习型团队建设还需要一定的积累或要求才能帮助教师将自身能力转化为课程设置、教学行为方面应用性的提升。

表 6.10　　院系组织转型维度对应用型教学的影响回归结果梳理

	应用型教学
应用型定位	● 课程设置——职业就业性 ● 课程设置——应用复合性 ● **教学行为——学以致用性** ● **教师技术水平** ● 教学质量满意度
学习型团队建设	● 课程设置——职业就业性
实践实训资源保障	● **课程设置——职业就业性** ● **课程设置——应用复合性** ● 教师技术水平 ● 教学质量满意度
考核管理	● **课程设置——职业就业性** ● **课程设置——应用复合性** ● **教学行为——学以致用性** ● 教师技术水平 ● **教学质量满意度**

组织转型类型也对应用型教学产生一定影响。图 6.10 梳理了不同组织转型类型学院应用型教学情况。和学校院系均转型不深入的学院相比，学校院系均转型深入的学院在应用型教学各方面均表现显著更好，而且在课程设置的应用复合性、教师技术水平两方面表现相对最好；仅学校转型深入的学院仅在教师技术水平方面表现相对更好。

综上所述，本节采用回归模型检验了学校和院系组织转型维度，组织转型类型对应用型教学的直接影响，研究结果验证了假设 3.1：学校和院系在定位、制度、资源配置等维度的较好表现有助于提高应用型教学，其

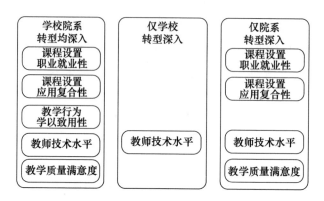

图 6.10　不同组织转型类型学院应用型教学情况

中院系组织转型各维度对应用型教学的促进更大，学校院系均转型深入的学院应用型教学的五个维度表现更好。

第四节　组织转型通过教师挂职与培训对应用型教学的影响

人才培养是高校的核心功能，加强人才培养中实践教学环节，增强教学行为的应用实践性，学用结合，结合岗位需求制订培养计划是应用型转型的重要目标。教师是进行实践教学与教学改革的主力军，了解企业生产管理实践，具备较高技术技能的教师，才能在课程设置、教学行为等人才培养过程中加强应用实践性、职业就业性。但现实中大部分高校教师都是硕士博士毕业后直接任教，缺少企业工作经验，应用实践能力不足，挂职锻炼和进修培训成为提高教师实践能力的有效方法。挂职锻炼可以增强教师对企业生产实践的理解，是地方本科院校提高教师实践能力的重要方法，可以很大程度上代表地方本科院校应用型转型过程中教师挂职与培训情况。

上一章已经采用回归模型检验了组织转型维度、组织转型类型对教师挂职与培训参与、时长及内容的正向影响，本节不再赘述，只检验教师挂职与培训对应用型教学的影响。如果教师挂职与培训对应用型教学有显著的促进作用，即可验证组织转型通过教师挂职与培训促进应用型教学的假设。本节采用回归模型检验教师挂职与培训参与、时长、内容对课程设置及教学行为的影响。

一　教师挂职与培训参与对应用型教学的影响

本书采用的教师调查数据中挂职锻炼或进修培训相关信息为被调查教师的实际情况，但是教师技术水平和教学质量满意度却是教师对本专业的教师水平和教学质量的评价。虽然教师本人挂职与培训与本专业的教师技术水平和教学质量满意度看上去没有直接关系，但是教师挂职与培训情况受考核评价、职称晋升制度影响较大，多是组织要求或动员的结果，而非教师个体行为，所以教师个人参与挂职锻炼或进修培训的情况也能一定程度上反映整个专业教师挂职与培训的情况。而且教师参与挂职锻炼与培训，也会对本专业暂时没有参加挂职与培训的教师产生一定的溢出效应，如共同备课过程中能提高其他教师的教学质量、课程设置水平等，因此笔者认为教师个体挂职与培训的情况与整个专业的教师技术水平和教学质量满意度存在一定的关系，在本书中也将代表专业情况的教师技术水平、教学质量满意度加入到因变量中，特此说明。接下来本书分别以课程设置与教学行为的三个维度、教师技术水平、教学质量满意度为因变量，加入参与挂职锻炼与进修培训的虚拟变量，控制院校特征、教师能力与意愿、院校所在省固定效应，在回归方程中加入稳健性标准差的选择项（robust）。回归结果如表6.11所示。回归（1）—回归（3）的方差膨胀因子（VIF）介于1.05—8.00，小于临界值10，说明不存在严重的多重共线性，回归结果可信。

表6.11　　　　　　　　**教师挂职与培训参与对应用型教学的影响**

	(1)	(2)	(3)	(4)	(5)
	课程设置——职业就业性	课程设置——应用复合性	教学行为——学以致用性	教师技术水平	教学质量满意度
参与挂职锻炼	0.18 *** (0.07)	0.08 ** (0.07)	− 0.09 ** (0.07)	0.74 *** (0.16)	0.66 *** (0.16)
参与进修培训	0.08 ** (0.12)	− 0.03 (0.12)	0.09 *** (0.12)	− 0.01 (0.26)	0.40 (0.27)
与专业有关的行业企业经验（年）	0.04 (0.01)	− 0.01 (0.01)	− 0.01 (0.01)	0.02 (0.02)	0.02 (0.02)

续表

	（1）	（2）	（3）	（4）	（5）
	课程设置——职业就业性	课程设置——应用复合性	教学行为——学以致用性	教师技术水平	教学质量满意度
工作年限	-0.07 (0.00)	-0.01 (0.00)	0.02 (0.00)	-0.01 (0.01)	-0.01 (0.01)
中级以上职称	-0.09 ** (0.08)	0.08 * (0.08)	0.07 * (0.07)	0.01 (0.16)	0.07 (0.17)
教师个体挂职锻炼意愿度	-0.02 (0.08)	0.01 (0.08)	0.12 *** (0.08)	0.49 *** (0.15)	0.87 *** (0.16)
升本时长	-0.05 (0.02)	0.01 (0.02)	0.10 ** (0.02)	-0.05 (0.03)	0.04 (0.03)
私立院校（公办院校）	0.08 (0.11)	0.06 (0.12)	0.21 *** (0.12)	0.31 (0.33)	0.51 (0.33)
转型试点院校（非试点院校）	-0.04 (0.11)	-0.02 (0.13)	-0.02 (0.10)	0.10 (0.28)	-0.48 * (0.25)
院校所在省固定效应	是	是	是	是	是
截距项	略	略	略	略	略
样本量	839	839	839	856	847
R^2	0.09	0.04	0.07		
伪 R^2				0.041	0.055

注：1. 样本限定在新建本科院校，回归（1）—回归（3）呈现的为标准化系数；2. 括号内为虚拟变量基准组和稳健标准误；3. ***p<0.01，**p<0.05，*p<0.1。

根据表6.11，参与挂职锻炼对应用型教学的影响较大，参与挂职锻炼的教师课程设置的职业就业性和应用复合性显著更高，但是教学行为的学以致用性显著更低。教学行为的学以致用性体现在教学过程中采用案例、项目等，参与过挂职锻炼的教师教学行为的学以致用性显著更低，可能与挂职锻炼挤占了教师备课的精力与时间有关。而且从参加挂职锻炼到转化为实践教学能力的提升需要一定的时间和过程，学校可能更多挑选行业企业经验较少的青年教师参与锻炼，参与挂职锻炼的教师还未能成功将挂职经历转化为实践教学能力，也可能造成参与挂职锻炼的教师教学行为的学以致用性较低的结果，具体原因有待进一步考察。参与挂职锻炼的教师对本专业教师技术水平和教学质量满意度的评价显著更高，可能挂职锻炼参与率较高的院系和专业整体教师技术水平、应用型转型效果较好。

相比之下，进修培训对应用型教学的影响较小。参加进修培训的教师仅在课程设置的职业就业性和教学行为的学以致用性上表现更好。这样的结果可能与近九成教师均参与过进修培训有关，也可能与进修培训质量不高，与应用实践关联不大有关。

二　教师挂职与培训时长、内容对应用型教学的影响

前文已经通过回归分析发现教师挂职与培训参与情况影响应用型教学，挂职与培训时长和内容能够反映挂职与培训的质量，也可能对应用型教学产生影响。为了检验挂职与培训时长、内容对应用型教学的影响，笔者以课程设置及教学行为各维度、教师技术水平、教师质量为因变量，以教师挂职与培训时长和内容为自变量，在回归方程中加入稳健性标准差的选择项（robust），控制教师经验和学校基本特征进行回归分析。回归（1）—回归（3）的方差膨胀因子（VIF）介于 1.08—8.48，小于临界值 10，说明不存在严重的多重共线性，回归结果可信。回归结果如表 6.12 所示。

表 6.12　**教师挂职与培训时长与内容对应用型教学的影响回归结果**

	（1）	（2）	（3）	（4）	（5）
	课程设置——职业就业性	课程设置——应用复合性	教学行为——学以致用性	教师技术水平	教学质量满意度
挂职锻炼月数	0.01 (0.01)	0.01 (0.01)	−0.00 (0.01)	0.05 *** (0.02)	0.04 ** (0.02)
进修和培训周数	0.00 (0.01)	−0.01 (0.01)	0.00 (0.01)	−0.01 (0.01)	−0.00 (0.01)
培训内容——企业生产实践	0.35 *** (0.10)	0.08 (0.10)	0.19 * (0.10)	−0.03 (0.19)	0.17 (0.20)
培训内容——课程教学	−0.00 (0.08)	0.01 (0.08)	0.17 ** (0.08)	0.08 (0.16)	0.18 (0.17)

续表

	（1）	（2）	（3）	（4）	（5）
	课程设置——职业就业性	课程设置——应用复合性	教学行为——学以致用性	教师技术水平	教学质量满意度
与专业有关的行业企业经验（年）	-0.00 (0.01)	0.00 (0.01)	-0.00 (0.01)	0.03* (0.02)	0.03* (0.02)
工作年限	-0.01 (0.01)	0.00 (0.01)	0.00 (0.01)	-0.01 (0.01)	-0.00 (0.01)
中级以上职称	-0.24** (0.09)	0.23** (0.09)	0.19* (0.10)	0.17 (0.19)	0.06 (0.19)
教师个体挂职锻炼意愿度	0.05 (0.09)	-0.10 (0.09)	0.21** (0.09)	0.47*** (0.18)	0.83*** (0.19)
每周教学工作量（小时）	0.01* (0.01)	0.00 (0.01)	-0.03*** (0.01)	-0.01 (0.01)	-0.02 (0.02)
升本时长	-0.03* (0.02)	0.03* (0.02)	0.04*** (0.02)	-0.03 (0.03)	0.07* (0.03)
私立院校（公办院校）	0.20 (0.14)	0.47*** (0.14)	0.70*** (0.15)	0.88*** (0.31)	1.34*** (0.31)
转型试点院校（非试点院校）	-0.02 (0.15)	0.14 (0.15)	0.19 (0.16)	0.35 (0.31)	0.08 (0.31)
院校所在省固定效应	是	是	是	是	是
截距项	略	略	略	略	略
样本量	658	658	658	674	666
R^2	0.10	0.07	0.10		
伪 R^2				0.0375	0.0538

注：1. 样本限定在新建本科院校；2. 括号内为虚拟变量基准组和稳健标准误；3. ***$p < 0.01$，**$p < 0.05$，*$p < 0.1$。

　　整体而言，挂职锻炼更多影响专业整体的教师技术水平和教学质量满意度，培训内容更多影响教师自身的课程设置和教学行为。具体来看，挂职锻炼时间的增加有助于教师提高技术水平和教学质量满意度，企业生产实践类培训有助于提高课程设置的职业就业性和教学行为的学以致用性，课程教学类培训有助于提高教学行为的学以致用性。但教师挂职与培训内容和时长对课程设置的应用复合性没有显著影响。

结合组织转型对培训时长和培训内容的影响来看，组织转型对培训时长的影响很小，但是院系的应用型定位、实践实训资源保障做得更好，培训内容更多为企业生产实践。培训内容为企业生产实践可以显著提高课程设置的职业就业性和教学行为的学以致用性，可见组织转型主要通过影响教师挂职与培训的内容和质量来提高教学行为的应用性，而非通过提高培训时长。

对全样本（包括老本科院校和新建本科院校）分别进行上述回归，结果依然稳健，结果显示教师挂职与培训时长和培训内容对应用型教学有显著的正向影响，受篇幅限制，不在此一一呈现回归结果。

分别对新建本科院校经济人文管理传媒类专业子样本、新建本科院校应用/机械/计算机/工程类专业子样本进行上述回归，结果稳健，显示教师挂职与培训时长和培训内容对应用型教学有显著的正向影响，受篇幅限制，不在此一一呈现回归结果。

综合来看，本节采用回归分析检验了教师挂职与锻炼对应用型教学的影响，基本验证了假设3.2：教师挂职与培训参与率高，参与时间长，内容更偏向企业生产实践和课程教学，有助于提高应用型教学水平。

三 组织转型通过教师挂职与培训影响应用型教学的回归结果梳理

组织转型对教师挂职与培训的影响在第五章已经进行过梳理，本章仅梳理教师挂职与培训对应用型教学的影响结果。表6.13梳理了教师挂职与培训对应用型教学的影响的回归结果。根据表6.13，可以梳理出以下发现。

（1）参与挂职锻炼对应用型教学的影响最全面；

（2）企业生产实践类培训、课程教学类培训均有助于提高应用型教学，企业生产实践类培训能帮助教师加深对企业生产实践的了解，掌握最新岗位需求，课程教学类培训从方法论上为教师提供可以参考的系统做法，解决实践能力转化为应用型教学过程中的操作难题；

（3）为了提高应用型教学水平，新建本科院校在挂职锻炼与进修培训方面需要解决不同的问题，在挂职锻炼方面要提高教师参与率与参与时间，在进修培训方面培训类型与质量比培训时间更重要，需要加强企业生产实践、课程教学类培训；

（4）教学行为的学以致用性还需要教师进行内化、提炼，仅仅参与挂职锻炼并不能提高教学行为的学以致用性，还需要教师进行企业生产实践类的培训深入了解实际问题，进行课程教学类培训采用正确的方法来完成从个人经验、能力到教学输出的转化。

表6.13　　教师挂职与培训对应用型教学的影响回归结果梳理

	应用型教学
参与挂职锻炼	● 课程设置——职业就业性 ● 课程设置——应用复合性 ● （教学行为——学以致用性） ● 教师技术水平 ● 教学质量满意度
挂职锻炼月数	● 教师技术水平 ● 教学质量满意度
参与进修培训	● 课程设置——职业就业性 ● 教学行为——学以致用性
进修培训周数	
企业生产实践类培训	● 课程设置——职业就业性 ● 教学行为——学以致用性
课程教学类培训	● 教学行为——学以致用性

综上所述，本节采用回归模型检验了教师挂职与培训对应用型教学的影响，验证了假设3.2：教师挂职与培训参与率高，参与时间长，内容更偏向企业生产实践和课程教学，有助于提高应用型教学水平。

第五节　校企合作对应用型教学的影响

校企合作是培养学生应用型能力的有效环节，教师可以通过校企合作加强实践能力，了解生产过程，熟悉用人单位的需求，提高课程设置和教学行为的应用实践性。为了检验校企合作的质量是否影响应用型教学，笔者以课程设置和教学行为的三个维度、教师技术水平、教学质量满意度为因变量，控制院校特征、院校所在省固定效应和教师能力与意愿，在回归方程中加入稳健性标准差的选择项（robust），以刻画校企合作质量的五个方面作为自变量进行回归分析。该组回归中将校企合作的紧密度、稳定性、专业主导权、企业态度积极四个原本取值范围在1—4的定序分类变量处理为0—1二元分类变量，处理方法为将选择"1很不同意""2较不同意"的处理为0，将选择"3比较同意""4非常同意"的处理为1。由于教师自身课程设置与教学行为的表现可能受到自己能力与意愿的影响，但是对本专业教师技术水平和教学质量满意度的感知受自身能力与意愿影响较小，因此在回归模型（4）和模型（5）中，没有控制教师能力与意愿，特此说明。模型（1）—模型（3）的方差膨胀因子（VIF）介于1.07—7.14，小于临界值10，说明不存在严重的多重共线性，回归结果可信。回归结果如表6.14所示。

表6.14　　　　　　　　　　**校企合作对应用型教学的影响回归结果**

	（1）	（2）	（3）	（4）	（5）
	课程设置——职业就业性	课程设置——应用复合性	教学行为——学以致用性	教师技术水平	教学质量满意度
校企合作紧密度高	0.04 (0.14)	0.15 *** (0.14)	0.12 * (0.16)	1.03 *** (0.26)	0.98 *** (0.25)
校企合作稳定性强	0.11 ** (0.14)	−0.04 (0.14)	−0.04 (0.15)	−0.03 (0.28)	0.13 (0.25)
校企合作专业主导权大	0.13 ** (0.12)	0.05 (0.13)	0.04 (0.12)	0.88 *** (0.21)	0.88 *** (0.22)
校企合作企业态度积极	0.08 * (0.12)	−0.00 (0.13)	0.13 ** (0.14)	0.04 (0.24)	0.01 (0.21)
校企合作依赖协议或平台	0.06 (0.07)	0.09 ** (0.07)	0.08 ** (0.07)	0.53 *** (0.14)	0.44 *** (0.13)
与专业有关的行业企业经验（年）	0.06 * (0.01)	−0.01 (0.01)	0.01 (0.01)		
工作年限	−0.07 * (0.00)	−0.03 (0.00)	−0.01 (0.00)		

续表

	（1）	（2）	（3）	（4）	（5）
	课程设置——职业就业性	课程设置——应用复合性	教学行为——学以致用性	教师技术水平	教学质量满意度
中级以上职称	−0.07* (0.07)	0.07* (0.08)	0.08** (0.07)		
教师个体挂职锻炼意愿度	0.00 (0.07)	0.01 (0.07)	0.06* (0.07)		
升本时长	−0.05 (0.02)	0.05 (0.01)	0.13*** (0.01)	−0.05* (0.03)	0.03 (0.03)
私立院校 （公办院校）	0.04 (0.11)	0.09 (0.12)	0.15*** (0.12)	0.10 (0.27)	0.27 (0.26)
转型试点院校 （非试点院校）	−0.04 (0.10)	−0.03 (0.11)	−0.03 (0.10)	−0.03 (0.23)	−0.34 (0.22)
院校所在省固定效应	是	是	是	是	是
截距项	略	略	略	略	略
样本量	883	883	883	1091	1077
R^2	0.15	0.07	0.11		
伪 R^2				0.078	0.072

注：1. 样本限定在新建本科院校，回归（1）—回归（3）呈现的为标准化系数；2. 括号内为虚拟变量基准组和稳健标准误；3. $^{***}p<0.01$，$^{**}p<0.05$，$^*p<0.1$。

整体而言，校企合作质量能够提高课程设置和教学行为的应用实践性、教师技术水平和教学质量满意度，有助于实践教学和教学改革的推进。具体来看，校企合作稳定性越高，专业主导权越大，校企合作中企业态度越积极，课程设置的职业就业性越高；校企合作越紧密，越正式地依赖协议或平台，而非领导和教师的私人关系，课程设置的应用复合性越高，其中校企合作的紧密度影响最大；校企合作紧密度越高，企业态度越积极，越依赖正式的协议或平台，教学行为的学以致用性越高，而且企业态度积极的影响更大。校企合作越紧密，专业主导权越大，越依赖协议或平台，专业的教师技术水平和教学质量满意度显著越高，其中校企合作紧密度的影响最大。

从影响的全面性来看，校企合作的紧密度、主要依赖协议或平台对应用型教学的影响最全面，校企合作的紧密度一定程度上反映了合作的深入度，主要依赖协议或平台反映了合作的正规性和常态性，借助校企合作推动应用型教学改革，提高应用型教学水平，需要开展深入、常规化的校企合作。校企合作的稳定性只影响课程设置的职业就业性。校企合作过程中企业态度积极只影响课程设置的职业就业性和教学行为的学以致用性，即使没有企业的配合，新建本科院校依然可以采用多种方法提高校企合作质量，推动应用型教学改革。

从影响力度来看，通过校企合作质量各测量变量的系数大小可以看出，校企合作的紧密度和企业态度积极对课程设置与教学行为的正向影响作用最大。校企合作紧密度和专业主导权对本专业教师技术水平和教学质量满意度影响更大。

对全样本（包括老本科和新建本科院校）进行上述回归，结果依然稳健，受篇幅限制，不在此一一呈现回归结果。

对新建本科院校经济人文管理传媒类专业子样本进行上述回归，除紧密度对教学行为的学以致用性，稳定性对教师技术水平，企业态度积极对课程设置的职业就业性有显著负向影响外，其他结果稳健。

对新建本科院校应用/机械/计算机/工程类专业子样本进行上述回归，结果稳健，显示校企合作质量对课程设置和教学行为的应用实践性、教师技术水平和教学质量满意度有显著正向影响。

本节检验了校企合作质量对应用型教学的影响，验证了假设3.3：校企合作质量高有助于提高应用型教学水平。

第六节　应用型科研对应用型教学的影响

应用型科研可以提高教师应用技术能力，不断孕育能够运用到教学中的实际案例与项目，因此应用型科研也可能反哺教学，对应用型教学产生正向影响。为了探索应用型科研对应用型教学的影响，笔者以课程设置与教学行为的三个维度、教师技术能力和教学质量满意度为因变量，以学校和教师的应用型科研导向、教师应用型科研项目比例为自变量，控制学校特征和教师能力与意愿，在回归方程中加入稳健性标准差的选择项（robust）。同样考虑到教师对本专业教师技术水平和教学质量满意度的评价不受自身能力与意愿的影响，因此在模型（4）和模型（5）中没有控制教师能力与意愿。模型（1）—模型（3）的平均方差膨胀因子（VIF）介于1.05—7.31，小于临界值10，说明不存在严重的多重共线性，结果可信。回归结果如表6.15所示。

表6.15　　　　　　应用型科研对应用型教学的影响回归结果

	（1）	（2）	（3）	（4）	（5）
	课程设置——职业就业性	课程设置——应用复合性	教学行为——学以致用性	教师技术水平	教学质量满意度
学校科研导向为应用型	0.12 *** (0.07)	0.04 (0.08)	0.15 *** (0.07)	0.46 *** (0.13)	0.15 (0.13)
教师科研导向为应用型	0.13 *** (0.09)	0.04 (0.09)	0.07 ** (0.08)	0.88 *** (0.15)	0.77 *** (0.16)
参与应用型科研项目比例	0.04 (0.00)	−0.02 (0.00)	−0.05 (0.00)	0.00 (0.00)	0.00 ** (0.00)
与专业有关的行业企业经验（年）	0.01 (0.01)	−0.01 (0.01)	−0.02 (0.01)		
工作年限	−0.05 (0.01)	−0.00 (0.00)	0.05 (0.00)		
中级以上职称	−0.09 ** (0.08)	0.07 * (0.08)	0.06 (0.08)		
教师个体挂职锻炼意愿度	0.02 (0.08)	−0.00 (0.08)	0.12 *** (0.08)		
每周教学工作量（小时）	0.09 ** (0.01)	0.02 (0.01)	−0.14 *** (0.01)		
升本时长	−0.09 * (0.02)	0.05 (0.02)	0.11 ** (0.02)	−0.07 ** (0.03)	−0.02 (0.03)
私立院校（公办院校）	0.06 (0.12)	0.15 ** (0.12)	0.28 *** (0.13)	0.19 (0.25)	0.37 (0.25)

续表

	（1）	（2）	（3）	（4）	（5）
	课程设置——职业就业性	课程设置——应用复合性	教学行为——学以致用性	教师技术水平	教学质量满意度
转型试点院校（非试点院校）	−0.06 （0.11）	0.02 （0.12）	0.01 （0.11）	−0.03 （0.22）	−0.37* （0.21）
院校所在省固定效应	是	是	是	是	是
截距项	略	略	略	略	略
样本量	788	788	788	1109	1096
R^2	0.10	0.05	0.11		
伪 R^2				0.036	0.028

注：1. 样本限定在新建本科院校，回归（1）—回归（3）呈现的为标准化系数；2. 括号内为虚拟变量基准组和稳健标准误；3. $***p<0.01$，$**p<0.05$，$*p<0.1$。

总体来看，应用型科研导向有利于提高应用型教学水平，但教师参与应用型科研项目比例只对本专业教学质量满意度有微弱的正向影响，还未能很好地发挥促进应用型教学的作用。

具体而言，学校和教师的科研导向为应用型可以显著提高课程设置的职业就业性、教学行为的学以致用性、教师技术水平，教师科研导向为应用型还可以显著提高教学质量满意度。但应用型科研对课程设置的应用复合性没有显著影响，教师参与应用型科研项目比例对课程设置与教学行为、教师技术水平没有显著影响，仅对教学质量满意度有微弱的显著影响，可能与新建本科院校教师整体应用型科研参与较少，应用科研水平较低有关。

对全样本（包括老本科和新建本科院校）进行上述回归，结果依然稳健，受篇幅限制，不在此一一呈现回归结果。对新建本科院校经济人文管理传媒类专业子样本进行上述回归，学校科研导向为应用型对教师技术水平有显著负向影响，教师参与应用型科研项目比例对教学行为的学以致用性有显著负向影响，其他方面结果稳健。对新建本科院校应用/机械/计算机/工程类专业子样本进行上述回归，除教师参与应用型科研项目比例对教学行为的学以致用性有显著负向影响，但系数极小外，其他方面结果稳健。

　　综上所述，本节检验了应用型科研对应用型教学的影响，验证了假设
3.4 学校和教师科研导向转向应用型，教师应用型科研项目比例高有助于
提高应用型教学水平。

　　至此，本章通过第三至六节，采用回归分析的方法验证了组织转型对
应用型教学的直接影响，以及通过教师挂职与培训、校企合作、应用型科
研对应用型教学的影响（组织转型对教师挂职与培训、校企合作的影响
在第五章第四节"二"、第五节"一"已经进行检验，本章不再赘述），
验证了假设 3.1、3.2、3.3、3.4，完成了回归模型对"假设 3 组织转型
直接影响应用型教学，也通过教师挂职与培训、校企合作、应用型科研间
接影响应用型教学"的完整检验。

　　笔者将上述各组回归分组计算显著比 = 正向显著的自变量/加入的自
变量，得到取值范围为 0—1 的显著比，然后按照 0.33、0.67 两个节点将
显著比分为影响较小、一般、较大三类，由于影响多为正向，影响较小的
在图中标"＋"，线条最细，影响一般的在图中标"＋＋"，线条中等粗
细，影响较大的在图中标"＋＋＋"，线条最粗。最终结果如图 6.11
所示。

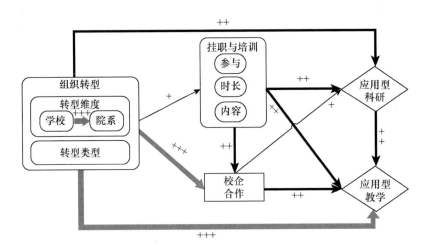

图 6.11　组织转型对应用型教学的影响回归结果梳理

　　根据图 6.11，组织转型对应用型教学的直接影响较大，正向显著的
变量占加入变量的 67% 以上。组织转型通过教师挂职与培训对应用型教

学产生的影响比较复杂，组织转型对教师挂职与培训的影响较小，教师挂职与培训对应用型教学的影响适中。

组织转型通过校企合作和应用型科研对应用型教学的影响一般。具体来看，组织转型对应用型科研的影响一般，应用型科研对应用型教学的促进作用也一般，组织转型较好地通过应用型科研促进了应用型教学。组织转型对校企合作的促进作用较大，但是校企合作对应用型教学的促进作用一般，还有进一步提升的空间。

第七节　组织转型对应用型教学的影响机制研究

一　组织转型通过教师挂职与培训对应用型教学的影响

笔者首先根据学校和院系组织转型不但直接影响应用型教学，而且通过影响教师挂职与培训间接影响应用型教学的假设设立结构方程模型，经过不断调试，发现仅采用挂职锻炼月数代表教师挂职与培训情况时，模型拟合度更高，最终得到如下结果。图 6.12 呈现了组织转型通过教师挂职与培训影响应用型教学的路径，验证了学校和院系组织转型不但直接影响应用型教学，也通过影响教师挂职与培训间接影响应用型教学的假设。

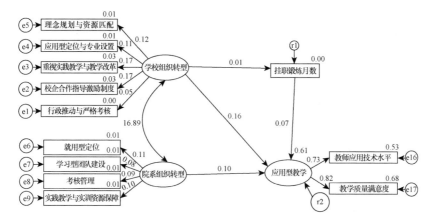

图 6.12　组织转型通过教师挂职与培训影响应用型教学的路径

表 6.16 呈现了模型的适配指标和适配判断情况。无论是其他适配度、

比较适配度还是简约适配度，模型适配判断均为优良，模型拟合较好。

表6.16　　组织转型通过教师挂职与培训对应用型教学影响的适配度

	主要适配指标	指标值	适配标准	适配判断
其他适配度	适配度指标值 GFI	0.963	>0.9	优良
比较适配度	比较适配度指标 CFI	0.925	>0.9	优良
简约适配度	简约调整 GFI PGFI	0.617	>0.5	优良

表6.17呈现了模型中的影响路径与标准化系数。学校组织转型和院系组织转型均对应用型教学有显著的正向影响，其中学校组织转型的影响更大，为0.162。学校组织转型还通过影响挂职锻炼间接影响应用型教学，挂职锻炼月数对应用型教学的影响为0.067，小于学校和院系组织转型对应用型教学的影响。

表6.17　　组织转型通过教师挂职与培训影响应用型教学的路径与系数

影响路径			标准化系数	标准误	临界比值	p 值
挂职锻炼月数	←	学校组织转型	0.013	0.351	2.785	0.005
应用型教学	←	学校组织转型	0.162	0.052	10.354	***
应用型教学	←	院系组织转型	0.102	0.004	2.201	***
应用型教学	←	挂职锻炼月数	0.067	0.351	2.785	0.028

表6.18呈现了模型中标准化的总效应，学校组织转型对应用型教学的影响最大，为0.163，其次为院系组织转型，为0.102。挂职锻炼月数对应用型教学影响的总效应为0.067，小于组织转型的影响。说明教师挂职与培训未能很好地促进应用型教学水平的提升。

表6.18　　组织转型通过教师挂职与培训影响应用型教学的总效应（标准化）

	院系组织转型	学校组织转型	挂职锻炼月数
挂职锻炼月数	0.000	0.013	0.000
应用型教学	0.102	0.163	0.067

表 6.19 呈现了模型中标准化的直接效应。模型中大多为直接效应，因此各变量的直接效应与总效应接近。

表 6.19　　组织转型通过教师挂职与培训影响应用型教学的直接效应（标准化）

	院系组织转型	学校组织转型	挂职锻炼月数
挂职锻炼月数	0.000	0.013	0.000
应用型教学	0.102	0.162	0.067

表 6.20 呈现了模型中标准化的间接效应。模型中只有学校组织转型对应用型教学有间接效应，仅为 0.001。

表 6.20　　组织转型通过教师挂职与培训影响应用型教学的间接效应（标准化）

	院系组织转型	学校组织转型	挂职锻炼月数
挂职锻炼月数	0.000	0.000	0.000
应用型教学	0.000	0.001	0.000

综上所述，结构方程模型验证了组织转型通过教师挂职与培训对应用型教学的影响。学校和院系组织转型不但直接影响应用型教学，而且通过影响教师挂职与培训影响应用型教学，但组织转型对应用型教学的影响更大，教师挂职与培训对应用型教学的促进作用有限，还需要进一步提升。值得注意的是，组织转型对教师挂职与培训的影响仅为 0.01，说明地方本科院校组织转型并没能有效推动教师更多地参与培训，提升应用技术水平，还需要进一步转变教师观念，引导与考核相结合，出台明确的制度，攻下教师挂职与培训的堡垒。

二　组织转型通过校企合作对应用型教学的影响

笔者最初根据学校和院系组织转型直接影响校企合作和应用型教学，且校企合作影响应用型教学的思路设立模型，但是拟合结果不理想，经过不断调试，得到如图 6.13 的拟合效果较好的结果。前文回归中，笔者采用课程设置及教学行为的三个因子，和教师技术水平、教学质量满意度共同测量应用型教学，在结构方程模型调试过程中，发现仅用教师技术水平和教学质量满意度来测量应用型教学的拟合效果更好，特此说明。采用依

赖协议或平台，而非前文回归中紧密度、稳定性、专业主导权、企业态度
积极和依赖协议或平台共同测量校企合作质量，原因同样为仅采用依赖协
议或平台的拟合效果更好。图 6.13 呈现了组织通过校企合作影响应用型
教学的路径。结果显示组织转型不但直接影响应用型教学，还通过影响校
企合作间接影响应用型教学。

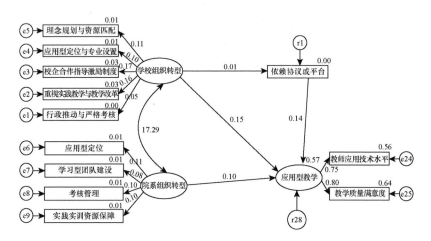

图 6.13　组织转型通过校企合作影响应用型教学的路径

表 6.21 呈现了模型的拟合效果。无论是其他适配度、比较适配度还
是简约适配度指标，均符合适配标准，拟合效果优良。

表 6.21　　　　**组织转型通过校企合作影响应用型教学的适配度**

	主要适配指标	指标值	适配标准	适配判断
其他适配度	适配度指标值 GFI	0.953	>0.9	优良
比较适配度	比较适配度指标 CFI	0.902	>0.9	优良
简约适配度	简约调整 GFI PGFI	0.611	>0.5	优良

表 6.22 呈现了模型中的影响路径及标准化系数。学校组织转型对应
用型教学的影响为 0.150，依赖协议或平台对应用型教学的影响为 0.140，
组织转型和校企合作对应用型教学的影响大小相当，均在统计上显著。

表 6.22　　　　组织转型通过校企合作影响应用型教学的路径与系数

影响路径			标准化系数	标准误	临界比值	p 值
依赖协议或平台	←	学校组织转型	0.014	0.045	2.897	0.004
应用型教学	←	学校组织转型	0.150	0.201	7.497	***
应用型教学	←	院系组织转型	0.098	0.053	9.691	***
应用型教学	←	依赖协议或平台	0.140	0.035	4.252	***

表 6.23 呈现了模型中标准化的总效应。学校组织转型对应用型教学的影响最大，为 0.152，其次为依赖协议或平台，为 0.140。院系组织转型对应用型教学的影响最小，为 0.098。

表 6.23　　组织转型通过校企合作影响应用型教学的总效应（标准化）

	院系组织转型	学校组织转型	依赖协议或平台
依赖协议或平台	0.000	0.014	0.000
应用型教学	0.098	0.152	0.140

表 6.24 呈现了模型中标准化的直接效应。由于模型中变量之间的影响多为直接效应，所以直接效应和总效应的数值差别不大。学校和院系组织转型对应用型教学的直接效应为 0.150 和 0.098，应用型教学受学校组织转型的影响更大。依赖协议或平台对应用型教学的直接效应为 0.140。

表 6.24　　组织转型通过校企合作影响应用型教学的直接效应（标准化）

	院系组织转型	学校组织转型	依赖协议或平台
依赖协议或平台	0.000	0.014	0.000
应用型教学	0.098	0.150	0.140

表 6.25 呈现了模型中标准化的间接效应。模型中间接效应很少，只有学校组织转型对应用型教学有 0.002 的间接效应。

表6.25　组织转型通过校企合作影响应用型教学的间接效应（标准化）

	院系组织转型	学校组织转型	依赖协议或平台
依赖协议或平台	0.000	0.000	0.000
应用型教学	0.000	0.002	0.000

综上所述，组织转型不但直接影响应用型教学，也通过影响校企合作间接影响应用型教学，但是组织转型对应用型教学的直接影响更大。

三　组织转型通过应用型科研对应用型教学的影响

结合前文回归分析中组织转型通过影响应用型科研对应用型教学产生影响的发现，笔者首先根据学校和院系组织转型不但直接影响应用型教学，还通过应用型科研间接影响应用型教学的思路设定模型，发现模型适配度不高。经过不断调整，最终得到了如图6.14所示的组织通过应用型科研影响应用型教学的路径图。模型中仅采用教师科研导向为应用型作为应用型科研的测量变量，没有添加院系组织转型对应用型科研的影响，均为了提高模型适配度。

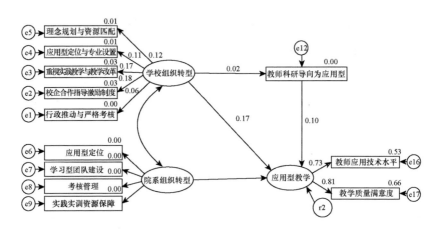

图6.14　组织转型通过应用型科研影响应用型教学路径图

表6.26呈现了组织转型通过应用型科研影响应用型教学的适配指标。无论是其他适配度、比较适配度还是简约适配度，该模型均适配优良，可见模型结果可信。

表 6.26　　　　**组织转型通过应用型科研影响应用型教学适配指标**

	主要适配指标	指标值	适配标准	适配判断
其他适配度	适配度指标值 GFI	0.957	>0.9	优良
比较适配度	比较适配度指标 CFI	0.913	>0.9	优良
简约适配度	简约调整 GFI PGFI	0.613	>0.5	优良

表 6.27 呈现了组织转型通过应用型科研影响应用型教学的影响路径及标准化系数。学校和院系组织转型直接显著影响应用型教学，而且学校组织转型显著影响教师科研导向，教师科研导向显著影响应用型教学，验证了组织转型通过应用型科研影响应用型教学的假设。从系数大小来看，学校组织转型对应用型教学的直接影响最大，为 0.172，教师科研导向为应用型对应用型教学的影响较小，仅为 0.103，而且学校组织转型对教师科研导向为应用型的影响很小，仅为 0.015。院系组织转型对应用型教学的标准化影响系数非常小，几乎为 0，但在统计上显著。

表 6.27　　　**组织转型通过应用型科研影响应用型教学影响路径及系数**

影响路径			标准化系数	标准误	临界比值	p 值
教师科研导向为应用型	←	学校组织转型	0.015	0.041	2.978	0.003
应用型教学	←	教师科研导向为应用型	0.103	0.039	3.13	0.002
应用型教学	←	学校组织转型	0.172	0.219	7.387	***
应用型教学	←	院系组织转型	0.000	0.055	9.496	***

表 6.28 呈现了模型的总效应。学校组织转型对应用型教学的总效应最大，为 0.173，其次为教师科研导向为应用型，为 0.103。院系组织转型对应用型教学的影响标准化后几乎为 0。

表 6.28　　**组织转型通过应用型科研影响应用型教学总效应（标准化）**

	院系组织转型	学校组织转型	教师科研导向为应用型
教师科研导向为应用型	0.000	0.015	0.000
应用型教学	0.000	0.173	0.103

表 6.29 呈现了模型的直接效应，由于模型中影响多为直接影响，所以直接效应和总效应非常接近。学校组织转型对应用型教学的直接效应最大，为 0.172，教师科研导向为应用型对应用型教学的总效应为 0.103。

表6.29　组织转型通过应用型科研影响应用型教学直接效应（标准化）

	院系组织转型	学校组织转型	教师科研导向为应用型
教师科研导向为应用型	0.000	0.015	0.000
应用型教学	0.000	0.172	0.103

表 6.30 呈现了模型中的间接效应。只有学校组织转型对应用型教学有间接影响，而且影响很小，仅为 0.002。

表6.30　组织转型通过应用型科研影响应用型教学间接效应（标准化）

	院系组织转型	学校组织转型	教师科研导向为应用型
教师科研导向为应用型	0.000	0.000	0.000
应用型教学	0.000	0.002	0.000

综上所述，结构方程模型验证了组织转型通过应用型科研对应用型教学产生的影响。学校和院系组织转型不但直接影响应用型教学，还通过应用型科研对应用型教学产生影响。学校组织转型对应用型教学的影响最大，总效应为 0.173，教师科研导向为应用型对应用型教学的影响为 0.103，院系组织转型对应用型教学的影响虽然显著，但是标准化系数极小，几乎为 0。虽然教师科研导向为应用型对应用型教学的影响较大，为 0.103，但是学校组织转型对教师科研导向的影响很小，教师科研导向为应用型可能更多受之前的横向课题积累或自身经历能力影响，学校组织转型对教师科研导向的影响还需要进一步加强。

第八节　小结

本章首先分院校类型与地区对比分析应用型教学现状，然后采用相关系数、多元线性回归、定序罗吉斯特回归、多层线性模型、结构方程模型检验了组织转型维度与类型对应用型教学的影响及影响机制。

在应用型教学的描述统计方面，新建本科院校课程设置的职业就业性、应用复合性高于老本科院校，老本科院校教学行为的学以致用性高于新建本科院校。两类院校教师技术水平和教学质量满意度非常接近。课程设置的职业就业性、应用复合性和教学行为的学以致用性呈现出东部地区表现最好，中部次之，西部最差的趋势，中部地区在课程设置的职业就业性方面甚至优于东部地区。东部地区教师技术水平最高，西部地区教师技术水平次高，非常接近东部地区，中部地区教师技术水平最低。东中西部地区教师的教学质量满意度依次递减，东部最高，西部最低。仅院系转型深入的学院课程设置的职业就业性最高，学校院系均转型深入的学院课程设置的应用复合性、教学行为的学以致用性、教师技术水平、教学质量满意度均最高。从相关系数来看，课程设置的职业就业性、应用复合性、教学行为的学以致用性均和学校及院系转型的各个方面呈现显著正向相关关系。

学校和院系的组织转型直接影响应用型教学，而且主要受院系组织转型的影响。学校组织转型各维度均对应用型教学有一定的显著正向影响，其中落实到具体行动的转型维度——战略导向（重视实践教学与教学改革）、制度（校企合作指导激励制度）、行政推动（行政推动与严格考核）三个方面对应用型教学的影响更加全面。学校组织转型的一些举措在应用型教学上得到了相应体现，重视实践教学与教学改革对教师技术水平和教学质量满意度的提高影响最大，应用型定位与专业设置对教学行为的学以致用性影响最大，校企合作指导激励制度对课程设置的职业就业性影响最大。课程设置的应用复合性是应用型教学的深层难题，在学校层面仅有应用型定位与专业设置一个维度能够有效提高课程设置的应用复合性。院系组织转型维度对应用型教学的影响更加全面深入，有两个维度对应用型教学的五个方面有显著影响，一个维度对应用型教学的四个方面有显著影响。院系的共识（应用型定位）、资源（实践实训资源保障）、制度（考核管理）均对应用型教学有较全面较大影响，学习型团队建设还需要一定的积累或要求才能帮助教师将自身能力转化为课程设置、教学行为方面应用性的提升。组织转型类型也影响应用型教学。课程设置的职业就业性和应用复合性，以及教学质量满意度受院系组织转型程度的影响更大。教学行为的学以致用性的提高需要学校和院系组织转型的相互配合。学校或院系任何一个层面转型深入都能显著提高教师技术水平。多层线性模型结果与回归结果近似，结果显示学校和院系组织转型有助于应用型教学水平的提高，院系组织转型对应用型教学的影响更大，院系的考核管理与实践实训资源保障对课程设置的职业就业性正向影响最大，院系的考核管理对课程设置的应用复合性的正向影响最大，院系的应用型定位对教学行为的学以致用性的正向影响最大。

组织转型通过加强教师挂职与培训间接影响应用型教学。学校和院系的组织转型对教师挂职与培训的影响已在上一章有所描述，这里不一一赘述。从教师挂职与培训对课程设置和教学行为的影响来看，参与挂职锻炼对应用型教学的影响最全面。企业生产实践类培训、课程教学类培训均有助于提高应用型教学。新建本科院校在挂职锻炼方面要提高教师参与率与参与时间，在进修培训方面培训类型与质量比培训时间更重要，需要加强企业生产实践、课程教学类的培训。教学行为的学以致用性还需要教师进行内化、提炼，仅仅参与挂职锻炼并不能提高教学行为的学以致用性。结构方程模型验证了组织转型通过教师挂职与培训（以挂职锻炼月数为测量）对应用型教学的影响。教师挂职与培训对应用型教学的影响为0.067，大概为学校组织转型影响的1/2，但组织转型对教师挂职与培训的影响仅为0.013，地方本科院校组织转型并没能有效推动教师参加培训，提升应用技术水平。地方本科院校还需进一步转变教师观念，引导与考核相结合，出台明确的制度，提高挂职与培训参与率和质量。

学校和院系的组织转型通过提高校企合作质量间接影响应用型教学。学校和院系的组织转型对校企合作的影响已在上一章有所描述，这里不赘述。从校企合作对应用型教学的影响来看，校企合作的紧密度、主要依赖协议或平台对应用型教学的影响最全面。校企合作紧密度和专业主导权对本专业教师技术水平和教学质量满意度影响更大。结构方程模型验证了组织转型通过校企合作（以依赖协议或平台为测量变量）对应用型教学的影响。学校组织转型对应用型教学的总效应为0.152，校企合作的影响为0.14，与组织转型的影响接近，说明校企合作可以作为应用型教学改革的重要方法策略。但学校组织转型对校企合作的影响仅为0.014，组织转型并没有很好地推动校企合作质量的提升，推动校企合作正式化、规范化，成为常态机制。

学校和院系的组织转型通过影响应用型科研间接影响应用型教学。学校和院系的组织转型对应用型科研的影响已在上一章有所描述，这里不赘述。从应用型科研对应用型教学的影响来看，应用型科研导向有利于提高应用型教学水平，学校和教师的应用型科研导向可以提高课程设置的职业就业性、教学行为的学以致用性、教师技术水平等方面，教师应用型科研项目比例仅对教学质量满意度有微弱的正向显著影响。结构方程模型验证了组织转型通过应用型科研（以教师科研导向为应用型为测量变量）对应用型教学的影响，教师科研导向为应用型对应用型教学的影响较大，为0.103，应用型科研可以成为提高教学的应用实践性的一个重要手段。但是学校组织转型对教师科研导向的影响很小，教师科研导向为应用型可能更多受之前的横向课题积累或自身经历能力影响，学校组织转型对教师科研导向的影响还需要进一步加强。

第七章

组织转型对人才培养的影响
——基于倾向值匹配

前文回归分析中发现学校及院系组织转型对应用型科研与教学产生显著影响,但这样的结果可能存在选择偏差,即应用实践能力强的教师对组织转型感知更明显,更倾向于响应学校的应用型转型,在应用型科研与教学方面发生转变。简而言之,处于不同组织转型程度下的教师的自身能力可能并不相同,教师应用型科研与教学方面的差异不仅仅来自组织转型的影响,还来自教师应用实践基础的影响。

为了消除选择偏差对项目结果的影响,在实践中我们可以通过随机分组解决选择难题,但随机分组成本较高。学者们又想到了找到属于控制组的某个体 j,使其与处理组中个体 i 的可观测变量取值尽可能匹配,然后观测特定项目对 i 和 j 造成的影响的差异,作为对个体 i 处理效应的度量。[1] 按照这样的思路,对控制组中每个个体进行匹配,然后对每个个体的处理效应进行平均,就可以得到匹配估计量,即政策或项目的处理效果。这种能够很大程度上消除样本选择偏差的方法被称为倾向值匹配方法。

地方新建本科院校通过组织转型推动应用型转型的主要目的是转变人才培养模式,因此毕业生能力发展与就业能够直观反映组织转型的成效。本章采用倾向值匹配方法检验组织转型对教师应用型科研与教学的影响之外,也采用同样的方法检验组织转型对毕业生能力发展与就业的影响,更全面地衡量组织转型对应用型人才培养过程与结果的影响。

---

[1] 陈强:《高级计量经济学及 Stata 应用》,高等教育出版社 2014 年版,第 537—541 页。

第一节 学校组织转型对教师科研及教学的影响

为了尽可能减少教师能力与意愿方面对处理效果的影响，本书将处理组与控制组中的教师按照工作年限、学历、职称、挂职锻炼意愿、教师挂职与培训时长、培训内容、教学压力进行匹配，使处理组与控制组中教师在上述方面不存在显著差异，然后得到处理组的平均处理效应，这样就能很大程度上减少学校组织转型对教师科研及教学的影响效应中教师选择偏差的影响。

一 匹配变量筛选

在进行倾向值匹配之前，首先要确定参考哪些协变量对控制组和实验组的样本进行匹配。表7.1呈现了以学校组织转型深入为因变量的二元罗吉斯特回归分析结果，结果显示教师的能力与经验、挂职锻炼意愿、教师挂职与培训、教学压力等方面大多数变量对教师是否进入组织转型深入的学校有显著影响，可能影响学校组织转型深入效果的评估，因此采用下述回归分析中的解释变量作为协变量进行匹配。

表7.1　　　　　测量学校转型深入效果的教师匹配变量选择

	学校转型深入
工作年限	−0.06 *** (0.01)
中级以上职称	0.53 ** (0.23)
最后学历为硕士	−0.60 ** (0.29)
最后学历为博士	−1.36 *** (0.36)
与专业有关的行业企业经验（年）	−0.02 (0.02)
教师个体挂职锻炼意愿度	0.62 *** (0.21)
挂职锻炼月数	0.04 (0.03)

续表

	学校转型深入
进修和培训周数	-0.00 (0.01)
培训内容——企业生产实践	0.50 ** (0.24)
培训内容——课程教学	0.54 *** (0.18)
每周教学工作量（小时）	0.02 (0.02)
院校所在省固定效应	是
截距项	0.46 (0.50)
样本量	589
伪 R^2	0.0929

二　重叠假定检验

为使得研究结果更有说服力，估计结果更为准确，需要进行重叠假定和平衡性假定检验。重叠假定指匹配后大部分样本要落在共同取值范围，样本损失量较少。重叠假定检验能够保证可用样本充足。在对学校转型情况的倾向值匹配估计中，笔者对每组倾向值匹配均进行了重叠假定检验，共同取值范围均达到80%以上，样本损失较少，通过了重叠假定检验，受篇幅限制不再一一呈现。

三　平衡性假定检验

平衡性假定指匹配后各变量在处理组和控制组上不存在显著性差异，一般要求标准化后的各变量偏差小于10%。表7.2报告了以教师科研导向为应用型为因变量匹配前和匹配后各匹配变量的差异对比。匹配后处理组和控制组之间的差异及显著性大幅降低，匹配后处理组和控制组在教师能力、经验、意愿等方面不存在显著差异。

表 7.2　匹配前后各匹配变量差异对比（按学校组织转型情况匹配）

		均值		% reduct		t-test		V（T）/V（C）
		处理组	控制组	% bias	|bias|	t	p > | t |	
工作年限	匹配前	11.490	13.630	-23.2		-2.96	0.003	0.47*
	匹配后	11.500	11.800	-3.2	86.1	-0.55	0.580	1.22
中级以上职称	匹配前	0.327	0.323	0.7		0.09	0.926	
	匹配后	0.328	0.380	-11.1	-1408.0	-1.43	0.152	
最后学历为硕士	匹配前	0.702	0.599	21.8		2.76	0.006	
	匹配后	0.701	0.678	4.9	77.6	0.66	0.511	
最后学历为博士	匹配前	0.130	0.224	-24.9		-3.16	0.002	
	匹配后	0.130	0.139	-2.3	90.8	-0.33	0.738	
与专业有关的行业企业经验（年）	匹配前	3.233	3.846	-12.7		-1.61	0.109	0.83
	匹配后	3.236	3.817	-12.1	5.0	-1.66	0.097	1.00
愿意挂职锻炼	匹配前	0.801	0.667	30.6		3.88	0.000	
	匹配后	0.800	0.777	5.3	82.7	0.74	0.457	0.97
挂职锻炼月数	匹配前	2.765	2.334	10.0		1.26	0.207	
	匹配后	2.709	3.009	-7.0	30.2	-0.82	0.410	0.60*

续表

		均值		% reduct		t-test		V（T）/V（C）
		处理组	控制组	% bias	| bias |	t	p > | t |	
进修培训周数	匹配前	5.460	5.555	-1.3		-0.16	0.871	0.92
	匹配后	5.467	6.074	-8.2	-536.0	-1.11	0.269	1.05
培训内容——企业生产实践	匹配前	0.243	0.187	13.6		1.70	0.089	
	匹配后	0.241	0.267	-6.4	53.2	-0.79	0.432	
培训内容——课程教学	匹配前	0.613	0.497	23.5		2.96	0.003	
	匹配后	0.612	0.643	-6.4	72.5	-0.87	0.387	
每周教学小时数	匹配前	11.600	11.770	-2.8		-0.36	0.719	0.74*
	匹配后	11.620	12.010	-6.6	-132.0	-0.92	0.359	0.92

　　表7.3汇报了匹配前后变量整体偏差变化情况。由表7.3可知，匹配后学校转型深入与不深入的教师不存在显著差异，整体上各匹配变量的平均标准化偏差为6.7%，小于10%，符合要求。

表7.3　匹配前后匹配变量整体差异对比（按学校组织转型情况匹配）

	Ps R^2	LR chi^2	p > chi^2	MeanBias	MedBias	B	R	% Var
匹配前	0.054	47.82	0.000	15	13.6	54.7 *	0.60	40
匹配后	0.009	8.49	0.669	6.7	6.4	22.2	1.07	20

　　图7.1为各变量的标准化偏差图示，可以看出匹配后各变量的标准化偏差绝对值减小，向0趋近。从整体上可知，平衡性假定检验得到较好满足。

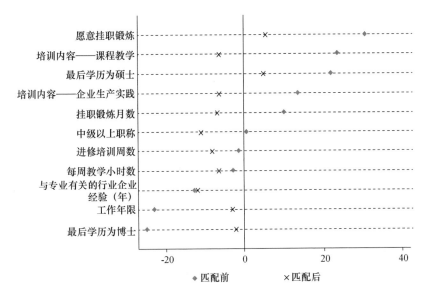

图 7.1　以教师科研导向为应用型为因变量的标准化偏差
（按学校组织转型情况匹配）

　　研究也进行了以其他变量为结果变量的平衡性假定检验，平衡性假定均得到满足，在此不一一报告。

四 估计结果

根据前文，学校组织转型对教师科研及教学的影响倾向值匹配通过了重叠假定检验和平衡性假定检验，估计结果可信。接下来将针对新建本科院校全样本和不同分样本，采用近邻匹配方法估计学校转型深入对教师应用型科研与教学各因变量的参与者平均处理效应结果（ATT）。大样本和正态分布情况下的数据，当 $|t| > 1.65$ 时，$p < 0.1$；当 $|t| > 1.96$ 时，$p < 0.05$；当 $|t| > 2.58$ 时，$p < 0.01$，笔者将在 0.1 显著性水平上显著的各结果进行了加粗处理。

根据表7.4，排除了教师的学历、经验、培训及培训意愿等情况的影响后，采用倾向值匹配方法发现，对于新建本科院校全样本，学校转型深入的院校教师应用型教学做得更好，课程设置的职业就业性、应用复合性及教学行为的学以致用性均显著高于学校转型不深入的院校，但在应用型科研方面没有显著优势。

对于院系转型不深入的学院，学校组织转型深入只能显著提高教学行为的学以致用性，说明缺少了学院的贯彻落实，学院组织转型对课程设置与教学行为的提升效果非常有限。

对于院系转型深入的学院，学校组织转型深入的，课程设置的应用复合性显著更高，但是课程设置的职业就业性显著更低。院系转型深入的新建本科院校子样本中，学校转型不深入的为仅院系转型深入类型，转型动力并非来自学校的大力推动，而更多是自发转型，有长期的校企合作积累，学院和专业开始转型的时间可能更早，因此由于长期的积淀，课程设置的职业就业性显著更高。院系转型深入的新建本科院校子样本中，学校转型深入的为学校院系均转型深入的类型，是自上而下规划性的转型，虽然上下协作显著提高了课程设置的应用复合性，但可能由于转型开始较晚，而课程设置的职业就业性需要长期的积累，因此在课程设置的职业就业性上有显著劣势。结合调查数据中不同转型类型学院的平均专业转型时长来看，仅院系转型深入的平均专业转型时长为6年，学校院系均转型深入的平均专业转型时长为4.9年，验证了仅院系转型深入的学院更早实行应用型转型，在校企合作、课程建设方面积累更深厚的推测。

结合全样本和不同分样本中学校组织转型深入的影响效果来看，学校组织转型只能有效提升课程设置和教学行为，并不能对应用型科研产生提升作用。在学院的配合下，学校组织转型能够更好地发挥提升应用型教学的作用，缺少了学院的贯彻落实，学校对应用型教学的影响有限。同时研究也发现仅院系转型深入这类自发转型的学院在课程设置的职业就业性上做得更好。

表7.4　**教师科研与教学的 ATT 估计结果（按学校组织转型情况匹配）**

	变量	处理组	控制组	差值（ATT）	标准误	T-stat
新建本科院校	教师科研导向为应用型	0.22	0.17	0.05	0.05	1.14
	应用型科研项目比例	42.74	43.82	−1.08	4.55	−0.24
	课程设置——职业就业性	**0.13**	**−0.27**	**0.40**	**0.13**	**3.07**
	课程设置——应用复合性	**0.18**	**−0.34**	**0.52**	**0.12**	**4.28**
	教学行为——学以致用性	**0.26**	**−0.06**	**0.31**	**0.13**	**2.39**
院系转型不深入的学院	教师科研导向为应用型	0.11	0.19	−0.08	0.06	−1.43
	应用型科研项目比例	41.20	44.19	−2.98	6.39	−0.47
	课程设置——职业就业性	−0.32	−0.16	−0.17	0.17	−1.02
	课程设置——应用复合性	−0.20	−0.38	0.18	0.17	1.06
	教学行为——学以致用性	**0.23**	**−0.16**	**0.38**	**0.19**	**2.07**
院系转型深入的学院	教师科研导向为应用型	0.29	0.30	−0.01	0.08	−0.06
	应用型科研项目比例	45.52	50.36	−4.84	6.49	−0.75
	课程设置——职业就业性	**0.29**	**0.85**	**−0.56**	**0.14**	**−3.97**
	课程设置——应用复合性	**0.30**	**−0.22**	**0.52**	**0.16**	**3.15**
	教学行为——学以致用性	0.19	0.18	0.01	0.15	0.06

注：1. 为满足平衡性假定检验，新建本科院校全样本均为一比一匹配；2. 院系转型不深入的新建本科学院中，对教师科研导向为应用型的估计为一比五匹配，对应用型科研项目比例的估计为一比三匹配，其他为一比二匹配；3. 院系转型深入的新建本科学院中，对教师科研导向为应用型的估计为一比三匹配，其他为一比二匹配。

五　稳健性检验

为了进一步检验倾向值匹配结果是否稳健，本书还采用多种匹配方法和偏差校正法进行稳健性检验。

1. 多种匹配方法稳健性检验

针对新建本科院校全样本和不同分样本，无论采用半径匹配还是核匹配方法，结果和显著性都与近邻匹配估计结果接近，估计结果稳健。

2. 偏差校正法稳健性检验

倾向值匹配的第一阶段估计倾向得分时存在一定的不确定性，而且非精确匹配一般存在偏差，Abadie 和 Imbens 提出回到更简单的马氏距离，进行有放回且允许并列的 k 近邻匹配，并通过回归的方法来估计偏差，通过在处理组和控制组内部进行二次匹配，来得到在异方差条件下也成立的稳健标准误。[①] 笔者根据陈强在《高级计量经济学及 Stata 应用》一书中的介绍，在 Stata 中采用 nnmatch 命令重新对学校转型对教师科研和教学的影响进行估计，得到表 7.5。[②]

表 7.5　　　　　　教师科研与教学的偏差校正匹配估计结果
（按学校组织转型情况匹配）

		ATT	标准误	z	P > |z|	95% conf. Interval	
新建本科院校	教师科研导向为应用型	0.04	0.04	0.91	0.36	− 0.04	0.12
	应用型科研项目比例	− 1.81	4.48	− 0.40	0.69	− 10.59	6.97
	课程设置——职业就业性	0.14	0.10	1.41	0.16	− 0.06	0.34
	课程设置——应用复合性	**0.50**	**0.09**	**5.54**	**0.00**	**0.32**	**0.68**
	教学行为——学以致用性	**0.51**	**0.10**	**4.99**	**0.00**	**0.31**	**0.70**
院系转型不深入的学院	教师科研导向为应用型	− 0.01	0.05	− 0.19	0.85	− 0.10	0.08
	应用型科研项目比例	− 9.77	6.23	− 1.57	0.12	− 21.98	2.44
	课程设置——职业就业性	0.07	0.15	0.47	0.64	− 0.23	0.37
	课程设置——应用复合性	**0.59**	**0.15**	**3.85**	**0.00**	**0.29**	**0.90**
	教学行为——学以致用性	**0.39**	**0.17**	**2.36**	**0.02**	**0.07**	**0.71**
院系转型深入的学院	教师科研导向为应用型	0.01	0.06	0.21	0.83	− 0.10	0.12
	应用型科研项目比例	− 8.43	10.15	− 0.83	0.41	− 28.33	11.47
	课程设置——职业就业性	**− 0.67**	**0.14**	**− 4.71**	**0.00**	**− 0.95**	**− 0.39**
	课程设置——应用复合性	**0.58**	**0.15**	**4.02**	**0.00**	**0.30**	**0.87**
	教学行为——学以致用性	0.07	0.17	0.38	0.71	− 0.28	0.41

---

① Alberto Abadie, Guido W. Imbens, "Bias-Corrected Matching Estimators for Average Treatment Effects", *Journal of Business and Economic Statistics*, Vol. 29, No. 1, 2011, pp. 1 – 11.

② 陈强:《高级计量经济学及 Stata 应用》，高等教育出版社 2014 年版，第 555 页。

偏差校正后，对于新建本科院校全样本，学校组织转型深入与不深入的院校在课程设置的职业就业性方面不再具有显著差异，学校组织转型深入的院校课程设置的应用复合性和教学行为的学以致用性依然显著更高，而且在教学行为的学以致用性方面差值更大。无论是最初的估计结果还是偏差校正后，位于不同转型深入程度的院校的教师在教师科研导向为应用型和应用型科研项目比例方面均没有显著差异，说明学校转型还不能有效影响教师的科研导向和应用型科研行为。

对于院系转型不深入的学院，学校组织转型深入的，课程设置的应用复合性和教学行为的学以致用性显著更高，同样无法显著改进教师科研导向和应用型科研项目比例。经过偏差校正，两类学院在课程设置的应用复合性上的差异变得显著。

对于院系转型深入的学院，学校组织转型深入的，课程设置的职业就业性显著更低，应用复合性显著更高，与近邻匹配结果接近。对于院系转型深入的子样本，学校组织转型深入的，教师课程设置的职业就业性显著更低，可能与仅院系转型深入的学院校企合作积累较深有关，前文已有所解释，不再赘述。

整体而言，偏差校正后的估计结果与近邻匹配估计结果接近，估计结果稳健，反映了学校组织转型深入能够显著提高课程设置和教学行为等方面，但对应用型科研导向和项目开展没有显著影响。

第二节　学校组织转型对毕业生能力发展与就业的影响

本节检验学校组织转型深入对毕业生能力发展与就业的影响，具体操作化为专业技术能力、专业素养与态度、职业认知与规划、是否就业、就业起薪五个变量。为了尽量减少学生个体能力与家庭背景对毕业生能力发展与就业状况的影响，本书将处理组和控制组中的学生按照人口学特征、家庭背景、高考成绩与录取情况进行匹配，使处理组和控制组中学生在上述方面不存在显著差异，然后得到处理组的平均处理效应，能够很大程度上减少选择偏差对结果的影响。为了排除升学因素对就业概率的影响，处理是否就业变量时剔除了国内外升学和不就业拟升学的群体。只有就业的毕业生才有起薪，而且就业地行政区划级别、自由职业、自主创业等因素影响起薪的高低，因此对起薪进行估计时样本限定在就业群体，匹配的协变量中增加了行政区划级别、自由职业、自主创业等变量,后文检验学院组织转型深入对毕业生起薪的影响采用了同样的处理方法,不再赘述。

一　匹配变量筛选

在进行倾向值匹配之前,首先要确定采用哪些协变量对控制组和实验组的样本进行匹配。表7.6呈现了以学校组织转型深入为因变量的二元罗吉斯特回归分析结果,结果显示毕业生的人口学特征、家庭背景、高考成绩与录取情况等方面大多数变量对是否进入组织转型深入的学校有显著影响,可能影响学校组织转型深入效果的评估,因此采用下述回归模型中的解释变量作为协变量进行匹配。

表7.6　　　　　　测量学校转型深入效果的毕业生匹配变量选择

	学校组织转型深入
男性	0.26 *** (0.06)
汉族	− 0.71 *** (0.12)
独生子女	− 0.18 *** (0.07)
家在城市	− 0.08 (0.06)
父亲学历初中到高中	− 0.08 (0.07)
父亲学历大专及以上	− 0.23 * (0.13)
母亲学历初中到高中	0.02 (0.07)
母亲学历大专及以上	0.05 (0.14)
父亲基层就业	− 0.08 (0.09)

续表

	学校组织转型深入
母亲基层就业	0.15 (0.10)
家庭收入中等	−0.10 (0.06)
家庭收入高	−0.20 ** (0.10)
高考分——标准化	−0.30 *** (0.04)
重点或示范高中	0.28 *** (0.06)
高中为理科	−0.51 *** (0.06)
第一志愿录取	0.30 *** (0.06)
院校所在省固定效应	是
截距项	0.50 *** (0.19)
样本量	5809
伪 R^2	0.0528

二　重叠假定检验

为使得研究结果更有说服力，估计结果更为准确，需要进行重叠假定和平衡性假定检验。笔者对每组倾向值匹配估计均进行了重叠假定检验，共同取值范围均达到80％以上，受篇幅限制，不再一一呈现。

三　平衡性假定检验

和前文一样，平衡性假定要求匹配后各变量在处理组和控制组上不存在显著性差异，而且一般要求标准化后的各变量偏差小于10％。表7.7报告了以专业技术能力为结果变量匹配前和匹配后各匹配变量的差异对比，匹配后处理组和控制组之间的差异及显著性大幅降低，不再具有显著差异。

表7.7　匹配前后各匹配变量差异对比（按学校组织转型情况匹配）

		均值		t-test					V(T)/V(C)
		处理组	控制组 % reduct	% bias	|bias|	t	p>|t|		
男性	匹配前	0.620	0.591	6.1		2.310	0.021		
	匹配后	0.620	0.633	-2.7	55.8	-0.960	0.337		
汉族	匹配前	0.922	0.892	10.2		3.870	0.000		
	匹配后	0.922	0.923	-0.4	96.0	-0.160	0.875		
独生子女	匹配前	0.333	0.372	-8.2		-3.100	0.002		
	匹配后	0.333	0.361	-5.9	27.8	-2.100	0.036		
家在城市	匹配前	0.453	0.480	-5.6		-2.130	0.033		
	匹配后	0.452	0.477	-5.1	9.1	-1.810	0.071		
父亲学历初中或高中	匹配前	0.632	0.602	6.1		2.320	0.020		
	匹配后	0.632	0.613	4.0	34.6	1.420	0.155		
父亲学历大专及以上	匹配前	0.121	0.162	-11.6		-4.370	0.000		
	匹配后	0.121	0.141	-5.9	48.9	-2.170	0.030		
母亲学历初中或高中	匹配前	0.563	0.524	7.9		3.030	0.002		
	匹配后	0.564	0.557	1.4	83.0	0.480	0.630		
母亲学历大专及以上	匹配前	0.089	0.122	-10.6		-4.000	0.000		
	匹配后	0.089	0.099	-3.2	69.6	-1.210	0.227		

续表

		均值		% reduct	t-test		t	p>|t|	V（T）/V（C）
		处理组	控制组		% bias	| bias |			
父亲基层就业	匹配前	0.772	0.747		5.7		2.160	0.030	
	匹配后	0.772	0.767		1.1	80.5	0.400	0.689	
母亲基层就业	匹配前	0.809	0.767		10.2		3.860	0.000	
	匹配后	0.809	0.799		2.5	75.3	0.920	0.357	
家庭收入中等	匹配前	0.316	0.321		-1.1		-0.410	0.685	
	匹配后	0.316	0.319		-0.6	44.1	-0.210	0.832	
家庭收入高	匹配前	0.132	0.155		-6.8		-2.580	0.010	
	匹配后	0.131	0.141		-2.7	60.2	-0.980	0.325	
标准化高考分数	匹配前	-0.317	-0.052		-29.5		-11.280	0.000	
	匹配后	-0.318	-0.319		0.1	99.6	0.040	0.966	1.07
来自重点或示范高中	匹配前	0.389	0.348		8.4		3.220	0.001	
	匹配后	0.389	0.390		-0.2	97.1	-0.090	0.931	0.96
高中为理科	匹配前	0.632	0.694		-13.1		-5.030	0.000	
	匹配后	0.632	0.608		5.0	61.7	1.740	0.082	
第一志愿录取	匹配前	0.628	0.544		17.1		6.510	0.000	
	匹配后	0.628	0.638		-2.1	87.7	-0.760	0.448	

　　表7.8汇报了以专业技术能力为结果变量匹配前后变量的整体偏差情况。由表7.8可知，匹配后学校转型深入与不深入的毕业生人口学特征、家庭背景、高考成绩及录取情况等不存在显著差异，整体上各匹配变量的平均标准化偏差为2.7%，符合平衡性假定要求。

表7.8　　匹配前后匹配变量整体差异对比（按学校组织转型情况匹配）

	Ps R^2	LR chi^2	p > chi^2	MeanBias	MedBias	B	R	% Var
匹配前	0.036	295.36	0.000	9.9	8.3	45.6 *	1.03	0
匹配后	0.002	14.40	0.569	2.7	2.6	10.7	0.91	0

　　图7.2为各变量的标准化偏差图示，可以看出匹配后各变量的标准化偏差绝对值减小，向0趋近。从整体上可知，平衡性假定检验得到较好满足。

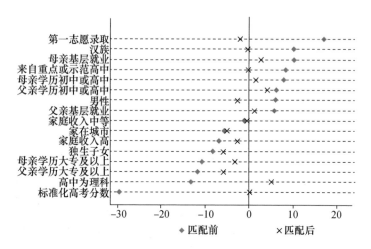

图7.2　以毕业生能力发展与就业情况为因变量的标准化
偏差（按学校组织转型情况匹配）

　　本书对各组估计均进行了平衡性假定检验，平衡性假定均得到满足，在此不一一报告。

四　估计结果

　　根据前文，学校组织转型对毕业生能力与就业的影响倾向值匹配通过了重叠假定检验和平衡假定检验，估计结果可信。表7.9呈现了采用近邻匹配方法对新建本科院校全样本和不同分样本估计学校组织转型对毕业生能力发展及就业的影响结果。由于院系转型深入的分样本未能通过平衡性假定检验，因此不再呈现该分样本的估计结果。笔者同样将在0.1显著性水平上显著的各结果进行了加粗处理。

估计结果显示，对于新建本科院校全样本，学校转型深入的，毕业生专业素养与态度显著更高，但是在专业技术能力、职业认知与规划、就业概率、起薪方面没有显著差异，说明学校组织转型深入尚未在学生培养上体现出显著成效，还需要院系和老师的贯彻落实，一定时间的积累才能在毕业生能力与就业上有所体现。

对于院系转型不深入的学院，学校转型深入的，毕业生专业素养与态度显著更高，但是就业率显著低8个百分点，即仅学校转型深入的学院毕业生就业率比学校院系均转型不深入的学院低8个百分点。为了进一步分析原因，笔者进一步对该分样本采用倾向值匹配方法估计了学校组织转型对就业对口率的估计结果，结果显示仅学校转型深入的学院毕业生就业的专业对口率显著高10%，这类毕业生很可能为了找到与专业更对口的就业岗位，一定程度上牺牲了就业率。

整体而言，学校组织转型深入对毕业生能力发展与就业情况的影响有限，仅能显著提高毕业生的专业素养与态度，对毕业生核心能力——专业技术能力，以及就业质量的提升还需要时间积累。

表7.9　　**毕业生能力发展与就业情况的 ATT 估计结果**
（按学校组织转型情况匹配）

	变量	处理组	控制组	差值（ATT）	标准误	T-stat
新建本科院校全样本	专业技术能力	0.03	0.03	0.00	0.04	0.06
	专业素养与态度	**0.05**	**−0.06**	**0.11**	**0.04**	**3.03**
	职业认知与规划	0.01	0.01	0.00	0.04	−0.11
	是否就业	0.62	0.61	0.00	0.02	0.05
	就业起薪	3660	3831	−171.40	115.30	−1.49

续表

	变量	处理组	控制组	差值（ATT）	标准误	T-stat
院系转型不深入的学院	专业技术能力	−0.01	−0.06	0.05	0.05	1.01
	专业素养与态度	**0.06**	**−0.08**	**0.14**	**0.05**	**2.61**
	职业认知与规划	−0.05	0.00	−0.05	0.05	−0.90
	是否就业	**0.53**	**0.61**	**−0.08**	**0.03**	**−2.83**
	就业起薪	3646	3731	−84.24	209.50	−0.40

注：1. 对于新建本科全样本，为满足平衡性假定检验，对就业起薪的估计为一比二匹配，其他均为一比一匹配；2. 对于院系转型不深入的学院，所有估计均为一比一匹配。

五 稳健性检验

为了进一步检验倾向值匹配结果是否稳健，本书还采用多种匹配方法和偏差校正法进行稳健性检验。

（1）多种匹配方法稳健性检验。笔者采用半径匹配、核匹配对全样本和分样本进行稳健性检验，结果显示采用不同匹配方法得到的估计结果无论是差值还是显著性都比较接近，结果比较稳健。

（2）偏差校正法检验。偏差校正的原因、原理及操作方法已在前文有所交代，在此不赘述。对毕业生能力发展与就业情况的偏差校正估计结果如表7.10所示。

表7.10　　　毕业生能力发展与就业情况的偏差校正匹配估计结果（按学校组织转型情况匹配）

		ATT	标准误	z	P > |z|	95% conf. Interval	
新建本科院校全样本	专业技术能力	0.00	0.04	−0.13	0.90	−0.08	0.07
	专业素养与态度	**0.11**	**0.03**	**3.23**	**0.00**	**0.04**	**0.18**
	职业认知与规划	−0.01	0.04	−0.25	0.80	−0.09	0.07
	是否就业	0.01	0.02	0.64	0.53	−0.03	0.05
	就业起薪	−0.02	0.03	−0.74	0.46	−0.07	0.03

续表

		ATT	标准误	z	p > |z|	95% conf. Interval	
院系转型不深入的学院	专业技术能力	0.05	0.05	0.93	0.353	− 0.05	0.15
	专业素养与态度	**0.14**	**0.05**	**2.80**	**0.005**	**0.04**	**0.23**
	职业认知与规划	− 0.04	0.05	− 0.83	0.409	− 0.14	0.06
	是否就业	**− 0.06**	**0.03**	**− 2.18**	**0.029**	**− 0.12**	**− 0.01**
	就业起薪	− 210.90	182.60	− 1.16	0.248	− 568.80	146.90

经过偏差校正，估计结果依然稳健，学校组织转型深入只能提升毕业生专业素养与态度，对毕业生专业技术能力、职业认知与规划和就业质量没有显著的正向影响。学校组织转型还需要不断细化、落实、积累才能有效提升毕业生能力与素质，提高毕业生就业质量。

第三节　院系组织转型对教师科研和教学的影响

本节将采用倾向值匹配方法估计院系组织转型对教师应用型科研与教学的影响。为了减少教师能力与意愿对院系组织转型处理效果的影响，本书同样首先依据工作年限、学历、职称、挂职锻炼意愿、教师挂职与培训时长、培训内容等变量对处理组和控制组中的教师进行匹配，使处理组与控制组中教师在上述方面不存在显著差异，然后得到处理组的平均处理效应，这样就能很大程度上减少估计结果中教师选择偏差的影响。

在倾向值匹配之前，笔者首先按照第七章第一节类似的方法进行二元罗吉斯特回归分析，筛选可能影响教师进入转型深入的学院的变量，同样发现教师能力与经验、挂职与培训、教学压力等变量大多能够显著影响进入转型深入的学院的可能性，因此以这些变量为依据进行匹配。受篇幅限制，不再呈现匹配变量筛选的结果。

一　重叠假定检验

在倾向值匹配估计之前要进行重叠假定和平衡性假定检验，保证匹配有效，估计结果可信。笔者对每组倾向值匹配均进行了重叠假定检验，共同取值范围均达到80%以上，由于篇幅限制，不再一一呈现。

二　平衡性假定检验

根据平衡性假定检验要求，匹配后处理组和控制组在各变量上应不存在显著性差异，并一般要求标准化后的各变量整体偏差小于 10%。表7.11 报告了以教师科研导向为应用型为因变量匹配前和匹配后各匹配变量的差异对比，采用的匹配方法为近邻匹配，一比二匹配。除工作年限、挂职锻炼月数、进修培训周数外，匹配后处理组和控制组之间各变量均不存在显著性差异，匹配后处理组和控制组之间的差异及显著性大幅降低。

表 7.12 呈现了匹配前后变量偏差的整体情况。由表 7.12 可知，匹配后院系转型深入与不深入的教师不存在显著差异，整体上各匹配变量的平均标准化偏差为 6.5%，小于 10%，符合平衡假定性检验。

图 7.3 为各变量的标准化偏差图示，可以看出匹配后各变量的标准化偏差绝对值减小，向 0 趋近。从整体上可知，平衡性假定检验得到较好满足。

本书也进行了以其他变量为结果变量及不同子样本的平衡性假定检验，平衡性假定均得到满足，在此不一一报告。

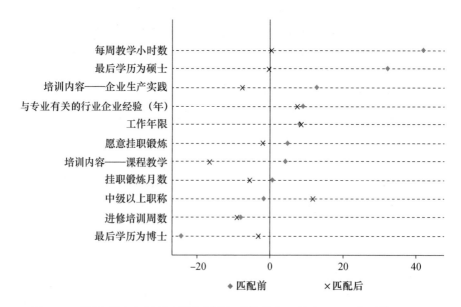

图 7.3　以教师科研与教学为因变量的标准化偏差（按院系组织转型情况匹配）

表7.11　匹配前后各匹配变量差异对比（按院系组织转型情况匹配）

		均值		% bias	% reduct | bias |	T-test		V (T) /V (C)
		处理组	控制组			t	p > | t |	
工作年限	匹配前	12.080	12.820	8.2		1.020	0.308	1.90*
	匹配后	12.090	12.840	8.3	-1.5	1.100	0.273	2.15*
中级以上职称	匹配前	0.329	0.322	-1.6		-0.200	0.843	
	匹配后	0.268	0.322	11.7	-642.7	1.560	0.119	
最后学历为硕士	匹配前	0.575	0.726	32.0		4.050	0.000	
	匹配后	0.726	0.725	-0.3	99.0	-0.040	0.966	
最后学历为博士	匹配前	0.223	0.130	-24.5		-3.110	0.002	
	匹配后	0.142	0.130	-3.1	87.2	-0.450	0.654	
与专业有关的行业企业经验（年）	匹配前	3.285	3.719	9.0		1.140	0.255	1.09
	匹配后	3.356	3.709	7.4	18.5	0.960	0.336	1.12
愿意挂职锻炼	匹配前	0.728	0.749	4.9		0.620	0.534	
	匹配后	0.760	0.751	-2.0	59.1	-0.270	0.789	
挂职锻炼月数	匹配前	2.548	2.583	0.8		0.100	0.917	0.92
	匹配后	2.822	2.585	-5.5	-572.0	-0.670	0.500	0.74*

续表

		均值		% bias	% reduct	T-test		V (T) /V (C)
	处理组	处理组	控制组		| bias |	t	p > | t |	
进修培训周数	处理前	5.224	5.818	-7.9		-1.010	0.314	0.60*
	处理后	5.216	5.898	-9.1	-14.8	-1.260	0.207	0.75*
培训内容——企业生产实践	处理前	0.242	0.189	12.8		1.610	0.108	
	处理后	0.240	0.271	-7.6	40.8	-0.930	0.355	
培训内容——课程教学	处理前	0.569	0.548	4.3		0.540	0.591	
	处理后	0.571	0.654	-16.7	-291.7	-2.220	0.027	
每周教学小时数	处理前	12.830	10.390	42.0		5.290	0.000	1.14
	处理后	12.750	12.730	0.3	99.3	0.040	0.970	0.84

表 7.12　匹配前后匹配变量整体差异对比（按院系组织转型情况匹配）

	Ps R²	LR chi²	p > chi²	MeanBias	MedBias	B	R	% Var
匹配前	0.055	48.88	0.000	13.5	8.2	56.4*	0.92	40
匹配后	0.011	10.55	0.482	6.5	7.4	25.1*	1.08	60

三　估计结果

和对学校转型深入的影响分析相同，本部分呈现了分别针对新建本科全样本以及不同类型子样本，采用近邻匹配法得到的院系转型深入对教师应用型科研与教学的平均处理效应结果。笔者同样将在0.1显著性水平上显著的各结果进行了加粗处理。

表7.13呈现了采用近邻匹配方法对新建本科院校全样本和不同分样本的估计结果。

对于新建本科院校全样本，院系转型深入的，教师科研导向为应用型的比例显著更高，教师课程设置的职业就业性和应用复合性，教学行为的学以致用性均显著更高，而且课程设置方面的差值高于教学行为。院系组织转型深入对教师应用型科研导向和课程设置及教学行为的应用实践性有显著的正向影响。

对于学校转型不深入的新建本科院校子样本，院系转型深入的，教师课程设置的职业就业性和教学行为的学以致用性显著更高。从差值和显著性来看，对于学校组织转型不深入的院校分样本，院系组织转型对课程设置的职业就业性影响最大。

对于学校转型深入的新建本科院校子样本，院系转型深入的，学院教师科研导向为应用型的比例显著更高，课程设置的职业就业性和应用复合性显著更高，在0.01的显著性水平上显著。从差值和显著性来看，院系转型深入同样对课程设置的职业就业性影响最大。

表7.13　　**教师科研与教学的 ATT 估计结果（按院系组织转型情况匹配）**

	变量	处理组	控制组	差值（ATT）	标准误	T-stat
新建本科院校全样本	**教师科研导向为应用型**	**0.28**	**0.13**	**0.15**	**0.04**	**3.73**
	应用型科研项目比例	44.25	42.97	1.29	4.53	0.28
	课程设置——职业就业性	**0.32**	**−0.27**	**0.59**	**0.11**	**5.18**
	课程设置——应用复合性	**0.20**	**−0.23**	**0.43**	**0.11**	**4.03**
	教学行为——学以致用性	**0.21**	**−0.09**	**0.31**	**0.12**	**2.50**

续表

	变量	处理组	控制组	差值（ATT)	标准误	T-stat
学校转型不深入的新建本科院校	教师科研导向为应用型	0.32	0.25	0.06	0.07	0.85
	应用型科研项目比例	46.97	39.21	7.77	6.71	1.16
	课程设置——职业就业性	**0.55**	**−0.36**	**0.91**	**0.16**	**5.61**
	课程设置——应用复合性	−0.15	−0.23	0.07	0.17	0.43
	教学行为——学以致用性	**0.00**	**−0.46**	**0.46**	**0.18**	**2.54**
学校转型深入的新建本科院校	**教师科研导向为应用型**	**0.254**	**0.0363**	**0.22**	**0.0541**	**4.02**
	应用型科研项目比例	43.01	44.12	−1.103	6.702	−0.16
	课程设置——职业就业性	**0.262**	**−0.768**	**1.03**	**0.234**	**4.41**
	课程设置——应用复合性	**0.298**	**−0.27**	**0.57**	**0.2**	**2.85**
	教学行为——学以致用性	0.27	0.347	−0.08	0.234	−0.33

注：1. 对于新建本科院校全样本，为满足平衡性假定检验，对教师科研导向为应用型的估计为一比二匹配，其他均为一比一匹配；2. 对于学校转型不深入的新建本科院校，对教师科研导向为应用型的估计未通过平衡性假定检验，所以呈现的是半径匹配估计的结果，为满足平衡性假定检验，对其他方面的估计均采用的是一比六匹配；3. 对于学校转型深入的新建本科院校，对教师科研导向为应用型的估计未通过平衡性假定检验，所以呈现的是半径匹配估计的结果，为满足平衡性假定检验，对应用型科研项目比例的估计为一比四匹配，其他均为一比一匹配。

四　稳健性检验

为了进一步检验倾向值匹配结果是否稳健，本书还采用多种匹配方法和偏差校正法进行稳健性检验。

（1）多种匹配方法稳健性检验。分别针对不同样本采用半径匹配、核匹配方法进行倾向值匹配估计，估计结果比较稳健，而且差值、显著性与近邻匹配法的估计结果近似。差别仅在于对学校转型不深入的新建本科院校子样本采用核匹配得到的结果显示院系转型深入对教学行为的学以致用性影响不显著。

（2）偏差校正稳健性检验。偏差校正的原因、原理及操作方法已在前文有所交代，在此不赘述。表7.14呈现了采用近邻匹配方法的教师科研与教学的偏差校正估计结果。

表7.14　　　　　　　　教师科研与教学的偏差校正匹配估计结果

（按院系组织转型情况匹配）

		ATT	标准误	z	p > |z|	95% conf. Interval	
新建本科院校全样本	教师科研导向为应用型	**0.12**	**0.04**	**3.45**	**0.00**	**0.05**	**0.19**
	应用型科研项目比例	0.47	4.91	0.10	0.92	−9.16	10.09
	课程设置——职业就业性	**0.67**	**0.11**	**5.91**	**0.00**	**0.45**	**0.89**
	课程设置——应用复合性	**0.61**	**0.09**	**6.55**	**0.00**	**0.43**	**0.79**
	教学行为——学以致用性	**0.34**	**0.12**	**2.89**	**0.00**	**0.11**	**0.58**
学校转型不深入的新建本科院校	教师科研导向为应用型	**0.19**	**0.06**	**3.14**	**0.00**	**0.07**	**0.31**
	应用型科研项目比例	1.41	7.61	0.19	0.85	−13.51	16.33
	课程设置——职业就业性	**1.25**	**0.19**	**6.56**	**0.00**	**0.87**	**1.62**
	课程设置——应用复合性	0.07	0.22	0.32	0.75	−0.36	0.49
	教学行为——学以致用性	0.12	0.18	0.66	0.51	−0.24	0.47
学校转型深入的新建本科院校	教师科研导向为应用型	**0.25**	**0.03**	**7.71**	**0.00**	**0.18**	**0.31**
	应用型科研项目比例	−0.25	7.85	−0.03	0.98	−15.63	15.14
	课程设置——职业就业性	**1.03**	**0.15**	**6.91**	**0.00**	**0.74**	**1.32**
	课程设置——应用复合性	**0.87**	**0.11**	**7.58**	**0.00**	**0.64**	**1.09**
	教学行为——学以致用性	−0.05	0.15	−0.36	0.72	−0.35	0.24

　　根据采用偏差校正方法得到的结果，偏差矫正后的结果比较稳健，差别主要在于对学校转型不深入的新建本科院校子样本，院系转型深入的，教师科研导向为应用型的比例显著更高，而教学行为的学以致用性方面的差异变得不显著。同样可以看出有了学校的支持，院系转型深入对应用型科研与教学的影响更加全面深入。

　　结合前文学校组织转型对教师科研与教学的影响来看，院系组织转型深入对教师应用型科研与教学的影响更加深入广泛，具体表现为学校组织转型深入仅能提高课程设置与教学行为的应用实践性，院系组织转型深入还能显著转变教师科研导向，使更多教师的科研向应用型转变。

　　虽然院系组织转型深入能够有效促使教师科研导向向应用型转变，但是无论是学校组织转型还是院系组织转型，都未能有效提升教师应用型科研项目比例。从科研导向的转变到实际开展的应用型科研项目比例的提升还有很长的路要走，而且应用型科研项目比例的提升不仅需要学校、学院、教师努力提升应用科研能力，还需要学校搭建平台，积极加强与企业的合作，通过挂职锻炼、校企合作等活动增进企业对学校的了解，获得企业的信任，寻找合作契机。因此为了提升教师应用型科研项目比例，校方不仅要积极修炼"内功"，还要积极加强合作推广，不断积累合作资源。

第四节　院系组织转型对毕业生能力发展与就业的影响

本节主要估计院系组织转型对毕业生能力发展与就业的影响。和前文估计学校组织转型对毕业生能力发展与就业的影响相似，本节也将处理组和控制组中的学生按照人口学特征、家庭背景、高考成绩与录取情况进行匹配，使处理组和控制组中毕业生在上述方面不存在显著差异，然后得到处理组的平均处理效应，很大程度上减少选择偏差对结果的影响。是否就业变量的处理，以及对起薪进行估计时的样本限定、匹配协变量选择与前文一致。

在进行倾向值匹配之前，同样首先以院系组织转型深入为因变量进行二元罗吉斯特回归，发现毕业生的人口学特征、家庭背景、高考成绩与录取情况等方面大多数变量对是否进入组织转型深入的学院有显著影响，可能影响院系组织转型深入效果的评估，因此采用上述变量作为协变量进行匹配。

一　重叠假定检验

采用倾向值匹配方法进行效果估计之前需要进行重叠假定检验和平衡性假定检验。笔者对每个结果变量、每类分样本均进行了重叠假定检验，共同取值范围均达到80%以上，由于篇幅限制，不再一一呈现。

二　平衡性假定检验

根据平衡性假定检验要求，匹配后各变量在处理组和控制组上应不存在显著性差异，并一般要求标准化后的各变量偏差小于10%。表7.15报告了以专业技术能力为结果变量匹配前和匹配后各匹配变量的差异对比。除标准化高考分数外，匹配后处理组和控制组之间各变量均不存在显著性差异，匹配后处理组和控制组之间的差异及显著性大幅降低。

表7.15　匹配前后各匹配变量差异对比（按院系组织转型情况匹配）

		均值		% bias	% reduct |bias|	T-test t	T-test p>|t|	V(T)/V(C)
		处理组	对照组					
男性	匹配前	0.598	0.606	-1.6		-0.60	0.549	
	匹配后	0.598	0.607	-1.8	-8.4	-0.57	0.569	
汉族	匹配前	0.933	0.890	15.1		5.40	0.000	
	匹配后	0.933	0.929	1.4	91.1	0.49	0.625	
独生子女	匹配前	0.345	0.361	-3.4		-1.26	0.207	
	匹配后	0.345	0.342	0.5	85.4	0.16	0.871	
家在城市	匹配前	0.460	0.473	-2.5		-0.92	0.357	
	匹配后	0.460	0.453	1.4	42.4	0.47	0.641	
父亲学历初中或高中	匹配前	0.635	0.603	6.6		2.42	0.016	
	匹配后	0.636	0.633	0.5	92.5	0.16	0.872	
父亲学历大专及以上	匹配前	0.136	0.149	-3.9		-1.43	0.152	
	匹配后	0.136	0.142	-1.8	54.5	-0.58	0.561	
母亲学历初中或高中	匹配前	0.555	0.533	4.4		1.64	0.102	
	匹配后	0.555	0.538	3.5	22	1.12	0.263	
母亲学历大专及以上	匹配前	0.104	0.110	-2		-0.74	0.459	
	匹配后	0.104	0.114	-3.4	-68.9	-1.09	0.274	

续表

		均值		% reduct		T-test		V (T) /V (C)
		处理组	对照组	% bias	| bias |	t	p > | t |	
父亲基层就业	匹配前	0.760	0.756	1		0.38	0.705	
	匹配后	0.761	0.741	4.7	-357	1.50	0.133	
母亲基层就业	匹配前	0.804	0.775	7.1		2.59	0.010	
	匹配后	0.804	0.795	2.1	70.1	0.70	0.486	
家庭收入中等	匹配前	0.331	0.313	3.8		1.41	0.160	
	匹配后	0.331	0.333	-0.4	89.2	-0.13	0.895	
家庭收入高	匹配前	0.127	0.155	-7.9		-2.88	0.004	
	匹配后	0.127	0.119	2.2	72.1	0.75	0.451	
标准化高考分数	匹配前	-0.275	-0.105	-18.9		-6.95	0.000	0.98
	匹配后	-0.272	-0.258	-1.5	92	-0.48	0.629	0.89*
来自重点或示范高中	匹配前	0.368	0.364	0.9		0.34	0.735	
	匹配后	0.369	0.355	2.8	-202.6	0.90	0.367	
高中为理科	匹配前	0.691	0.655	7.6		2.80	0.005	
	匹配后	0.691	0.702	-2.5	67.9	-0.81	0.419	
第一志愿录取	匹配前	0.605	0.566	7.9		2.92	0.004	
	匹配后	0.605	0.609	-0.8	90.2	-0.25	0.800	

　　表 7.16 汇报了匹配后的整体偏差情况。由表 7.16 可知，匹配后院系转型深入与不深入的学生能力、家庭背景等不存在显著差异，整体上各匹配变量的平均标准化偏差为 1.9%，符合平衡性假定检验要求。

表 7.16　　　　匹配前后匹配变量整体差异对比（按院系组织转型情况匹配）

	Ps R^2	LR chi^2	p > chi^2	MeanBias	MedBias	B	R	% Var
匹配前	0.015	115.6	0.000	5.9	4.2	29.3 *	1	0
匹配后	0.002	9.04	0.912	1.9	1.8	9.3	0.91	100

　　图 7.4 为各变量的标准化偏差图示，可以看出匹配后各变量的标准化偏差绝对值减小，向 0 趋近。从整体上可知，平衡性假定检验得到较好满足。

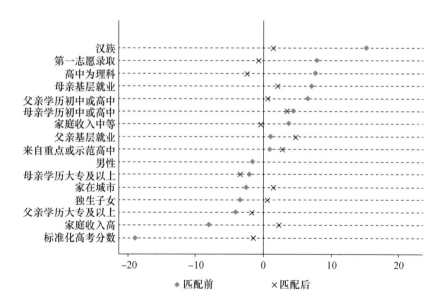

图 7.4　以毕业生能力发展与就业情况为因变量的标准化偏差
（按院系组织转型情况匹配）

　　本书也进行了以其他变量为结果变量的平衡性假定检验，平衡性假定均得到满足，在此不一一报告。

三 估计结果

表 7.17 呈现了采用近邻匹配方法对新建本科院校全样本和不同分样本估计院系组织转型深入对毕业生能力发展与就业情况的估计结果。

表 7.17　毕业生能力发展与就业情况的 ATT 估计结果（按院系组织转型情况匹配）

	变量	处理组	控制组	差值（ATT）	标准误	T-stat
新建本科院校全样本	专业技术能力	0.04	0.00	0.04	0.03	1.27
	专业素养与态度	**0.05**	**−0.01**	**0.06**	**0.03**	**1.85**
	职业认知与规划	**0.03**	**−0.03**	**0.06**	**0.03**	**1.98**
	是否就业	**0.65**	**0.59**	**0.06**	**0.02**	**3.41**
	就业起薪	3627	3748	−121.60	112.00	−1.09
学校转型不深入的新建本科院校	专业技术能力	0.01	0.00	0.01	0.07	0.11
	专业素养与态度	0.04	0.04	0.00	0.07	−0.07
	职业认知与规划	0.00	0.00	0.00	0.07	0.06
	是否就业	0.58	0.55	0.03	0.04	0.63
	就业起薪	3489	3735	−245.70	152.40	−1.61
学校转型深入的新建本科院校	专业技术能力	0.05	0.02	0.04	0.05	0.72
	专业素养与态度	0.05	0.13	−0.07	0.05	−1.35
	职业认知与规划	**0.04**	**−0.04**	**0.08**	**0.05**	**1.72**
	是否就业	**0.67**	**0.53**	**0.13**	**0.03**	**4.17**
	就业起薪	3671	3596	74.84	203.70	0.37

注：1. 对于新建本科院校全样本，均为一比三匹配；2. 对于学校转型不深入的新建本科院校，为满足平衡性假定检验，对就业起薪的估计为一比五匹配，其他均为一比一匹配；3. 对于学校转型深入的新建本科院校，为满足平衡性假定检验，对职业认知与规划的估计为一比五匹配，对就业起薪的估计为一比二匹配，其他均为一比一匹配。

根据表 7.17，对于新建本科院校全样本，院系组织转型深入的，毕业生专业素养与态度、职业认知与规划能力显著更高，而且就业概率显著更高。对于学校转型不深入的新建本科院校，缺少了学校的支持，院系组织转型深入对毕业生能力发展与就业质量没有显著提升。对于学校转型深入的新建本科院校，院系转型深入的，毕业生的职业认知与规划能力显著更强，就业概率显著更高。

结合前文，学校组织转型深入仅能显著提高毕业生专业素养与态度，而院系组织转型深入还能显著提高毕业生的职业认知与规划能力和就业概率，应用型转型过程中院系的贯彻落实和深入转型对应用型人才培养更为重要，能更深入全面地提升毕业生能力与就业质量。但是院系转型深入提升毕业生能力与就业需要学校的支持，缺少了学校层面的支持，院系转型深入也很难发挥提高毕业生能力与就业质量的作用。

四 稳健性检验

本节同样采用多种匹配方法和偏差校正方法进行稳健性检验。

（1）多种匹配方法稳健性检验。不同匹配方法的估计结果有微小差异。对于新建本科院校全样本采用半径匹配和核匹配的结果显示，院系转型深入的，毕业生的专业技术能力也显著更高。对于学校转型不深入的新建本科院校，采用半径匹配和核匹配方法的估计结果显示院系转型深入的，毕业生的专业素养与态度显著更高，就业起薪显著更低。其他方面无论采用近邻匹配、半径匹配还是核匹配，倾向值匹配估计结果都比较稳健，差异不大。

（2）偏差校正稳健性检验。为了进一步检验倾向值匹配结果是否稳健，本书还采用偏差校正方法进行稳健性检验。表 7.18 呈现了院系组织转型深入影响毕业生能力发展与就业的偏差校正估计结果。

表 7.18　　毕业生能力发展与就业情况的偏差校正匹配估计结果
（按院系组织转型情况匹配）

	变量	ATT	标准误	z	p > |z|	95% conf. Interval	
新建本科院校	专业技术能力	0.06	0.04	1.53	0.13	−0.02	0.14
	专业素养与态度	**0.08**	**0.04**	**2.08**	**0.04**	**0.00**	**0.16**
	职业认知与规划	0.05	0.04	1.37	0.17	−0.02	0.13
	是否就业	**0.04**	**0.02**	**1.82**	**0.07**	**0.00**	**0.08**
	就业起薪	−115.80	139.40	−0.83	0.41	−389.10	157.50
学校转型不深入的新建本科院校	专业技术能力	0.07	0.07	0.94	0.35	−0.08	0.21
	专业素养与态度	0.08	0.07	1.26	0.21	−0.05	0.21
	职业认知与规划	0.05	0.06	0.82	0.41	−0.07	0.18
	是否就业	−0.03	0.04	−0.92	0.36	−0.11	0.04
	就业起薪	−209.10	165.50	−1.26	0.21	−533.40	115.20

	变量	ATT	标准误	z	p > |z|	95% conf. Interval	
学校转型深入的新建本科院校	专业技术能力	0.03	0.05	0.60	0.55	− 0.07	0.14
	专业素养与态度	− 0.04	0.05	− 0.79	0.43	− 0.14	0.06
	职业认知与规划	0.11	0.06	1.93	0.05	0.00	0.22
	是否就业	0.11	0.03	3.60	0.00	0.05	0.17
	就业起薪	273.50	135.80	2.01	0.04	7.42	539.60

　　根据表7.18，偏差校正后对于新建本科院校全样本，院系组织转型深入的，毕业生在职业认知与规划方面不再具有显著优势，但院系组织转型深入依然对毕业生能力与素质、就业概率有显著的提升效果。对于学校转型深入的新建本科院校，院系转型深入还能够显著提高毕业生的起薪，提升幅度为273.50元。

　　虽然和学校组织转型深入相比，院系组织转型深入对毕业生能力发展与就业质量的影响更全面但仍然有限。具体而言，院系组织转型深入依然没能提高毕业生的核心竞争力——专业技术能力，仅在学校转型深入的条件支持的情况下才能有效提升毕业生的起薪，提高毕业生在劳动力市场的竞争力。从学校组织转型发布战略，进行整体规划，院系组织转型进行贯彻落实，到教师课程设置、教学行为、校企合作向应用型转变，最后凝结到毕业生能力与素质提升，就业质量的提升有很长的传导链条，而且需要一定的时间积累，因此学校、学院、教师三个层面要持续协调努力。从目前学校和院系组织转型对毕业生能力发展与就业质量的影响来看，学校和院系的组织转型对毕业生能力发展与就业质量的提升效果还不够理想，还未能全面深入地提升毕业生核心能力和竞争力，地方新建本科院校要及时诊断，查找原因，持续发力。

第五节　小结

　　本章采用倾向值匹配方法分别估计了学校组织转型深入、院系组织转型深入对教师的应用型科研与教学，以及毕业生的能力发展和就业的影响。本书采用了多种匹配方法，估计结果较为一致，在小结中以偏差校正后的估计值为准进行总结。

从组织转型对教师科研和教学的整体影响来看，院系组织转型深入不仅能够全面影响课程设置和教学行为，还能有效转变教师科研导向，院系的贯彻落实对教师科研和教学的影响更深入全面。具体而言，对于新建本科院校全样本，学校组织转型深入的，课程设置的应用复合性和教学行为的学以致用性显著更高，院系组织转型深入的，教师科研导向更多为应用型，课程设置的职业就业性、应用复合性以及教学行为的学以致用性显著更高。但是学校和院系组织转型都未能显著提高教师应用型科研项目比例，对教师开展应用型科研的促进效果不甚理想。为了有效推动应用型科研的开展，地方新建本科院校不仅要在内部积极改革，转变教师科研导向，提升教师应用科研能力，还要搭建平台，增进与企业的合作，获得企业的认可，积极拓展合作资源。

从组织转型对毕业生能力发展与就业质量的整体影响来看，同样是院系组织转型深入，贯彻落实转型举措对毕业生能力与就业的影响更全面深入。具体而言，对于新建本科院校全样本，学校组织转型深入仅能显著提高毕业生的专业素养与态度，院系组织转型深入还能显著提升毕业生的就业概率，已经能够对毕业生的就业情况起到促进作用。但是无论是学校还是院系的组织转型都未能显著提高毕业生的核心能力——专业技术能力，在学校转型深入的基础上院系转型深入，才能显著提升毕业生的就业起薪，对毕业生就业情况的改善作用较小，还需要及时诊断，深入进行实践教学改革，不断积累改革成效。

从学校和学院的配合联动来看，学校和院系协调配合，系统转型才能更好地推动教师应用型科研与教学，提升毕业生能力与就业质量。具体而言，在学校转型深入的支持下，院系组织转型对教师应用型科研与教学的影响更深入全面，才能对毕业生能力发展和就业质量的提升发挥作用，体现了自上而下顶层管理驱动变革（E 理论）的特点。研究还发现仅院系转型深入的学院虽然没有学校的大力支持，但是属于自发转型，应用型转型开始较早，有较好的校企合作基础，在课程设置的职业就业性上有显著优势，地方新建本科院校应用型转型中也存在自下而上的转型模式，O 理论（基于组织发展的变革）同样具有解释力。

第八章

结论与讨论

第一节　研究结论

第一，学校组织转型各维度影响院系组织转型，而且学校组织转型维度对院系相应维度影响最大。从影响机制来看，学校层面的理念与规划推动制度的制定和重视教学改革等举措的出台，院系层面的考核管理制度促进实践实训资源保障，学校的校企合作指导激励制度有利于院系的应用型定位、实践实训资源保障和考核管理。

在描述统计上，分院校类型来看，新建本科院校在院校定位和发展战略上非常明显偏向应用型，资源配置上也向应用型转型进行了一定的倾斜，但是落到实处的制度建设不够完善，无论是学校的校企合作指导激励制度还是院系的考核管理制度都没有相对优势，还需要进一步加强。此外，新建本科院校推行变革的行政推动力也存在相对弱势，需要进一步加强院校内部的执行力。分地区来看，东部地区新建本科院校的转型更深入，已进行到学校层面统一的制度建设，贯彻落实到院系实践实训的资源保障，已进入攻坚阶段。中部地区新建本科院校在学校的理念规划与资源匹配，和院系的学习型团队建设与考核管理方面表现最好。中部地区新建本科院校的资源匹配与应用型定位一致，向应用型转型倾斜，院系考核管理制度健全，具有一定的管理优势，但重视教学改革以及加强实践教学的举措不够，还需要进一步形成全校层面统一明确、实施性强的指导激励制度，将应用型转型的思想、举措、资源倾斜贯彻落实到院系的实践实训资源保障中。西部地区新建本科院校虽然学校的行政推动力最强，但是院系贯彻落实情况较弱，组织转型各维度均处于劣势，与东中部地区新建本科院校存在不小的差距。西部地区的劣势与长期教育资源匮乏，经济环境不好有关，在应用型转型过程中需要长期有力的努力。

以中位数为依据将学校和学院划分为组织转型深入与不深入的学校和学院，在学校组织转型深入程度方面，中部地区新建本科院校中组织转型深入的学校占比最高。在院系组织转型深入程度方面，东中西部地区新建本科院校中组织转型深入的院系占比依次递减。学校和院系的转型深入程度具有较高的一致性，学校院系均转型深入和学校院系均转型不深入的学院较多，仅学校转型深入与仅院系转型深入的学院较少，地方新建本科院校的应用型转型更多属于自上而下、顶层管理驱动的模式。

学校的组织转型促进院系组织转型。多层线性模型结果显示学校组织转型各维度均有助于院系组织转型，而且学校组织转型维度对院系相应维度的影响最大。整体来看，学校校企合作指导激励制度对院系各维度的推动力较大，行政推动与严格考核对院系组织转型各维度影响最小。应用型转型各项思想、举措贯彻落实的困境在于教师能力不足或不知道向哪儿转，如何转型，学校层面明确的指导激励性制度可以消除转型的模糊性，降低老师的探索成本，为学院和教师指明行动方向，以晋升、薪资等利益作为转型奖励激发教师转型的动力，很大程度上消解教师固守传统教学方式的惰性。学校组织转型各维度影响院系组织转型各维度的发现与系统论一致，印证了学院作为较低层级，处于学校的系统之中，受学校层级影响的理论假设。学校组织转型各维度影响院系组织转型各维度的变革与 E 理论（顶层管理驱动的变革）类似，体现了自上而下、结构性与计划性的特点。

从学校组织转型对院系组织转型的影响机制来看，学校层面的理念与规划促进制度的制定和重视教学改革等举措的出台，院系层面的考核管理制度推动实践实训资源保障，学校的校企合作指导激励制度有利于加强院系的应用型定位、考核管理和实践实训资源保障。应用型转型过程中最需要制定明确的指导激励制度，明确转型收益与转型具体做法，降低应用型转型的模糊性与不确定性，降低教师的探索成本与转型惰性，推动应用型转型各举措，尤其是人才培养模式向应用型变革。应用型转型过程中的组织转型与伯顿·克拉克总结的创业型大学有一定的差异，但同样发现理念规划（对应强有力的驾驭核心）、资源保障（对应多元化的资助基地）是转型的核心要素，而且发现明确的指导激励制度在转型发展中发挥了重要作用。

第二，组织转型有助于应用型科研的开展，而且通过教师挂职与培训时长与内容、校企合作质量推动应用型科研的开展。

学校和院系组织转型深入有助于学校和教师科研导向向应用型转变，提高教师参与应用型项目的比例。分层次来看，回归模型结果显示学校组织转型维度对应用型科研影响较大，其中重视实践教学与教学改革对应用型科研的影响最大且最全面，院系组织转型维度对应用型科研的作用较小，仅考核管理方面有助于教师科研导向向应用型转变。学校院系均转型深入和仅学校转型深入的，教师认为学校科研导向为应用型的比例最高。只有学校院系均转型深入的学院教师科研导向为应用型的比例显著更高，说明学校转型深入而且院系能够贯彻实施，才能实际影响到教师的科研导向。多层线性模型分析结果显示院系组织转型维度对应用型科研影响更大，院系的应用型定位、考核管理、实践实训资源保障均对教师科研导向为应用型有显著正向影响，学校层面只有应用型定位与专业设置有助于教师认为学校科研导向为应用型。

学校和院系组织转型各维度还通过教师挂职与培训促进应用型科研。学校和院系组织转型影响教师挂职与培训参与、时长与培训内容，教师挂职与培训又对应用型科研导向产生影响。学校组织转型维度对挂职与培训的影响较小，院系组织转型维度对教师挂职与培训的影响更为全面。学校、院系任何一个层面转型深入的学院都会在教师挂职与培训方面有较好的表现。参与挂职锻炼能够全面影响应用型科研导向和教师应用型科研项目比例。课程教学类培训有助于教师认为学校科研导向为应用型，有助于自身科研导向向应用型转变。进修培训周数的增加仅有助于提高教师应用型科研项目的比例。结构方程模型也验证了组织转型通过教师挂职与培训（以挂职锻炼时长为测量变量）促进应用型科研。组织转型中主要是学校组织转型显著影响应用型科研，总效应为 0.132，教师挂职与培训对应用型科研影响的总效应为 0.577，但学校组织转型对教师挂职与培训的影响较小，总效应仅为 0.017。

学校和院系组织转型各维度还通过校企合作促进应用型科研。学校层面只有校企合作指导激励制度对校企合作的影响较全面，院系组织转型各维度对校企合作的影响均很全面。学校院系均转型深入与仅院系转型深入的学院校企合作各方面均表现相对更好，校企合作和应用型科研相辅相成，互相促进。应用型科研对校企合作质量的提升影响更全面更大，但校企合作对应用型科研的影响较小，只有专业主导权大和主要依赖协议或平台对科研导向有一定的正向影响。结构方程模型也验证了组织转型通过校企合作（以校企合作依赖协议或平台为测量变量）促进应用型科研，校企合作对应用型科研影响的总效应为 0.198，远远高于学校组织转型对应用型科研的影响（0.009）。

第三，组织转型直接促进应用型教学，还通过教师挂职与培训时长与内容、校企合作质量、应用型科研导向与应用型项目比例提高应用型教学质量。

组织转型维度与类型直接影响应用型教学。学校组织转型各维度均对应用型教学有一定的显著正向影响，其中落实到具体行动的转型维度——战略导向（重视实践教学与教学改革）、制度（校企合作指导激励制度）、行政推动（行政推动与严格考核）三个方面对应用型教学的影响更加全面。学校组织转型的一些举措在应用型教学上得到了相应体现，重视实践教学与教学改革对教师技术水平和教学质量满意度的提高影响最大，应用型定位与专业设置对教学行为的学以致用性影响最大，校企合作指导激励制度对课程设置的职业就业性影响最大。院系组织转型维度对应用型教学的影响更加全面深入，院系的共识（应用型定位）、资源（实践实训资源保障）、制度（考核管理）均对应用型教学有较全面较大影响，学习型团队建设还需要一定的积累或要求才能帮助教师将自身能力转化为课程设置、教学行为方面应用性的提升。组织转型类型也影响应用型教学。课程设置的职业就业性、应用复合性，以及教学质量满意度受院系组织转型程度的影响更大。教学行为的学以致用性的提高需要学校和院系组织转型的相互配合。学校或院系转型任何一个层面深入都能显著提高教师技术水平。多层线性模型结果与回归结果近似，结果显示学校和院系组织转型有助于应用型教学水平的提高，院系组织转型对应用型教学的影响更大。

组织转型通过提高教师挂职与培训参与、时长，提升进修培训内容来影响应用型教学。参与挂职锻炼对应用型教学的影响最全面。企业生产实践类培训、课程教学类培训均有助于提高应用型教学。教学行为的学以致用性还需要通过课程教学类培训帮助教师内化、提炼，才能将实践能力转化为教学行为，仅仅参与挂职锻炼并不能提高教学行为的学以致用性。结构方程模型验证了组织转型通过教师挂职与培训（以挂职锻炼月数为测量变量）对应用型教学等方面的影响。学校组织转型对应用型教学的影响最大，总效应为 0.163；其次为院系组织转型，为 0.102。挂职锻炼月数对应用型教学影响的总效应为 0.067，小于组织转型的影响。教师挂职与培训未能很好地促进应用型教学向应用型转变。

组织转型通过校企合作影响应用型教学。组织转型维度与类型有助于提高校企合作质量，校企合作的紧密度、主要依赖协议或平台对应用型教学的影响最全面，校企合作的紧密度和企业态度积极对课程设置与教学行为的正向影响作用最大，校企合作的紧密度和专业主导权对本专业教师技术水平和教学质量满意度影响更大。结构方程模型进一步验证了组织转型通过校企合作（以校企合作依赖协议或平台为测量变量）对应用型教学的影响。学校组织转型和校企合作对应用型教学的影响大致相当，总效应分别为 0.152 和 0.140，院系组织转型的影响为 0.098。校企合作能够很好地提高应用型教学的应用实践性。

组织转型通过应用型科研影响应用型教学。组织转型有助于教师将学校和自身科研定位为应用型导向，应用型科研又能进一步提高课程设置与教学行为、教师技术水平和教学质量满意度。学校和教师的应用型科研导向可以提高课程设置的职业就业性、教学行为的学以致用性、教师技术水平，教师应用型科研项目比例仅对教学质量满意度有一定的正向显著影响。结构方程模型进一步验证了组织转型通过应用型科研（以教师科研导向为应用型作为测量变量）对应用型教学的影响。应用型科研对应用型教学的影响总效应为 0.103，虽然小于学校组织转型的影响（0.173），但也说明应用型科研能够很好地发挥提高应用型教学的作用。

第四，学校和院系组织转型深入能够显著转变教师科研导向，提升应用型教学，以及毕业生的能力与就业情况。和学校层面相比，院系组织转型深入对教师科研与教学、毕业生能力发展与就业的影响更全面深入。学校和学院系统协调转型对教师科研与教学，毕业生能力与就业的提升作用更好。

根据偏差校正后的估计结果，对于新建本科院校全样本，学校组织转型深入的院校教师课程设置的应用复合性和教学行为的学以致用性显著更高，毕业生的专业素养与态度显著更高。对于新建本科院校全样本，院系组织转型深入的，教师科研导向为应用型的比例显著更高，课程设置的职业就业性、应用复合性和教学行为的学以致用性均显著更高，毕业生的专业素养与态度和就业概率显著更高。相比学校组织转型深入的影响，院系组织转型深入还能有效转变教师科研导向，提升毕业生就业概率，对教师科研与教学、毕业生能力发展与就业的影响更深入。但是学校和院系组织转型深入均未能显著提升教师应用型科研项目比例，以及学生的专业技术能力，对就业起薪的提升效果也非常有限，还需要不断积累，持续发力。

根据偏差校正后的估计结果，学校和学院系统协调转型才能更好地发挥组织转型对教师科研与教学，毕业生能力与就业质量的提升作用，具体体现在缺少了学校的支持，院系组织转型不能有效提升课程设置的应用复合性和教学行为的学以致用性，不能显著提高毕业生能力与就业质量。在学校的支持下，院系组织转型深入不仅能够有效提升课程设置的应用复合性，还能提升毕业生的就业起薪。

院系组织转型深入对教师科研与教学、毕业生能力发展与就业的影响更深入，这样的研究发现呼应了系统论，即学校是一个分层级的大系统，学院处于学校的系统之中，学生和教师处于学院的系统之中，更多受到学院发展动向和转型实践的直接影响。

即使没有学校层面的转型支持，院系转型深入也能有效转变教师科研导向，显著提高课程设置的职业就业性，说明地方新建本科院校应用型转型过程中也存在自上而下的自发转型现象，O 理论（基于组织发展的变革）同样在实践中具有解释力。

第二节　政策建议

地方本科院校的应用型转型具有为国家输送应用型人才，持续推进高等教育分类发展、特色发展的重要意义。对应用型转型过程中的组织转型、各环节之间的互动展开研究对把握转型进程，及时发现问题、调整方向，不断推动应用型转型举措贯彻实施，推动应用型人才培养具有重要意义。本书采用多种计量方法细致刻画地方本科院校应用型转型过程中的组织转型，以及组织转型对应用型科研与教学的影响机制，旨在诊断、发现转型中的问题，为实践中的管理者提供参考。基于本书的研究发现，笔者提出以下政策建议：

第一，将理念落实到制度，综合运用引导激励制度和考核管理制度推动教师行动起来，向应用型科研和教学方向转变。研究表明，学校层面的校企合作指导激励制度对院系层面组织转型各维度影响较大，根据以往研究，组织转型中很大一部分阻力来自于组织成员面临的不确定性，[①] 明确的指导激励制度以可操作性较强的规定明确了教师在应用型转型背景下要采取的具体行动，以及采取相应行动后将得到的奖励，为教师的行动转型提供了参考模板，也能通过可观的利益激发教师转型的动力。指导激励制度可以引导主动性较强的教师为了获得奖励积极行动，在教师挂职与培训、教师改革中进行应用型转型，但无法激发观望被动的教师的转型动力。考核管理制度从硬性考核指标入手，对每个教师提出最低要求，不进行应用型转型将面临薪资、职称等方面明确的惩罚，这些负向的信号能够激发被动型教师的行动转变。指导激励制度等正向引导与考核管理类负向惩罚相结合，明确奖惩，增强行动的可预期性，共同为组织成员规划了一条既定路线，方能将教师行动限定在应用型转型的道路上。

第二，加强学院的贯彻落实，将应用型转型的战略规划落到实处。学校组织转型主要通过院系的贯彻实施对应用型科研、教学等各个环节发挥作用。回归分析中发现加入院系转型各维度后，学校组织转型各维度的影响系数变小，显著性降低，甚至从显著变为不显著。倾向值匹配结果发现，院系组织转型深入比学校组织转型深入对教师科研和教学的影响更为全面深入。学校的应用型战略规划需要院系的贯彻落实予以配合才能真正对教师和学生发挥作用。地方本科院校在应用型转型过程中，首先要做好顶层设计，在学校层面对应用型转型做相应的资源倾斜，统一做好制度设计激励引导院系、专业、教师积极进行科研、教学转型；其次要加强沟通，了解院系落实过程中的痛处、难点，制定出可操作性强的校级制度，并在其他制度中做出相应调整，配合新制度的出台，为应用型转型配备和谐友好的制度环境；最后，学校要加强评估监测，了解院系制度落实效果，形成稳定的反馈机制，及时督导，动态调整，不断解决院系无法协调的转型困难，帮助院系贯彻实施学校的转型举措。

---

① E. B. Dent, S. G. Goldberg, "Challenging 'Resistance to Change'", *The Journal of Applied Behavioral Science*, Vol. 35, No. 1, 1999, pp. 25 – 41.

第三，加强教师挂职与培训对应用型科研与教学的促进作用，继续深化推动教师挂职与培训的举措，提高教师挂职与培训质量，协调教学任务，为教师参加挂职培训提供时间。研究发现组织转型推动教师参与挂职锻炼、提高进修培训质量的作用有限，教师挂职与培训时长和内容对应用型科研与教学的影响适中。新建本科院校应进一步制定有针对性的措施提升挂职培训参与率和质量，使挂职培训成为加强教师队伍建设、推动应用型科研与教学的重要方法。描述统计显示63.8%的教师没有参加过挂职锻炼，培训内容为企业生产实践的比例仅为23.1%，培训内容为课程教学的比例为54.8%，针对性强的进修培训较少，不能满足应用型教学能力提升的需求。学校和学院应联合制定政策，推动教师到企业挂职锻炼，了解企业生产实践，提高应用技术能力，进行课程教学方面的进修培训，帮助教师将挂职锻炼、企业实践中学到的应用技术能力成功转化到课程设置与教学行为中，结合企业实践与项目开展教学。

第四，多方牵头，搭建平台，加强教师与企业的协作，通过教师挂职与培训、校企合作提高教师应用科研能力，为教师争取更多应用科研机会。回归分析研究结果显示学校和院系的组织转型能够帮助教师转变观念，认可学校和教师的科研导向为应用型，但未能显著提高教师实际参与的应用型项目比例。倾向值匹配的结果同样显示学校和院系的组织转型深入并不能有效提高教师参与应用型项目的比例。教师参与应用型项目的比例主要受到横向课题机会和自身应用科研能力两方面的影响。学校一方面要加强教师挂职与培训，搭建平台，加强教师与企业的协作，通过教师挂职与培训、校企合作提高教师应用科研能力；另一方面也要多方牵头，在学校、院系层面与企业开展深入合作，增进校企双方的了解，为教师创造更多开展应用型科研的机会。

第三节 研究贡献

本书的研究贡献可以分为理论贡献、实证贡献、现实意义三个方面。

在理论贡献上，首先，本书揭开了组织转型的黑箱，从理念规划—资源匹配—团队建设—制度制定的角度入手分析组织转型过程，将组织转型分为学校、院系两个层次，并通过数据进行验证，丰富了院校组织转型研究的理论视角。其次，本书从组织转型入手，剖析了组织转型对应用型科研与教学的直接与间接作用机制，细致描绘了教师挂职与培训、校企合作、应用型科研与应用型教学之间的内在联系，充实了地方本科院校各个环节内在作用机制的研究。最后，本书根据学校和院系不同转型深入程度，将学校分为学校院系均转型深入、仅学校转型深入、仅院系转型深入、学校院系均转型不深入四种类型，考察了不同转型类型的影响，可以为后续组织转型研究提供一定的借鉴。

在实证贡献上，首先，本书将组织转型细化为学校和院系两个层面 9 个具体维度，并采用计量方法揭示了学校组织转型的 5 个维度对院系组织转型的 4 个维度的影响机制，丰富了组织转型类量化研究。其次，本书根据不同的研究问题，综合采用回归分析、多层线性模型、倾向值匹配、结构方程模型等多种方法，并控制院校所在省份固定效应，进行多重共线性检验、异方差检验、样本选择偏差检验，多角度验证组织转型的效果及影响机制，使研究结果更可信，是一次综合采用多种研究方法探究研究问题的有益探索。

在现实意义上，首先，本书将模糊的组织转型细化为可观测的 9 个变量，发现校企合作指导激励制度对院系组织转型影响最大，并揭示了学校组织转型对院系组织转型的影响机制，能够为管理者深化变革，推动院系贯彻实施转型举措提供一定的借鉴和参考，有助于管理者根据组织转型中的共性问题展开自查，吸取其他院校转型过程中的经验教训，更有针对性地查缺补漏。其次，本书通过计量方法验证了组织转型对应用型教学与科研的直接影响，以及通过教师挂职与培训、校企合作对应用型教学与科研的间接影响，为高校推动应用型科研与教学提供了实践参考和转型思路，如可以提高校企合作质量，加强教师挂职与培训质量，为教师提供更多接触企业生产实践的机会，通过多种形式增强教师对企业生产实践的直观感知，提高教师技术水平，进行系统化的课程教学培训，帮助教师根据应用型人才培养特点重新进行课程设置，加强教学行为的学以致用性。最后，本书基于 39 所地方本科院校教师与毕业生调查数据，采用多种计量方法，较为科学地得到了教师挂职锻炼参与率低、时间短，进修培训针对性差等研究发现，为地方本科院校组织转型过程与成效进行了一次较好的诊断。研究发现组织转型对教师挂职与培训的提高作用有限，教师挂职与培训也未能最大限度地发挥转变教师科研导向，提高教师应用型教学水平的作用，可以提醒管理者采用更有针对性的措施和配套制度提高教师挂职锻炼参与率与时长，提高进修培训质量，加强课程教学培训，帮助教师将企业生产实践等方面的培训转化为教学内容。

第四节　研究不足和未来研究方向

由于多种原因，本书还存在以下方面的研究不足，值得进一步改进研究方法，深化组织转型研究。

第一，组织转型维度的测量，层次的划分还存在一些不足。本书中对组织转型的测量依据是教师对学校和院系的组织转型各题项的打分，可能受到教师个体感知差异的影响，存在一定的样本选择偏差。对应用型转型中组织转型最理想的刻画是根据教学规律分为学校、院系、专业三个层次，但受问卷局限，本书中只能划分为学校和院系两个层次，对组织转型中的贯彻实施考察得较为粗略。此外，由于问卷中关于组织转型的题项设计并不完美，探索性因子分析和验证性因子分析未能得到完全契合经典的组织要素的转型维度，为了完全涵盖每个因子中所有题项包含的信息，因子的命名较长，有一定的重合性，单个因子可能包含两方面的内容，在后续研究中难以剥离出某些特定方面（如学校层面的资源匹配）的具体作用。

第二，组织转型、教师挂职与培训、校企合作各环节之间可能存在多种不同的作用模式。本书依据大学的使命将应用型科研和教学作为应用型转型的最终目的，将教师挂职与培训、校企合作看作组织转型提升应用型科研和教学的手段和方法，这样的研究假设有很强的假定性。在应用型转型实践中，应用型科研和教学也可能会提高校企合作质量，改变教师对应用技术的看法，提高教师挂职与培训的积极性。校企合作质量的提高也可以提升教师应用技术能力，转变教师看法，为教师提供更多到企业实践的机会和平台，从而提高教师挂职锻炼时长。但为了更清晰地呈现组织转型对应用型科研与教学的影响过程，本书没有进一步深入探讨组织转型、教师挂职与培训、校企合作、应用型科研与教学之间更多可能的内在关系。

第三，在定量分析上，难免存在一定的测量误差、遗漏变量等内生性问题。本书采用的数据来自截面数据，对组织转型、应用型教学等主观问题的测量难免存在一定的测量误差，影响应用型教学与科研的变量众多，尽管研究中已经控制了学校类型、教师能力与意愿，做了院校所在省份的固定效应，但依然难以完全消除遗漏变量的影响，可能对回归结果造成一定影响。挂职锻炼月数变量有 17.6% 的缺失值，以挂职锻炼月数为因变量的回归可能受到样本选择的影响。此外，受客观条件限制，样本中老本科院校、新建本科非转型试点院校教师样本量较少，也会导致研究结果存在一定偏误。

未来可以从以下几方面展开院校组织转型研究。

第一，采集追踪数据，分阶段研究组织转型过程。组织转型是一个过程，在不同时期、不同阶段会呈现出不同的特征。通过采集追踪数据可以较好地把握院校组织转型的全过程，更全面地分析不同要素的变化阶段，总结组织转型规律，为新建本科院校应用型转型实践工作者提供参考和借鉴。

第二，同时采集新建本科院校领导者和教师数据，更客观地呈现组织转型举措。本书从教师角度采集学校和院系组织转型情况，容易受到教师个体感知的影响，可能存在样本选择偏差。未来可以对学校、院系管理者发放问卷采集数据，更客观、全面地呈现新建本科院校的组织转型过程与影响。

第三，新建本科院校的组织转型既包含教师、专业、学院、学校多个层次，也存在许多难以直接观测的潜变量，未来可以将结构方程模型和多层线性模型结合起来，在结构方程模型中添加分层数据，更真实地展现组织转型的作用机制。

参考文献

中文文献

中文期刊论文

安静、陈臣、崔民日：《新建本科院校转型发展期校企合作的实践探索——以贵州工程应用技术学院为例》，《职业技术教育》2015年第11期。

常青：《公共组织变革中的阻力分析》，《行政论坛》2006年第4期。

陈光磊、张婕：《地方本科院校建设应用型高校的转型路径研究》，《高校教育管理》2017年第3期。

陈清森：《应用型本科高校青年教师科研能力发展实证研究》，《中国成人教育》2018年第11期。

陈新民等：《新建本科院校应用性课程改革与实践》，《中国大学教学》2012年第10期。

陈新民：《新建本科院校校企合作中的问题与对策》，《中国大学教学》2013年第7期。

陈新民：《新建本科院校转型研究》，《教育发展研究》2009年第1期。

陈运超：《组织惰性超越与大学校长治校》，《教育发展研究》2009年第12期。

丁良喜、曹莉：《应用型大学科研反哺教学可行性探索与优化建议》，《教育与职业》2018年第9期。

韩高军、郭建如：《划转院校组织转型研究——以湖北某高校为例》，《教育学术月刊》2011 年第 5 期。

黄东升：《新建本科院校如何实现科研转型》，《中国高校科技》2018 年第 10 期。

姜景山、韦有信、金华：《应用型高校科研促进教学的研究》，《海峡科技与产业》2018 年第 3 期。

李桂荣：《大学组织变革成本分析》，《教育研究》2006 年第 2 期。

李玲：《科研转型背景下地方高校的科研特色、问题及对策》，《湖北文理学院学报》2018 年第 6 期。

连晓庆、闫智勇、徐纯：《知识交易成本视角下应用型大学科研的定位与对策》，《职业技术教育》2018 年第 13 期。

刘健：《新建地方本科院校转型发展路径研究》，《三明学院学报》2014 年第 3 期。

刘冉等：《基于 OBE 理念与应用型人才培养相结合的地方高校教学管理运行机制研究与实践》，《教育现代化》2020 年第 49 期。

刘绍丽、马座山：《地方应用型高校"科研反哺教学"的实施策略探索》，《产业与科技论坛》2018 年第 7 期。

刘彦军、黄春寒、白玉：《多视角关注地方高校转型与应用型人才培养——应用型高校的培养模式改革、资源筹措配置与财政支持方式会议综述》，《职业技术教育》2016 年第 33 期。

刘永鑫、鞠丹：《应用型转型背景下教师实践教学能力缺失及对策研究》，《视听》2015 年第 7 期。

刘匀伽：《关于应用型本科高校科研管理的探索》，《教育现代化》2018 年第 31 期。

孟范祥、张文杰、杨春河：《西方企业组织变革理论综述》，《北京交通大学学报》（社会科学版）2008 年第 2 期。

潘小娸、汪永贵：《地方院校科研发展的瓶颈及对策探析》，《闽南师范大学学报》（自然科学版）2018 年第 2 期。

曲殿彬、赵玉石：《地方本科高校转型发展的问题与应对》，《中国高等教育》2014 年第 12 期。

任玉珊：《应用型工程大学的组织转型》，《高等工程教育研究》2010 年第 6 期。

师玉生、林荣日、安桂花：《地方本科院校教师科研产出影响因素的分析框架——先赋性因素、制度性因素和自致性因素的影响》，《现代教育科学》2019 年第 5 期。

田金莹：《浅析应用型高校教师队伍建设——建立"双师双能"型教师队伍》，《科教文汇》（下旬刊）2016 年第 11 期。

王菁华：《地方高校向应用型转型必须实现三个根本转变》，《职业技术教育》2016 年第 15 期。

王鑫、温恒福：《新建本科院校向"应用技术大学"转型发展的模式及要素分析》，《教育科学》2014 年第 6 期。

王应强、赵红霞：《以科研平台为依托的应用型地方本科院校大学生创新能力提升路径探析》，《大学教育》2018 年第 7 期。

魏饴：《地方本科高校转型发展：历史演进、职能重构与机理审视》，《大学教育科学》2016 年第 2 期。

吴洁：《浅析新建应用型本科院校青年教师实践能力提升研究——以浙江水利水电学院为例》，《高教学刊》2016 年第 10 期。

吴松、夏建国：《应用型本科人才培养目标下课程体系构建研究综述》，《当代职业教育》2016 年第 8 期。

徐建东：《以改革创新促校企合作教育嬗变——基于地方新建本科院校转型发展的考量》，《中国校外教育》2014 年第 S3 期。

杨菲等：《转型背景下关于地方本科院校教师教学能力提升的几点思考》，《中国轻工教育》2016 年第 5 期。

杨岭：《实现地方本科院校向应用技术型大学的转型：必然趋势、问题及实践路径》，《红河学院学报》2015 年第 2 期。

杨钋：《以就业能力为新的使命——高职高专院校组织变革的案例分析》，《教育发展研究》2012 年第 Z1 期。

张红兵：《应用型大学教学与科研"相长"的对策研究》，《大学教育》2018 年第 3 期。

张蕾、田海洋：《近年来我国新建应用型本科院校发展模式研究述评》，《池州学院学报》2015 年第 2 期。

张柳梅、戴永秀：《企业组织变革阻力因素分析》，《科技广场》2007 年第 6 期。

张萍：《应用型高校青年教师科研能力影响因素及提升策略研究》，《安徽文学》（下半月）2018 年第 11 期。

张象林：《新建本科院校转型发展研究述评》，《现代教育科学》2014 年第 4 期。

张璇、王嘉宇：《关于分层线性模型样本容量问题的研究》，《统计与决策》2010 年第 15 期。

张银银、陈旭堂：《新建本科院校向应用技术大学转型的路径选择》，《经济视角》（上旬刊）2014 年第 5 期。

张泽一、王树兰：《构建应用型高校产学研合作的长效机制》，《中国高校科技》2012 年第 Z1 期。

郑永进：《应用型高校"双师型"教师培养研究》，《河南科技学院学报》2011 年第 4 期。

周光礼、黄容霞、郝瑜：《大学组织变革研究及其新进展》，《高等工程教育研究》2012 年第 4 期。

周志光、郭建如：《高职院校组织转型：要素和分析框架——以某高职示范校建设为例》，《职业技术教育》2013 年第 7 期。

朱火弟、曾婧婷、舒心：《应用型学科研究生导师专业实践能力研究——以应用经济学学科为例》，《重庆理工大学学报》（社会科学）2015 年第 11 期。

朱士中：《论应用型本科高校师资队伍的转型发展》，《当代教育科学》2010 年第 9 期。

中文学位论文

白雪：《应用型本科院校实践教学体系建设研究》，硕士学位论文，东北石油大学，2017 年。

刘凯：《新建地方本科院校向应用技术类高校转型的路径研究——以甘肃省为例》，硕士学位论文，兰州大学，2015 年。

王鑫：《H 省新建本科院校教学质量改进研究——基于组织变革视角》，博士学位论文，哈尔滨师范大学，2016 年。

王玉丰：《常规突破与转型跃迁——新建本科院校转型发展的自组织分析》，博士学位论文，华中科技大学，2008 年。

姚吉祥：《应用型本科院校教师实践教学能力培养的对策研究——以安徽省应用型本科院校为例》，硕士学位论文，合肥工业大学，2010 年。

曾婧：《新建地方本科院校教师队伍转型发展实践研究》，博士学位论文，华中科技大学，2019 年。

朱琳：《地方新建本科高校向应用型高校转型发展研究》，硕士学位论文，西华师范大学，2016 年。

中文著作

［美］W. 沃纳·伯克：《组织变革：理论和实践》，燕清联合译，中国劳动社会保障出版社 2005 年版。

［美］伯顿·克拉克：《大学的持续变革——创业型大学新案例和新概念》，王承旭译，人民教育出版社 2008 年版。

［美］伯顿·克拉克：《建立创业型大学：组织上转型的途径》，王承旭译，人民教育出版社 2007 年版。

陈强：《高级计量经济学及 Stata 应用》，高等教育出版社 2014 年版。

陈霞玲：《创业型大学组织变革路径研究》，北京理工大学出版社 2015 年版。

［美］弗伦奇、贝尔、扎瓦茨基：《组织发展与转型：有效的变革管理》，阎海峰、秦一琼等译，机械工业出版社 2006 年版。

黄达人等：《大学的转型》，商务印书馆 2015 年版。

［美］克里斯·阿基里斯、唐纳德·A. 舍恩：《实践理论：提高专业效能》，邢清清、赵宁宁译，教育科学出版社 2008 年版。

李春玲：《学校组织变革的理论与实践》，浙江大学出版社 2015 年版。

［美］罗伯特·伯恩鲍姆：《大学运行模式：大学组织与领导的控制系统》，别敦荣主译，中国海洋大学出版社 2003 年版。

聂永成：《实然与应然：新建本科院校转型分流的价值取向研究》，华中师范大学出版社 2018 年版。

钱平凡：《组织转型》，浙江人民出版社 1999 年版。

谭贞等：《新建本科院校转型发展模式研究》，科学出版社 2017 年版。

［美］托马斯·彼得斯、罗伯特·沃特曼：《追求卓越》，胡玮珊译，中信出版社 2012 年版。

张慧洁：《中外大学组织变革》，复旦大学出版社 2005 年版。

赵西亮：《基本有用的计量经济学》，北京大学出版社 2017 年版。

英文文献

A. Abadie, G. W. Imbens, "Bias-Corrected Matching Estimators for Average Treatment Effects", *Journal of Business and Economic Statistics*, Vol. 29, No. 1, 2011.

W. P. Barnett, G. R. Carroll, "Modeling Internal Organizational Change", *Annual Review of Sociology*, Vol. 21, No. 1, 1995.

A. R. Cohen, M. Fetters, F. Fleischmann, "Major Change at Babson College: Curricular and Administrative, Planned and Otherwise", *Advances in Developing Human Resources*, Vol. 7, No. 3, 2005.

W. W. Cooper, H. J. Leavitt, M. W. Shelly, "New Perspectives in Organization Research", New York: John Wiley & Sons, 1964.

E. B. Dent, S. G. Goldberg, "Challenging 'Resistance to Change'", *The Journal of Applied Behavioral Science*, Vol. 35, No. 1, 1999.

W. French, "Organization Development Objectives, Assumptions, and Strategies", *California Management Review*, Vol. 12, No. 2, 1969.

J. P. Kotter, "Leading Change: Why Transformation Efforts Fail", *IEEE Engineering Management Review*, Vol. 37, No. 3, 2009.

G. F. Latta, N. F. Myers, "The Impact of Unexpected Leadership Changes and Budget Crisis on Change Initiatives at a Land-Grant University", *Advances in Developing Human Resources*, Vol. 7, No3, 2005.

G. N. McLean, "Doing Organization Development in Complex Systems: The Case at a Large U. S. Research, Land-Grant University", *Advances in Developing Human Resources*, Vol. 7, No. 3, 2005.

J. I. Porras, R. C. Silvers, "Organization Development and Transformation", *Annual Review of Psychology*, Vol. 42, No. 1, 1991.

P. J. Robertson, D. R. Roberts, J. I. Porras, "Dynamics of Planned Organizational Change: Assessing Empirical Support for a Theoretical Model", *The Academy of Management Journal*, Vol. 36, No. 3, 1993.

R. J. Torraco, "Organization Development: A Question of Fit for Universities", *Advances in Developing Human Resources*, Vol. 7, No. 3, 2005.

R. J. Torraco, R. E. Hoover, "Organization Development and Change in Universities: Implications for Research and Practice", *Advances in Developing Human Resources*, Vol. 7, No. 3, 2005.

C. C. Warzynski, "The Evolution of Organization Development at Cornell University: Strategies for Improving Performance and Building Capacity", *Advances in Developing Human Resources*, Vol. 7, No. 3, 2005.

索　引

致　谢

博士论文的完成与出版，离不开各位恩师的指导和关怀，离不开中国社会科学院领导的关怀、中国社会科学出版社提供的平台与资源，离不开北京大学教育学院各位师兄、师姐、师弟、师妹的帮助与陪伴，离不开家人的支持与鼓励。

首先，我要感谢北京大学教育学院的各位老师，斯坦福大学的周雪光老师，匿名评审专家、答辩委员会专家的指导，感谢国家留学基金委"国家建设高水平大学公派研究生项目"的出国访学资助。

感谢硕士和博士生导师郭建如老师。我的博士学位论文是在参与郭老师的课题中形成的，在写作过程中也多次向郭老师请教，逐步完善论文框架，经过了多轮修改打磨，才能有幸在毕业答辩中获得优秀，并荣获北京大学教育学院优秀博士论文，现在又入选《中国社会科学博士论文文库》，在中国社会科学出版社出版。我所取得的这些成绩都离不开郭老师的科研规范训练，提供的科研机会，以及对论文的严格要求。郭老师注重理论结合实践，在课堂上以优秀博士论文为抓手，让我们精读、解读博士论文，从而深入把握行文脉络，学习如何进行案例研究，课堂上的案例生动鲜活，每次听课都觉得酣畅淋漓。郭老师鼓励我向学院多位老师学习，开阔视野，也推荐我加入蒋老师、文老师定量方面的课题，加强定量方法的学习，并要求我选课时多选方法类课程，系统完成定量方法的训练，为博士论文中熟练运用定量研究方法打下了较好的基础。郭老师非常有耐心，从不吝惜时间，总能耐心地为我讲解基础的理论，在几门课上还一句句地从英文原著出发为我讲解核心概念。郭老师因材施教，高瞻远瞩，非常用心地根据我的基础和兴趣进行规划和指导，还创造很多机会让我学习访谈和田野调查。郭老师勤奋务实，许多个周末都在办公室埋头深耕，每年都会抽出大量时间深入实地进行调研，掌握高校发展的最新情况。跟随郭老师外出调研，总能被他拼搏、专业、谦逊的精神感染。

感谢马莉萍老师。读书期间，和马老师合作发表多篇论文，合作非常愉快，有幸在论文写作上得到了马老师许多手把手的指导，为博士论文写作打下了良好的基础。马老师信任我，给了我很大空间进行自由探索。马老师勤奋高效，很有时间观念，平易近人，关心我的成长，为我提供了很多学习、锻炼的机会。

感谢哈巍老师。哈老师的政策评估课程传授了最前沿的因果推断方法，课上采用第一手的数据和命令巩固学到的方法，穿插几篇大作业，很好地提高了我使用 Stata 进行数据分析的能力。哈老师治学严谨，合作论文期间，哈老师不放过任何一个小细节，我们在数据、方法、描述统计等方面多次沟通、调整，不断打磨论文，这种精益求精的精神激励我不断努力。

感谢蒋承老师。蒋承老师领我走进教育统计与计量的大门，他的课程深入浅出，用打比方和生活中的实例帮助我们理解深奥的计量知识。是蒋老师教会我写论文要讲好故事，环环相扣，逐步深入。

感谢斯坦福大学周雪光老师。周雪光老师在我申请留学基金委奖学金项目时给予了很大的支持和帮助，由于他的帮助，我才得以顺利到斯坦福大学进行为期一年的访学，才能使用斯坦福丰富的图书馆资源，才能借助斯坦福的课程和资源不断加强组织理论和计量方法的学习。申请出国的过程中有一些波折，还记得收到周老师邮件的那个傍晚，满心感激自己被生活温柔以待。周雪光老师热爱学术，关爱学生，圣诞节邀请我们所有访问学者和学生共进晚餐，并到家中品酒小聚。那个有酒有故事的夜晚，是最独特最美好的圣诞回忆。那天晚上，他讲到"拼命 struggle 长大的葡萄才最适合酿酒，写博士论文也要自己 struggle，才能写出好论文"，这句话激励我克服了许多博士论文写作期间的困难。

感谢阎凤桥老师。阎老师谦谦君子，温文尔雅，关爱学生，是我学习组织理论道路上重要的引路人，激发了我基于组织理论写作博士论文的兴趣。阎老师在组织理论课堂上用粉笔细致深入地剖析代表性理论的画面，是硕士课堂上最温馨的画面。

感谢丁小浩老师。丁老师睿智通达，风趣幽默，论文构思时经常会想到她在课上常用的反问句"那又怎样呢？"督促自己继续深入思考，不能停留在简单的回归结果上。

感谢岳昌君老师。岳老师的《教育计量学》是我手边常备的计量教材，里面很多 Stata 命令和实例都非常实用，是博士论文写作期间手边的常备书。

感谢杨钋老师。杨钋老师的教育经济学课程领我进入了 Stata 学习的大门，杨钋老师的课总是很充实，为我们带来许多前沿的研究。

感谢丁延庆老师参加我的硕博连读面试、预答辩等培养环节，为我的论文提出了宝贵的修改意见。丁老师的肯定一直激励我砥砺前行。

感谢引导我们反思、成长的朱红老师，感谢细致认真的鲍威老师，感谢一语中的的林小英老师，感谢有家国情怀的文东茅老师，感谢诲人不倦的蒋凯老师。

感谢各位匿名评审专家、答辩委员会各位专家的中肯点评，为我的论文修改提出了宝贵的建议。

感谢国家留学基金委"国家建设高水平大学公派研究生项目"资助我到斯坦福大学进行为期一年的联合培养，联合培养期间学到的因果推断方法、结构方程模型、多层线性模型进一步丰富了我博士论文中的定量分析部分，斯坦福大学丰富的组织转型、组织变革相关文献为我博士论文的文献综述和分析框架搭建提供了很多启发。

其次，感谢中国社会科学出版社提供的学术平台和出版服务，让我有机会出版拙作。感谢中国社会科学评价研究院荆林波院长、蒋颖副院长、田丰副院长、马冉副主任的指导与帮助。感谢周佳编辑耐心细致、认真负责的审稿和编辑，帮助我完成出版流程。

再次，感谢北京大学教育学院温暖互助的大家庭，大家的支持和陪伴是我度过煎熬的博士论文写作阶段的温暖动力。感谢吴红斌师兄总是及时回答我计量学习方面的问题，为我指点迷津；感谢王小青、陆伟、李兰、曲垠姣、刘叶同学，通过讨论，你们总能帮我排忧解难，大家一起加油打气，什么都不觉得困难；感谢同门丁秀棠师姐、唐敬伟老师、刘洪沛师兄、唐轶老师，以及王雅静师姐、李璐师姐、张优良师兄、翁秋怡师姐、王雅菲师姐、张恺师兄、周丽萍师姐、伍银多师兄、杨晋师兄、叶晓阳师兄在学业、生活、就业方面无私的关心和帮助，师兄、师姐们热情的帮助令人感动，常常使我觉得"何德何能，何其有幸"，激励我不断加强学习，努力回馈给师弟、师妹，把这份互助友爱的情谊传递下去。

最后，感谢父母多年的信任、坚定的支持与鼓励。感谢爱人生活中的包容，总能恰到好处地疏解我的情绪，一点点把我治愈，带给我无尽的安全感。

感谢所有帮助过我的恩师益友，以后在科研上我将更加勤勉，希望能以更扎实的研究回馈母校和单位的栽培，为我国教育政策评价事业尽一份绵薄之力。

本书是全国教育科学规划国家重点项目"地方高校转型发展研究"（课题批准号：AIA150008）的成果之一。